中国文化伟大复兴的思考

邱恩义　纪丰伟◎主编

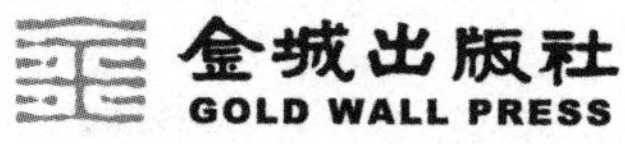

·北京·

图书在版编目（CIP）数据

大国文化：中国文化伟大复兴的思考 / 邱恩义，纪丰伟主编. —北京：金城出版社，2019.1（2020.11 重印）
ISBN 978-7-5155-1732-2

Ⅰ.①大… Ⅱ.①邱… ②纪… Ⅲ.①中华文化－文化发展－研究 Ⅳ.①G122

中国版本图书馆 CIP 数据核字（2018）第 212588 号

大国文化：中国文化伟大复兴的思考

主　　编　邱恩义　纪丰伟
责任编辑　刘　荔
开　　本　710 毫米×1000 毫米　1/16
印　　张　15.5
字　　数　200 千字
版　　次　2019 年 1 月第 1 版
印　　次　2020 年 11 月第 2 次印刷
印　　刷　天津旭丰源印刷有限公司
书　　号　ISBN 978-7-5155-1732-2
定　　价　58.00 元

出版发行　金城出版社 北京市朝阳区利泽东二路 3 号　**邮政编码**　100102
发 行 部　（010）84254364
编 辑 部　（010）64210080
总 编 室　（010）64228516
网　　址　http：//www.jccb.com.cn
电子邮箱　jinchengchuban@163.com
法律顾问　北京市安理律师事务所（电话）18911105819

文化是一个国家、一个民族的灵魂。文化兴国运兴，文化强民族强。没有高度的文化自信，没有文化的繁荣兴盛，就没有中华民族伟大复兴。要坚持中国特色社会主义文化发展道路，激发全民族文化创新创造活力，建设社会主义文化强国。

——习近平

编 委 会

主　　　编　邱恩义　纪丰伟

副 主 编　赵大鹏　胡静波

编委会成员　邱　实　马琳琳　劳淑芹　吴　茗

前言

对中国文化伟大复兴的思考

文化，是人类古老又永久的话题。

文化，是一个民族的生存与发展的灵魂。人类的文明进步，以文化作为基本标志。

文化像一面旗帜，给人们以指引。

文化像温泉，给人们以洗礼。

文化像镜子，引发人们反思觉悟。

文化像空气，充满人类生存的空间。只要人们理智地生活，都会感受到文化的存在。

文化的力量，超越一切物质能量，以她特殊的存在方式创造世界的过去与未来。

文化是世界上最宝贵的财富。凡是有人群的地方，她都会吸引人类分享。

中华民族正在崛起，也正在经历一场新的文化觉醒和文化重构。

我们为中国成为经济强国而充满期待，更对成为文化强国而充满自信。

中国进入了文化的新时代。

文化的崛起，是中国强国梦想中的灵魂所在、力量所在、希望所在。中国的发展需要一个明确的精神目标，如果没有理论的建设，没有文化的支撑，即使再有价值的实践也难以持续，也会失去正确的方向。文明所体现价值的持久性，要远远大于经济的强弱。文化能够带给人类和社会的根本意义和终极关怀，是文化价值的价值。中国应确立自己的文化价值，尊重自己的文化价值。

中国人民正在为实现中国梦而努力，为中国文化实现伟大复兴而奋斗。那么，什么是中国崛起的文化意义？中国在追求经济发展的同时，不能让中华民族的文化智慧衰落。中国需要传承和发扬民族的文化智慧，构建新的价值体系，构建现代社会的文化观、世界观、价值观，构建新时代的中华民族精神，成为经济大国，成为文化大国，成为构建人类价值体系的大国，这是中国梦的真实意义和真实价值所在。当今中国究竟要给人类带来什么样的文化，要给世界提供什么样的价值理念和思想体系，应是中华民族伟大复兴的文化思考。

中华民族完全有能力走向伟大文明的轨道。中国文化完全可以使中华民族具有自求更新的能力，自我完善的能力。在中国各类意识形态当中，挖掘出体现中华民族精神的文化品质和文化要素，铸就当代中华文化体系。值得警惕的是那些形形色色的文化虚无主义，警惕自毁文化行为的发生。中华民族完全有理由对中华文化充满自信。

在世界各国对现代化进行选择的时候，其中的文化冲突、价值观冲突，成为人类文明进步的焦点。现实中国文化形态的多元化和价值取向的多元化，使中华文化面对着文化价值的挑战。那么，到底什么样的文化是最具有根本意义的文化？值得人们思考。对来源于中华民族的自身价值的文化认同和充分挖掘，弘扬中华文化，让年轻一代的价值观与经济社会的发展相协调，是中国文化发展的重大责任和伟大使命。

文化价值具有普遍性。文化对当代经济发展的意义超过了以往任何时期。西方发达国家正在经受市场经济给人类带来的精神困惑和心态失衡。中国的文化责任也在于对市场经济以理性平衡，为市场经济培育健康的文化心理，把中国文化价值融合到市场经济当中，使经济产生人文关怀，使中国的市场经济成为人文经济，从而走出中国自己的发展方式。

不论是文化的过去，文化的现在，还是文化的未来，文化都是人们的生活，都是人们对世界的感悟，人们要从生活中觉悟文化。如果能从文化的本来意义上看待文化，人们就会自觉地追求文化，乐于分享文化，实现文化存在的价值。当人们以极大的注意力看待物质存在的时候，如果也能以同样的价值或者更高的价值看待文化，人们才能更深入体会生活的意义，体会生命的意义。

文化的终极价值是人性成长。物质财富的增长并不能确保人类文明和人性健康，往往会造成人性扭曲。而人们的文化心理是人性成长的支撑，中华民族要运用优质文化构建优质人性，成为世界上最优秀的民族。

与经济相比，文化有她自身的发展方式。走在新时代路上的中国文化需要找到文化发展的路径。当下的改革与发展，也应把转变文化发展方式提到议事日程上来。时代在培育人们的文化需求，时代在选择人们接受文化的方式。走入人们心里的文化是有效文化，启迪人们智慧的文化是经典文化，构筑人们灵魂的文化是人性文化。所有这些文化都是人们的文化生活，人要在生活中觉悟文化的本来。现实生活中，需要增加文化兴趣，提高文化觉悟，调整文化心态，使人们的生活更加崇尚文化，不断增添文化品质，把“文”“化”到人们的灵魂之中，走入理性的生活状态。

文化是人类的共同话题，参与文化，讨论文化，会产生文化，提升文化。如果将文化与中华民族的伟大复兴连在一起，与中华民族的命运连在一起，文化就有说不尽的话题。文化就是在识别中走过来的，因为文化本能的吸引人们去探求。

感觉文化，是人们接受文化的起点。觉悟文化，才能体现文化的意义。时代在呼唤对文化的新觉醒，人类创造文化永远在路上。当一个民族高举文化的旗帜行进的时候，当文化滋润着一个民族精神的时候，当文化转化为一个民族智慧的时候，可以断言，这是一个伟大的民族，这是一个燃烧起希望之火的民族，这是一个带领人类前行的民族。

我们高兴地看到，现时中国把文化作为国家的最高战略，文化成为中华民族的普遍追求，文化在助长一个古老民族的新生，文化为中国走向世界搭建起桥梁和舞台。

我们也感到，中国尚存在文化贫困，尚存在文明缺失，尚缺乏对文化的优化构建。对于文化，欣喜中也略带忧虑，分享中也感到有些匮乏，自信中也伴随些紧迫感。

世界上什么问题最大，文化问题最大。越是人类社会遇到困难的时候，越需要求助于文化的力量。世界上的矛盾，中国发展中的矛盾，无不与文化相关。当人们寻求破解人类社会难题的时候，最终都要依靠文化。

发展需要动力。中国的改革是动力，但这是体制性动力。中国重视科技的动力，但这是生产力中的素质性动力。而文化，是发展的内生性动力，是最根本的动力，最持久的动力，是不可替代的动力。只有当一个民族更高地举起文化旗帜的时候，才能显示出民族的高超智慧和发展能量。

当代中国高高地举起了建设文化强国的旗帜，引领中国文化发展进入新的时代。中国追求的文化，是公平的文化，开放的文化，创新的文化，可持续全面发展的文化。中国文化要走向更高层次，走向世界，走向未来，更要走进人们的心里，走进人们的生活。中国要以人类的文明进步为文化责任，运用中华文化的力量构建人类命运共同体给人类社会带来渴求的理念和信仰，增添信心和力量，形成新的文化认同和价值取向。运用文化的智慧和力量，推进中华民族与世界的共同发展，中国完全有能力为人类文化进步提供强力的引领和支撑。

对于文化问题，需要依托文化去探求。对于文化发展，需要从不同的文化理念去探求。对于文化创新，需要站在时代的前沿去开拓。觉悟文化，是为了分享文化，更是为了发现文化，发展文化。

对于文化，我们视野有限，文化有限。一种兴趣心态，一份责任心理，触摸了文化，试从一些文化话题谈起，只能是对文化的思考，恳请与读者交流。如有批评指正，是我们所企盼的。

邱恩义

2018 年 3 月 18 日

目 录

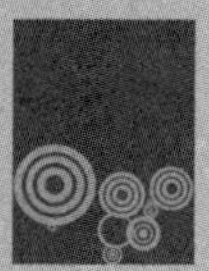

文化艺术的人民性

邱恩义

习近平总书记指出，以人民为中心。中国文化发展进入了以人民为中心的新时代。以人民为中心是中国发展的核心理念，是文化发展的宗旨。文化是属于人民的，为人民的文化是中国文化的核心价值。以人民为中心理解中国文化，才能把握中国文化的方向，才能增强文化自信，文化自觉。遵照习近平总书记提出的以人民为中心理念，本文侧重从文化艺术的人民性的角度讨论中国文化的本质。

关于文化艺术，通常人们以文字发明和文字识别为基本标志。说某某人是文化人，某某人有文化，是以人的受教育的程度来划分的。但是，人类文化艺术的历史表明，在人类社会发展过程中，不同的种族，不同的历史阶段，其文化和艺术的表现程度是不同的，表现内容是多元的，表现方式是多样的。

那么，文化是谁创造的？特别是人类社会的初始文化是谁发现的？从中国的文化历史发展来看，中华民族的初始文字、初始文化是先人的智慧，如岩画，甲骨文，刻画在陶器、金属器等物体上的初始文化迹象，都是中华民族的智慧结晶。文化是人类成长的内在要求，是永恒的追求，普遍的追求。文化行为是个体和集体的文明行为，虽然在文化发现上有先有后，但都演变为大众行为，成为今天人们所说的文化的大众化，大众就成为文化的主体。

文化程度虽然以文字和语言为标志，但不是唯一的标志。社会存在文字文化、语言文化、行为文化，这三种文化形态之间，行为文化是引发语言文化和文字文化的基础。道理很简单，人们为了生存，为了生活，必然产生各种行为，必然产生人与人之间的联系与交流。人的行为当中必然产生思想，产生语言，产生对行为和语言的记载与标识。行为文化是民族的、部族的、人与人之间的。行为文化具有群体性、互动性、普遍性，只要是存在人类的地方，就存在行为文化。

人类的行为文化，孕育了人类的语言和文字。人类中的先知先觉者，总是会把行为文化升华为语言和文字，并把语言和文字传播开来，转化为人类的语言文化和文字文化。人类中的先知先觉者，是人类的社会成员，他们存在于社会之中，是人类行为文化的参与者，是人类的行为文化给予了先知先觉者以启迪和支持。这就是文化的起源及发展的历史真实。

人们看到，文化的发明权与文化的享有权常常会出现分离的状态，出现了文化人与非文化人的分野，以掌握文字文化为代表的文化阶层，往往成为社会的主导力量。几千年来，中国文化掌握在少数人手中，成为中华民族文化的代表人物，成为中华民族文化发展的先行者。而多数人缺乏接受文字和文化的机会。中华人民共和国成立之前，社会的不公平导致了文化的不平衡，使旧中国失去了社会发展的基本支撑和根本动力。因为文化只有成为人民大众的文化，才使文化具有真实的意义。

中国的文化史，给人们造成了一种误解，好像文化是少数智者的行为，广大人民大众处在文化的从属地位，处于被文化和文化人引领的地位。这种现象反映了文化的不公平，教育的不公平，大众接受文化权益的不公平。虽然中华人民共和国成立以后为文化普及做了种种努力，人们文化水平普遍得到提高，但地区间、民族间、城乡间，人们受教育程度的差异还相当明显。构建文化保障体系是对人的生存权与发展权的应有尊重，以充分体现文化的人民性，让人民通过掌握文化来掌握自己的命运。

不可小视人们受教育程度的差异所造成的文化冲突和社会矛盾，并由此影响一个民族的文明进程。文化与文明的相关性是明确的。文化阶层中往往存在某种优越感，由于文化差异导致了文化不和谐，造成了多元的社会结构。

拥有文化的人如果价值取向出现偏差，产生文化变异，就可能远离人民大众，背离文化的公益性。

正在建设现代化国家的中国，为什么要重提文艺是为什么人的问题？显然，这话首先是说给文化人的。人们要问，中国文化人怎么了？回答是：中国当代的文化人需要有理性的价值取向，恰当地处理文化人与人民的关系。文化从来就不是私有财产，文化从来就不是个体行为，文化的学习、应用、传播从来就不是仅仅凭借个人的才智和能力。文化具有社会属性，是社会关系的总和，文化是人与人之间关系的产物。任何文化都离不开社会公众。

如果从文化公益性的角度来看，文化人的社会责任在于自觉地面对社会公众，让人民成为文化的享有者、受益者。如果从文化产业性角度来看，人民大众需求决定文艺作品的价值。是人民选择文艺作品，适应人民需求的文艺作品才有存在价值和生命力。人民会欣赏那些优质的文艺作品，也会淘汰劣质的文艺作品。文化人时刻在接受人民的选择，文艺工作者的命运同人民的命运紧密地连在一起。

人民在创造生活，生活在创造文化。文艺的人民性在于文艺的实践性。社会生活孕育了文化，丰富了文化，同时孕育了文化人。如：中国各民族创造的戏剧、舞蹈、歌曲极其丰富多彩，中国的文艺工作者可以从中吸取文艺营养。文艺为什么人服务和向什么人学习是统一的。俗话说，一方水土养一方人。中国的文化沃土养育了中国人，也养育了中国文化人。

当代中国的文艺界，有些人以拥有文化而自居，以占有文化信息量权衡地位。文艺工作者应该看到人民大众文明进步的内在需求才是文化发展的强大动力。文艺工作者只有融入人民大众的文化需求之中，才能展示出文化的能量。如果说大众文化是海，那么文艺工作者的文化作用便是水滴和浪花。人民大众的文化主体作用，不仅是追求文化、发现文化、创造文化，更为重要的是应用文化，使文化的力量最大化。如果说先知先觉的文化人是人类文化的灯塔，那么，人民大众汇就了滚滚向前的文化海洋。

当教育普及的时代，当文化走进人民大众之中的新时期，职业文化人与人民大众的文化越来越接近，人类文化在共享中竞争与发展。文化演进过程中存在着先进与落后的差别，文化人也存在先进与落后的差别，任何人都不能垄断文化。如今兴起的网络文化向所有人提供了机遇，发出了挑战，文化以数字化的信息遍及人类社会，人们接受文化的方式更加便利，文化普及的梦想正在实现。文化的大众化，大众的文化化，正在变为当今的一种社会形态，更加强化了人民的文化主体地位。

当今社会，文化不但走进了人民大众，也渗透到了各个领域，文化不再以识别文字的程度为标志，人民创造了多样化的文化。而文化不仅体现于书本这类载体，而且存在于各种物质载体之中，人们的日常生活当中到处都有文化的存在，中华文化可以通过商品走向世界。人民正在应用文化的力量获取生存智慧、生存能量，掀起新的文明崛起。

文化的存在、传承与发展，取决于社会主体的选择。人民喜欢什么文化，人民乐于接受什么文化，决定文化的存在与否或文化作用的发挥。一个民族的文化常常是渗透在民族的骨子里，外部文化可以进入一个民族，但难以取代本民族的传统文化，文化的民族属性带有根本性。

文化，不只是在信息网络传输过程的0、1数码，文化不只是人们表征语言的符号，文化也不只是表现人们的文字识别能力。文化的重要性在于一个民族、一个国家形成文化过程中人民的生活追求，人民的文化意识才是文化的本意和文化的本质。因为人民的文化意识反映了人民的信仰、价值取向、生存智慧、民族素质、人性优劣。地球上经常出现的种族矛盾、冲突、斗争，不只是利益之争，更是文化冲突。强调文化的人民性，在于发挥文化的积极意义，引导一个民族、一个国家高举先进文化的旗帜前进，构建起优质的人性社会。

在人们以经济活动为中心的时候，往往忽视文化因素的潜在作用，往往忽视文化力量的长期性、根本性。现代社会中，文化的力量之强大远远超过经济因素，而经济因素永远不能取代文化价值。中国提出“文化强国”战略，应该说，这是最重要的战略，用先进文化武装起来的中华民族将永远是强大的，不可战胜的。

文化的人民性，说明了文化的主体性和文化的本体性。文化作为人类进步的生成物，起源于人类并反馈给人类。文化权益的属性与人类的生活紧密相关，是人们的生活内容。文化作为人类智慧的结晶，是人类共享的。其中，文化的精神追求和价值取向成为人类进步的力量，而不是个别人或少数人的意志。文化人民性的定位，表明了人民应有的文化权益，把对文化权益的尊重与对人民的尊重统一起来。尽管人类当中对于文化发现有先有后，对文化辨识的能力有高有低，但这是人类文化的普遍现象，并不表明少数人对文化的专属，并不表明文化中可以失去文化主体意识。而少数人率先的文化发现是人类生活中创造的，并不是离开人的生活而无中生有的，以自我为中心的文化意识应予以抛弃。在与人们的共同生活中发现文化、创造文化、传播文化，是文化的先觉者对人类的文化反馈。当人民跃上新的文化层面，又会有人率先进行新的文化觉醒，这正是人类文化成长过程中的普遍现象。中国的俗话说得好，“独木不成林”“木秀于林”。

中国历史上在权利与文化之间，在权利与文化主体之间，存在文化权的矛盾。旧中国的统治者把文化权与政权捆在一起，文化作为治国治民的工具，按统治者的意图摆弄文化，把人民大众放在文化和文化权的从属地位，人民大众不但没有经济权，也没有文化权。强调文化的人民性，表明了人民文化权的正当性、合理性，是文化正义和文化公平。

在当今中国强调文化的主体地位，不只是针对国内文化矛盾。近现代以来，西方发达国家实行殖民文化、霸权文化，把西方文化当作具有普遍价值的文化和文明，强加于其他国家和民族，只承认西方国家的文化主体地位，而排斥其他文化和文化主体。人类文化的主体性具有普遍性，每个国家、每个民族都是人类文化的参与者。西方发达国家妄图采取文化替换，与人类本来的文化价值相悖，只是与西方国家的政治相合，从而破坏了合乎人类理性的文化秩序。维护中国人民的文化主体地位，是维护中华文化的尊严和价值，是对中华民族文化权的保护。

习近平总书记指出：“党性和人民性从来都是一致的、统一的。”[1] “坚持人民性，就是要把实现好、维护好、发展好最广大人民群众根本利益作为出发点和落脚点，坚持以民为本、以人为本。要树立以人民为中心的工作导

〔1〕 习近平：胸怀大局把握大势着眼大事　努力把宣传思想工作做得更好。2013 年 8 月 21 日，人民网—人民日报。

向，把服务群众同教育引导群众结合起来，把满足需求同提高素养结合起来，多宣传报道人民群众的伟大奋斗和火热生活，多宣传报道人民群众中涌现出来的先进典型和感人事迹，丰富人民精神世界，增强人民精神力量，满足人民精神需求。”

中华民族自古以来就有“民本”的伟大传统，民众生存和福祉既是社会的基础，又是社会发展的目标。政治、经济、文化都是为了民众服务的基本方面，大众需要教育和自身修养，大众也是文化的载体，是人类美德的载体。大众文化能力的普遍提高，是中国现代化建设的目的，也是中国发展的根本依托。当代中国特别需要人民的文化觉悟，需要人民的文化能力、文化力量的发展和提高，中国的发展在于人民的全面发展。中国人民是中华文化的伟大传人，人民承载着传承文化的使命，中华民族的文化基因在人民中永存。

文化的人民性，是当代中国社会人民性的体现。中国是属于中国人民的，中国执政党的权利是人民赋予的，中国发展的人民性是中国社会的根本属性。中国各个领域的发展都应遵循中国发展的人民性这个根本宗旨。在人民面前没有任何特权，任何一个执政者、任何一个文艺工作者都不应以当然的领导者或引领者自居。文化的人民性具有法权性质，人民具有法定的文化权，是神圣不可侵犯的权益。执政党的文化自觉，文艺工作者的文化自觉，都源于中国文化的人民性。执政党的执政理念需要转化为人民的文化认同、文化自觉。用优质文化科学提升中华民族品格，文化的人民性得以体现。这是中华民族的希望所在，是实现强国梦的希望所在。

文化是属于人民的。

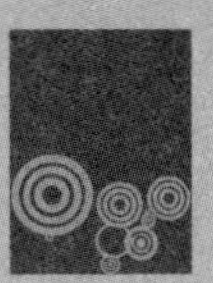

当代中国人的文化需求

邱恩义

改革开放以来，中国的经济、文化、社会都发生了体制和结构的深刻变化，人们的心态也发生了深刻变化。中国文化在大变革中激荡，中国人的文化需求在大变革中旺盛。

那么，中国人在追求伟大梦想的过程中，展现了哪些文化色彩？呈现了什么样的文化需求？中国人要过什么样的文化生活？中国人的文化期待当中蕴养了什么样的未来？一系列有关文化的课题摆在中国人面前。

一、文化需求，是国民的文化意识，是国家的文化行为，是为了强国梦想的文化觉悟

近现代以来，中国人对中国的伟大复兴曾有过许多梦想，有的主张教育救国，有的主张强军卫国，有的主张工业兴国，有的主张文化强国，种种梦想都聚焦强国梦中，都是强国之策。

对一个国家来说，其兴其衰，都与文化因素紧密相关。在兴国强国的各种因素当中，文化因素是核心因素，是基础性因素，是根本性因素，是长期起作用的因素。如果谈中国人的文化需求，那么，文化强国是全体中国人民的共同需求。

可以说，站在国家的基点上，站在中华民族未来的基点上，文化可以强根固基。诞生在贫穷落后基础上的中华人民共和国，以经济建设为中心，这无疑是完全符合中国发展内在要求的决策。但经济与文化是紧密相关的，经济越发展，越需要文化的支撑。现时的中国正处在工业化、城市化的进程中，而发达国家已进入了科技时代，这种发展阶段性的差距，实质是文化的差距。我国正在建设法治国家，但法制要以文化道德为基础，有人说，多办教育，可以少办监狱。现时世界是政党林立的时代，政党的国家治理虽然依托政权，更需要用政党的理念治理社会，但政党文化最终离不开社会文化，离不开人类要求进步的人民文化，否则政党就难以生存。

在中国执政的中国共产党，提出了文化强国战略，要从文化大国向文化强国迈进。在中国的各种治国方略当中，文化强国是最高战略，是作用力最强的战略，是最富远见的强国战略。这一战略，指明了中国兴国强国的根本方向和途径，代表了中国文明进步的内在要求，反映了中国人的共同期待和梦想，是中国共产党作为一个成熟的执政党的重要标志。

中国人的文化需求，不只是团体或个人的文化需求，更是对中国文化大发展、大繁荣的需求。不只是对中华文化复兴的要求，更是让中华文化立足于中国影响世界的期待。文化需求，是一种国民意识，是国民品格，是民族智慧，是国家行为。当把文化放在国家战略层面的时候，才是一种理性的发展，科学的发展，因而是清醒而不是盲目的发展。文化需求是公民自觉修为的发展，能动的发展，是人民乐于接受的发展方式，是人类进步的最显著标志。文化强国，是国人共同举起的一面旗帜，其对国人的号召力、影响力、动员力、凝聚力是巨大的、长期的、世代的。一个民族脊梁，一个国家大厦，最终要靠文化的支撑。当一个民族有了文化灵魂的时候，是永远不可战胜的。

二、文化需求，是中国人民文化心态的解放，人们追求多样性、开放性、先进性的文化，不断提升文化品质

人类的文明，是人类文化的运动。人类以文化发现和文化创造而觉悟文化，从而从动物形态走向人类，从蒙昧走向理智。人类因文化的进步而进步，人群因失去文化良知而野蛮。当今，中国人的文化自觉是历史上的最好时期，

人们把文化拿在手里，装在头脑中，把文化成长当作生活中的常理和常态，文化已经走进了家庭，展现了文化需求的新态势。

当代中国，人们的文化需求是多元的、多样的。实行改革开放，人们的文化需求的禁锢闸门被打开，文化潮流在中国大地汹涌澎湃而来，人们长期压抑的文化心态解放了，以解放思想为先导的文化号角一经吹响，文化需求便在人们心里荡漾。人们惊呼，啊！中国，文化的春天来了！科学的春天来了！人们的心底里孕育着对文化的向往和冲动，人们的文化激情在燃烧，一种文化渴求重新出现在中国大地。随着改革开放的深入，人们的物质生活明显改善，人们的文化需求的多样性日益明显，出现供不应求的态势。在这种多元、多样旺盛的文化需求态势下，显得文化创新的欠缺和文化资源的不足。

实行改革开放，中国的文化大门大开，文化走出去与引进来双向交流，互联网文化更是处处存在，文化在跨国流动。中国现时文化呈现国际化，存在开放性，中国再次面对中西方文化的比较和选择。20 世纪，中国国内兴起的许多文化思潮，或多或少都与西方文化的进入有关，中国革命的因素与西方文化引进相关。在推翻旧中国政权的斗争中，新文化以批判的角色向中国的传统文化挑战。在 20 世纪上半叶，中国文化具有强烈的批判性和斗争性，出现了大批文化斗士，武装革命和文化革命同时并进。而改革开放以来，西方文化再次涌入。对此，有人惊呼要防止“西化”。时至今日，中国仍处在开放的中西方文化的激荡中艰难地前行。中国并没有因为“西化”而停下借鉴西方文化的脚步，实际上对西方文化的需求是增长的态势。历史的经验表明，一个民族的文化解放不能限定在本民族文化的固化，也需要各民族文化的交流与融合，打开民族的文化视野，放开人们的文化心态。文化要在比较中进步，文化要在竞争中发展。在开放中发展中华文化，只能是不断提高中华民族的文化选择能力，而不能限制外来文化的进入，实际上也难以限制。虽然中国人尝到过西方文化的苦头，但也尝到过西方文化的甜头。好在中国积累了文化底蕴和文化经验，具有了相当的文化鉴别力和选择性。担心“西化”是消极的，而大力发展健康文化才是积极的。由于文化的开放性增强，中国对域外文化的选择注重了适应性，与中国发展的实际情况相融合，使外来文化本土化，避免外来文化“水土不服”。既要让中国适应外来文化，也要让外来文化适应中国，让中国的文化需求在相互适应中发展。

世界进入了21世纪，人类进入了科学发展的新时期，人类文明的显著特点是科学的巨大进步，而且进步的脚步明显加快。体现科学的文化已经成为中国文化需求的热点，这就是文化需求的科学性。从中华人民共和国成立之初的扫文盲，到当代文化的扫科盲，中国的文化升级迫在眉睫。中国的发展进入了科学发展时期，文化中的科学性需求日益增加，这就需要进行中国文化的结构性转变和文化发展方式的转变。

这里所说的文化不是指中国各级政府文化部门的职能性文化，而是大文化概念。文化中的科学内涵具有普遍性的要求，中国的文化内核当中增加了科学。文化资源提供文化传播，要更加倡导文化的科学性。现时的中国人，比以往任何时候都更加需要科学知识。人们在现代化建设当中，需要提高自己的科学眼光，用科学观察认识社会，认识自然，认识自己，使自己贴近理性生存、智慧生存，分享科学给人们带来的希望和幸福感、满足感。如果重新评价人的文化能力，那么，是否懂科学，恐怕是文化评价中的重要内容，而不是像解放初那样以识多少字作为衡量人的文化程度的标准。

文化有先进与落后之分，中国人现时更需要先进文化，存在文化的先进性需求。从古至今，文化是对人的教化。特别是中国传统文化经典，更加注重了人的道德和精神的构建。中国的文化选择，只有朝着先进文化的方向转变。文化的先进性是一个宽泛的文化属性，如果仅就文化对人们的道德来说，中国现时的文化需求是道德重构。中国文化在中国道德建设当中有着巨大的不可替代的作用。现时的中国文化需求在呼唤中国传统文明道德的回归。中华民族有自己的传统美德，从古至今传承了一系列道德文化，影响了人类的道德文化，孔子文化走向世界就是一个典型范例。

文化既具有时代性，又具有历史性。文化以文化价值而存在，现实的不一定都是先进的，历史的也不都是过时的，以往人类的文化经典仍具有现实意义。在中国人道德建设当中，中国传统文化经典仍有现实意义。先进文化没有民族、地域、国家的界限，先进文化是人类共享的文化，其理由是人类共同需要文明。

上面我们讨论了中国当代人们的文化需求呈现了多样性、开放性、科学性、先进性的总体趋势。只是简要的概括，而不是专题评论。接着，我们讨论文化需求行为。

三、文化需求，是国家文化旗帜的积极引导，是群体行为的文化自觉，是个体生存与发展的内在要求

中国文化是立足中国现实，结合当今时代条件，发展面向现代化，面向世界，面向未来的、民族的、科学的、大众的社会主义文化。推动社会主义精神文明和物质文明协调发展，要坚持为人民服务，为社会主义服务。文化需要从总体上说，是国家发展需求。

首先要讨论的是国家文化行为。改革开放以来，国家的文化行为首先是战略行为，定位为“科教兴国”“文化强国”，明确了国家文化的战略定位。这样的战略定位明确了中国文化的总体目标和发展方向，从兴国的策略上向国人展现了一面文化的旗帜，由此，引导人们的进取和需求。

其次是从文化事业到文化事业与文化产业共同发展的战略举措，从文化运行的机制上把文化激活，释放文化的能量。三是采取市场化改革的手段，让文化消费成为人们的正常消费。文化既具有公益性，又具有商业性，文化产业和产品，既是产业行为，又是文化消费行为。四是国家法规对文化权益的保护，需要不断完善文化行为的治理结构。五是文化内容建设和文化方向引导。在国家文化行为当中，市场化改革刚刚展开，与经济领域的改革相比，要滞后一些，各方面适应文化的市场化改革要有一个过程。如何引导文化事业和文化产业的发展，国家行为也处在适应之中。总体看，中国文化的体制性活力在逐步增强，文化的消费性需求在不断增加。中国文化在入轨之后还要提速，还要提质。

当代中国的群体文化需求空前活跃，呈现多领域竞相发展的态势，各类群体纷纷争取从文化中受益，群体内部的文化建设逐渐成为发展的内容，从文化中寻找群体发展的活力和动力，争取发展的空间。群体崇尚文化的心态在不断增强，崇尚文化的行为也在不断自觉。群体当中的人们纷纷加入企业文化、社会文化、校园文化、军旅文化、基地文化、广场文化。历史文化和革命文化越来越被人们尊重。人们通过文化形象或文化平台招商引资，通过

文物保护和文化遗产传承分享文化带来的快乐。纷纷兴起的群体文化表明文化需求的兴旺，群体的文化兴趣、文化意识、文化欲望，正在构建中国文化的良性发展氛围。群体的文化行为是中国文化主体的重要组成部分，是文化主体的文化觉悟、文化期待、文化追求，是中国文化走向繁荣的重要标志之一。

首先特别值得关注的是个体性的文化行为。人们的个体（包括家庭）文化需求是多元、多样、多层次的。在个体文化需求当中，知识性文化需求带有普遍性。人们普遍重视教育，特别是对青少年的文化教育。值得思考的是，在知识性需求当中，个体是被动的，教育资源的不均衡和文化结构的不合理，使教育的文化基础功能不强。从初级教育到高等教育的系统知识整合当中出现断层，教育体制性带来的知识僵化和受教育者的被动状态。使现实的知识教育缺乏再创造知识的思维和能力。受教育者的主动性受到约束，个人的知识成长方式被模式化了，学知识的人缺少自主自由选择空间，中国的基础教育到了非改革不可的地步。

其次是个体文化需求当中较为普遍的是技能性知识，即择业技能的培育。从古至今，人们的生存需求是最基本的需求。在市场竞争中，优胜劣汰的机制迫使人们不断提高自身的择业能力。就中国目前的实际情况来说，受高等教育的人占人口中的比例比较少，大量的高、初中毕业生面对就业压力，高、初中的基础知识难以支撑就业能力，而职业教育在教育体系中过去很长一段时间处于边缘状态。一个人口庞大的国家，缺乏职业性培训，劳动者的素质必然是个突出问题。中国近些年大量民工潮、移民潮的出现，与教育的结构性矛盾相关。而就高等教育来说，教育内部内定教育内容、教育结构和教育标准，远离社会需求，大批的本科生，甚至研究生、博士生，都面临就业难的问题。虽然有社会方面的问题，但问题的主要方面在于教育体制和教育思想体系的不适应，教育内部自我改革的动力不足。个体文化需求当中的知识性文化和择业性文化与发展着的中国不够和谐，是当代中国个体文化需求中带有普遍性的问题。

再次是个体的道德文化需求。这方面的需求更带有基础性和根本性，是文化建设的基础工程。中国老百姓认为，缺啥也不能缺德。这方面的文化是群众性的自我构建与社会文化倡导的引领相结合。应站在人类文明的立场上指导道德建设，让道德文化变为人们乐于接受自愿选择的文化。比如说，爱中国是中华民族道德最大的共同点，把爱国教育普及开来，长期坚持，改变的只是具体内容和形式。比如人心向善，这是人类人性的共同取向，具有长期普遍的实际意义。道德文化也有基础性文化层面，也有高尚情操道德文化。对中国来说，普遍进行的应是爱国、向善等方面的基础性道德文化，让传统道德回归，让基本人性回归，让社会公德回归，把这些基础性道德搞得扎实有效。社会对道德文化的推行也应分层次提出既有共同又有区别的要求和指向。比如党员的道德应按党章标准，成为中华民族道德的先进分子。比如对国家公务员，应提出公务员道德和行为准则，确保能代表政府行使职能。比如对普通社会公民，相应提出相适宜的道德文化引导和发展目标。对在校的小学、中学、大学的学生分别提出道德文化内容和基本要求，按青少年的成长阶段和心理特征进行具体实施。学校中道德文化是针对青少年身心健康的，是启发引导性，符合年龄特点的，而不是不加区别的，应重视文化需求的个性。

最后是个体文化需求的娱乐性。越来越多的人把文化当作娱乐性消费。文化消费在增长，让人们心情愉悦是发展文化的目的之一。社会应把文化消费列入社会发展的考察内容。倡导文化消费，是社会的一大进步。如果文化在人们消费中的比例上升，是件好事情。发达国家不是把住房、汽车等物质消费当作个人消费质量提高的象征，而是把文化消费作为生活品位去衡量。文化消费是人们生活质量的象征，娱乐性文化应是文化内容之一。尽管文化中有雅俗之分，但大众的通俗的文化是大众文化的组成部分。社会中大量的是群众性娱乐文化，高雅文化的受众面仍然比大众文化小很多，以“俗文化”的名义排斥大众娱乐文化的做法值得商榷。从消费角度而论，人的消费能力和水平有明显差别，高档的物质文化消费总是少数，消费能力低的人选择俗文化也是一种必然的无奈。正象我们看到的，社会并没有把高雅文化送到广大群众身边，消费能力低的人也应享有公共文化的权力！粗俗文化需要改进和提高，高雅文化也存在不完美的地方。

四、文化需求，是文化主体的选择，是对人们文化权益的尊重，是正确文化观的确立

如今，人们的文化心态发生了许多微妙的变化，有人把文化看作休闲，有人把文化当作娱乐，有人需要个性表现，有人需要自主安排，文化的自主自由倾向越来越明显。对文化的尊重，也包括对文化主体的尊重，包括对文化需求的尊重，更需要对文化权益的尊重。这其中有一个文化的立脚点，就是文化是为什么人的。人民是文化的主体，中国发展的人民性也必须体现在文化上，坚持文化的人民性。从文化的人民性出发，才能正确理解文化意义和文化需求。如果居高临下地指导文化，而不是站在与人民平等的地位，人民既不欢迎，也不情愿接受。如果文化人以教育者的姿态出现在大众面前，在情感上没能与大众融为一体，这样的文化指导很难说效果如何。权力对文化的转化是有限的，人类文化有她自身的发展和行为方式，大众的文化选择主导了社会文化发展。社会上发生的一些反文化现象，与人们的文化观相关。在科学发展观的指导下，确立正确的文化观，是当代中国文化发展的需求。

谈到文化观，涉及对文化本质和作用的认识。人们习以为常地谈论文化，但很少谈论文化是什么？人为什么需求文化？对于文化这个词或这个概念，早在 300 年前英国人就提出来了。也是在 300 年前，文明这个词由德国人提出来了。到如今，人们对文化这个词有了新的理解，人们需求的文化，与人们怎样理解文化这个词相关。当代的中国人面对的是当代的文化，当代的文化环境，当代的文化氛围。人们往往基于当代的文化状态认识文化，从中选择对文化的需求。但是，当代中国人不能忘记，中华民族的先贤对文化及文化作用的思索和论说远比西方来得早，中华民族的先贤早已看到，文化对人类自身的修炼十分重要，把文化看成是人类成长的基本需求。

从古至今，国内外谈论文化，都有一个共同的基点，那就是人性的修为和进步。人类之初与动物世界没有什么特别的区别。只有当人类在提高生存能力的过程中磨砺出对生存思考的时候，才有人与动物生理本能的区别，进而在逐步提高生存能力的过程中产生了语言，产生了文字，产生了艺术，产生了对劳动工具的制造，从而使人类与动物有了本质的区别。但人的动物性

本能并没有因出现文化而改变，人的物质需求，就存在不同的需求动机，不同的生存欲望。欲望和动机当中有可能引发动物性本能的回归，产生人性扭曲现象，做出非人性的行为。人类社会为了维持生存秩序，运用文化、道德、法制、权力等手段，约束和校正人性，其中，文化是校正和引导人性的基本因素。当代社会中人们用教育、文化手段，提高人类的文明程度，而说到底，还是像中国古人提出的把“文”化到人性当中，懂得人怎么样的行为才是人，教化人们做出人的选择，而不能是动物性本能的需求。因此，在讨论文化需求的时候，也不能不考虑需求动机、需求欲望。而确定正当的文化需求动机和欲望，其本身就需要文化，需要对文化的理性认知。

五、文化需求，是利己的、利他的，也是利自然的，是人性的良性回归

人们选择文化是为了什么？有人会认为这个问题还有必要提出来吗？前面我们已经讨论过文化需求中的国家行为、群体行为、个体行为。这是从不同层面和角度讨论文化需求的目的和心理。但从人类生活的矛盾来看，人的文化行为不外是学会恰当处理人与内心的关系、人与人的关系、人与自然的关系。

文化需求是利己的。人们常说文艺工作者是人类灵魂的工程师，说明文化对人心灵的作用。有了文化能学会做人，文化多了，文化水平高了，可以养成高尚人格，可以培育智慧和能力。人类社会出现了一种职业，叫心理咨询业，实际是心理（或心态）疏导，解开内心纠结。这其实是文化的力量，用文化打开人们的心结。但更应提倡人的自我文化调节，自我校正，自我提升。文化需求首先是心理需求，文化的教化功能首先是指向人的内心世界。

文化需求是利他的。人类社会的种种矛盾，都可归结为人与人的关系，有的矛盾表现为国家间的、民族间的、群体间的，但归根结底，是人与人之间的，文化的作用在于调节人际关系。如中国古代文化中，形成了体系性的学说，倡导人们要处理好男女、长幼、亲友、君臣、他人之间的关系，至今仍然具有其文化价值。当代中国面对世界矛盾，积极宣扬中国人的处世哲学；倡导和平、和谐、和为贵、包容等文化理念，引起世界人们的共鸣，对调节世界矛盾和冲突发挥了积极作用。中国当代社会中的种种矛盾，仅靠利益关

系调整是不够的，必须运用文化的力量。当人们在文化的引导下做出善意善为的心理安排，将会善待他人、善待自然。人们的文化需求不仅是为了利己，同时也是为了利他人。

文化需求是利自然的。人类依托自然生存。但近现代以来，人类向大自然开战，大肆破坏自然，使自然从原始的平衡态进入了严重的失衡态。人类反受其害，叫苦不迭，甚至付出了牺牲人类生命的代价。人类要以新的生存观、发展观来善待自然。文化会引导人们学会科学生活，文明生存，文化会引导社会学会科学发展、和谐发展。科学可以让人们找到科学方法和手段，文化可以让人们理性运用科学。在人与自然的关系方面，中国古代早就提出了天人合一理念，主张人类对自然的崇拜、尊重，倡导道法自然，不可违背“天意”，不可违背自然法则，人与自然和谐共生。

六、文化需求，是不断增长的需求，是文化结构的积极调整，是文化资源的优化配置

人们的文化需求，是不断增长的需求，永远也得不到满足。当人们期待未来的时候，总是期待文化的进步，期待新的文化发现，使文化更加先进。因此，中国创新文化资源势在必行。人们觉得，热闹的市民文化、网络文化、通俗文化不能成为中国的主旨文化，娱乐性文化替代不了科学性文化、智慧文化。在扩大文化受众面的同时，必须提升文化质量，必须适应发展的新需求。但对中国人来说，有自己的文化资源，而且是相当丰富的文化资源。文化的价值不以时间为转移，中国古代文化经典是中国以及人类宝贵的文化资源，是难得的文化资源，并没有因为时代发展而失去其文化价值。因为中国古代文化经典不只是一般的说教，而是对人性的理性思考和论说。从教化人性的角度来看，中国古代文化经典仍然具有其强大生命力和影响力。当代国民完全可以从古代文化经典中找到人类生存的方向和方式。人类一切经典文化的存在没有民族和国家的界线，人性修炼是人类的共同的文化需求。文化本身就具有融和、包容的功能，中国人的文化需求是人类需求的组成部分。站在人类和人性的角度看文化需要，才能把文化放在应有的位置。

文化需求与物质需求相比，物质需求是硬需求，文化需求是软需求。因

为人类生存是最基本需求，物质则是人类的最基本需求。正是因为文化需求是软需求，因此，人们对文化需求的紧迫性不如物质需求。在对物质需求和文化需求的选择上，人们通常有次序性的选择。鉴于此，如何引发人们对文化需求的兴趣、注意力或主动性，要有别于物质需求。要深入研究人们的文化需求，要增强文化资源对人们的吸引力，要改进文化服务方式，要强化文化需求的氛围，要让文化受益主体得到文化满足，要把人们对文化的接受程度作为衡量文化的尺度，要充分调动和发挥文化主体的能动作用。这一系列工作中，关键是提供优质的人们喜闻乐见、有用的文化资源。把文化工作的重心放在优化文化结构上，主动适应人们的文化需求。而文化需求恰恰是文化大发展的机会，需求是文化发展的强大拉动力。

人们的文化需求，是一种文化觉悟，是人们自我发展的内在要求。而人的文化觉悟由人的内外两大因素构成，一个是人的内生性文化动力，另一个是外部文化场的作用力。人们的文化需求，往往发生在文化场效应强的空间。在中国出现了文化场，如文化大院、文化社区、文化广场、文化社团、代表区域的文化场，代表某种文化的表演场，文化遗产的展示地域，特色文化地域等等。文化场具有文化的聚集和扩散效应，一种潜在人们心中的文化意识被吸引和参与，人们的文化需求得以激发。我国的文化发展要着眼于文化需求。

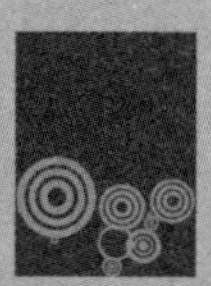

中国文化价值和文化自信

邱恩文

说起文化，这是一个永恒的话题，是一个永远说不完也难以说清的话题。

对于中国来说，文化是一个古老的话题，又是近现代中国多变的话题。

中国的文化，伴随中华民族的历史，成为中华民族成长的基因。其中，凝结着中华民族的智慧、精神、品格、生命……，文化积淀之深，文化生命力之强，文化影响力之大，在人类的文化史上是少有的。中华文化的价值，已经超越了民族，超越了国界，成为人类文化的重要组成部分，逐步被人类所认同。应该为中华文化而自豪，为传承和发扬中华文化而努力。

一、中华文化有自己的品格，值得珍惜

中华文化具有独特的创造性。创造了具有鲜明民族特点的中国文字，形成了自己的文字体系。在文字发展的基础上，构成了中华文化。文字和文化的发展，集中地反映了中华民族的创造性，在世界人类文化史上，中华文化具有典型的特点。

中华文化具有完整的体系性。五千年的文化积淀，以其丰富多彩的文化内容和文化形态，构成了中华文化体系。虽然经历了朝代更迭，历史变迁，其文化体系并没有受到毁灭性的伤害，至今应显示着文化体系的力量。

中华文化具有顽强的独立性。历史上，中国曾是世界的文化中心，进行过国际性的文化交流，但始终保持了中华文化的民族属性，独树一帜地存在着，发展着，有着鲜明的中华民族文化特征，表现出强大的独立性和顽强的生命力。

中华文化具有顽强的成长性。在经受古今中外的社会变动当中，中华文化经受住了民族矛盾和国家冲突。虽然出现过元代和清代的少数民族占据统治地位，但他们都接受了汉族文化为主体内容的中华文化。特别是经受住了近现代人类文化的激烈竞争，仍然保持了中华文化的品质，勇敢地接受了各种文化的挑战，屹立在中华大地，成长在中华民族的心里。

中华文化具有广泛的融合性。在中国，多民族的文化共存共享共同发展。中国古代，以儒家、佛家、道家文化为代表的多种文化并存，并相互渗透，相互融合。近现代以来，中西方文化融合，形成了革命性文化、科学性文化、民主性文化。在农业文明的基础上，构建了工业文明、城市文明、现代文明。

中华文化具有深厚的民族发展的基础性。中华文化是中华民族发展的根基，是民族的血脉。在波澜壮阔的历史中，中华文化一直是支撑引领中华民族前行的力量，是中国发展的强大基础，深深扎根在中华民族心里的中华文化，成为民族独立、国家富强的内在动力，使中国能够战胜任何敌人和挑战。

二、中华文化具有人类共享的价值，值得自信

中华文化内含了人类可以共享的品质，可以被人类认同。中华传统文化中，有一系列关于人性修炼的经典，有推动人类社会和谐向善的信念，有积极调解人际关系的导向，有培养人类美好品德的思想，有人类走向文明的合理取向。中华文化当中的人类价值可以被人类认同，为人类共享。

中华文化对人类发展的启蒙作用，使人类有理由认同中华文化。曾在十六世纪，欧洲向中国派遣传教士，向中国传教却被中国文化所感化，反而向法国等西方国家大量翻译推介中国传统文化。以孔子为代表的儒家文化，被西方探索人类进步的人士所接受，主张人类的独立和自由，有力地冲击了当

时欧洲政教合一的教会专制，引发了西欧的文艺复兴，继而导致了西欧的资本主义社会的产生。改革开放以来，世界各地共创办了五百多所孔子学院，出现了大量的孔子课堂，这不仅是因为中国成为经济大国，也是因为中华文化的价值所在。

中华文化的价值还在于有利于人类未来的发展。英国著名思想家罗素曾指出，人类未来的发展需要中国文化。曾有72位诺贝尔奖获得者在20世纪联合发表宣言，宣称人类未来遇到困难的时候，需要中国文化来解决。人类的精英们以其智慧的目光发现了中国文化的未来价值。

人类的文明进步最终取决于文化的力量。西方发达国家虽然在经济上得以发展，但在精神上与经济发展出现了错位。西方国家经济困扰中的深层次原因是健康文化的缺失。人类社会发展必然走向经济文化一体化，经济越发展，越需要文化的支撑和引领。盲目追求物质性发展而忽视精神性进步，必然导致经济变态和人性扭曲。

人类发展的可持续性不只是物质因素，还包括文化因素。现代社会中的经济发展不存在纯经济因素，而是社会、文化、自然因素与经济因素的复合。而文化是人类得以理性发展的根本。

三、文化的理性、科学性是人类文化的精华，值得重视

文化的普遍性意义在于给人类以理性，让人们理性地调整自己，走向理性文明。中华文化从古至今都贯穿着对人类理性的追求。中国传统文化经典中的核心内容是讲人的理性，引导人们正确处理人与内心、人与人、人与自然之间的关系，其中的核心是指向人的内心，不断提升人的心性和品格。中国共产党信仰和倡导的先进文化，更加注重的人的文化、思想、品德、精神，以先进文化引导人，让中国人民在真理的旗帜下，自觉地为中华民族的文明进步而努力奋斗。

走进新时代的现代化的中国，更加注重文化的科学性。提出了科学发展观，提出了人的全面发展理念，提出了文化强国、科教兴国战略，让中国走上了科学发展的轨道。站在科学化发展的战略高度，使得中国文化发展有了科学性的坐标，中华民族正在分享人类科学。

人类对文化的选择性更加理性，更加科学。中国的改革开放，极大地扩展了文化的发展空间和选择空间。中国文化的现实是古今中外文化前所未有的交汇。中华民族文化和经济社会发展要在各类文化的交流中做出优化性选择，其中应注重文化的理性和科学性，以及对中华民族的适应性。

四、中华文化中的体系性断层和结构性错位，值得关注

中华文化本来就有本体性文化体系，由于社会政治变革，曾出现了体系性的断层。往往在对已有政治发起冲击的时候，也对传统文化体系发起了批判。为了追求批判的革命性、彻底性，往往冲击了传统文化的经典，使中国传统文化几经打压，时起时伏，造成了传统文化体系的断层。传统文化的断层相当于挖掘了中国文化的根脉，带来了对民族文化依托的茫然。传承和发扬民族优秀传统文化体系，成为中华文化伟大复兴中的一项重大任务。

近现代以来，中西方文化在中国大地上交汇，中华文化要在中西方文化中做出选择，产生了中华文化的重构，产生了结构性矛盾，产生了认同上的错位，造成了主体文化力度的削弱，人们文化追求的多元取向，甚至造成了某些人的信仰模糊，失去了对中华文化的自信。

现时的中国文化发展，要在体系构建和结构重组中，强化中华主体文化的力度，强化先进文化的主导地位，发挥理性文化、先进文化的带动作用。

现时的中国文化发展，要进一步加强对本体文化的认同。中华传统文化是中国文化的根基，是中华民族文化的本体。中国发展迫切需要对中国本体文化的认同，不能失去中国文化的根脉。

现时的中国文化发展，要进一步确立主体文化意识。以中国共产党为代表的先进文化，是当代中国的主体文化。要鲜明地举起先进文化的旗帜，支撑和引领中国文化的发展。党的十九大报告中明确了中国共产党的指导思想是马克思列宁主义、毛泽东思想、邓小平理论、“三个代表”重要思想、科学发展观、习近平新时代中国特色社会主义思想。这是中国文化的主体和主导，必须坚守，必须坚持，用以主导全国各族人民的文化和思想。

现时的中国文化发展，要进一步加强文化价值的觉醒，文化的伟大力量，

在于给人们以正确的价值取向。文化要深入人心，文化要触及灵魂，因此，必须有正确的价值观，给人以正确的选择。有必要把爱国价值观放在首要地位，各党派、各民族、各阶层的人们团结在爱国的伟大旗帜下，形成最大最强的凝聚力。有必要把科学作为价值观的取向。用科学的力量，提升中华民族的素质，形成科学的发展方式，走在人类进步的前列。

五、中华文化发展的导向，值得强化

中国文化的发展，需要时代文化与传统文化共同发展、融合发展。失去传统将失去根基，离开时代将离开生机，二者的融合发展才能构成中国完整的文化体系。

中国文化的发展，需要文化结构与经济社会结构变化相适应。中国经济走向现代化，需要文化的强力支撑和深度融合、一体化发展，需要提升文化结构中的科学性和道德性，构建市场经济的创新体系和道德基础，在现代化建设中，让人们共享物质和精神成果。

中国文化的发展，需要多元文化并存与主导文化引领。文化的多元化是中国文化发展的大趋势。其中，需要理性的科学性的主体文化的主导和引领，着力构建主体文化，是文化建设的重中之重。

中国文化发展，需要解决文化缺失与加强文化自信。党的十九大报告和新党章中都强调文化自信，这是中国文化发展的重大问题。中国有理由文化自信，有必要文化自信，因为中国文化有特殊的文化属性，有对人的全面发展的强大威力，有可持续促进中国发展的强大作用，有人类文化进步的共享价值。文化自信是中国发展的定力所在，希望所在。让中国人完整地认同中国文化，系统地认识中国文化，自觉地应用中国文化，是中国现实文化建设的宏大工程。

中国共产党强调文化强国、文化兴国，实质是文化中国，是用文化武装中国，发展中国，强大中国。文化是精神，文化是智慧，文化是力量，文化是中国发展的根本。围绕文化中国来研究中国文化发展，目的是让中国成为更加富有文化的国家，让文化复兴成为中华民族伟大复兴的强大力量。用文化来美化中国，可以画出最美的画卷，可以不断满足人们日益增长的对美好生活的要求，解决不平衡不充分发展的矛盾。

文化强国，是建立在文化自信基础上的文化繁荣，文化复兴；是在习近平新时代中国特色社会主义思想指引下的文化发展，文化建设；是以人的全面发展为目标的文化培育，文化养成；是面向世界，面向未来的中华文化认同，文化价值。

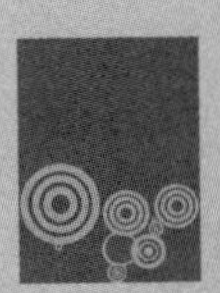

中华民族的文化选择

邱恩义

当中国人民致力于发展中国经济的时候，不能不关注中国的文化，不能不关心中华民族的文化选择。因为现代化进程中的中国人民存在物质和文化的共同需求，并且是不断增长的美好需求。

当今中国，走上了梦寐以求的现代化建设道路，进入了实现强国梦的新时代，文化强国已成为中国人民的选择。当今世界，文化交流与冲突改变了世界格局和社会形态，文化竞争的影响力不亚于人类的武装冲突。

当今时代，开放的中国成为各种文化的大舞台，古今中外文化纷纷登场亮相，在争夺中国人民文化选择的目光。

现实中国不缺文化资源，问题是中华民族的文化取向和选择能力是否适合中国人民的选择。2013 年初，作者出版了《中国书法问题》一书，该书从书法艺术的角度，探索了中国文字和书法的起源，从中感到，中华民族语言和文字的出现，源自人类的生存追求，是生存活动中的感悟。而初始文化感悟往往带有简约的描绘，带有一些迷信和猜想，带有朦胧的感觉，做出了对生活中识别人类自身和自然的直观表达。人类对生存需求的语言和文字表达，是人类初始文化发现的基本动因。人类生存需求与动物的生存需求同属生存本能，没有本质上的差别。一旦人类产生了语言和文字，升华为文化意味的生存行为，便出现的了人与动物的根本区别。表明人类之所以成为区别于动物的理性生存的生命体，文化成为根本因素。人类发展史中生存性的进取是相通的。但人类的生存需求永远不会停止，伴随人类生存需求的文化追求永远不会停止。因而，直到现代化的人类社会，我们也不能不说文化与人类生存追求仍紧密相关，只是文化的层次在不断攀升，标志着人类文明的成长。因此我们不能不说，人类生存追求是文化选择的基本动因。

中国走过了几千年的农业社会，农业社会的文化必然带有农业社会的文化迹象。农业社会的文化构成了天人合一的理念，与靠天吃饭的农业社会形态相吻合。天人合一的理念成为农业社会的主题文化，由此产生了人对自然的崇拜、尊重、迷信的文化心理，贯穿在中国的传统文化之中，组合成传统文化体系。中国的农业社会经过几千年，虽经朝代更替，但基本的经济形态没有改变，依附在农业社会形态的文化也处于相对稳态。但文化在少数人手中，文化功能只能是修身、齐家、治国、平天下，文化要么被皇权利用，要么依附于皇权。尽管出现数学、天文、开物、中医中药等带有一定科学内容的文化，但不能独立于传统人文科学之外，因为以农业形态为主体的经济没能形成对科学应用的内在要求。尽管出现诸子百家，往往是从人文社会的角度说明伦理道德和思维方式，停留在“文化人”和“文化精英”层面，并没有成为中华民族普遍认同的文化，多数平民仍处于自发的朴素的民间道德文化层面，中国传统文化的经典并没有成为当时国民的文化。一种文化的形成与发展，往往难以超越生产力水平的约束。文化只有在反映生产力发展的内在要求时，才能获得创新与发展的条件；文化只有在被多数人接受和认同的时候，才能发挥出文化的力量。

从鸦片战争到中华人民共和国成立，中国域外武力与文化大举进入中国，中国处在社会动荡和文化激荡之中，其中文化矛盾与冲突主要是围绕中国命运和前途的大决战，中国的路在何方？中国进入了文化再选择时期。这一时期，中国域外文化影响力急速上升，并没有停留在文化阶层的层面，而成为“政党文化”“革命文化”“新文化”。这一时期的政治文化凸显文化中的批判性、斗争性，而与发展生产力相关的文化被政治斗争所笼罩。政治文化表现为中国发展道路的选择，人民命运的选择。同时，革命文化、新文化运动大举批判和讨伐了中国的传统文化。同是来自西方国家的文化，有的被共产党人选择，有的被其他社会势力选择。而中国共产党对马克思列宁主义的选择，也走过了曲折的道路，有的主张照抄照搬，有的主张把马列主义与中国的具体情况相结合，走出中国特有的革命道路。中国共产党选择的西方文化并没有停留在政党内部的层面，而是推向了广大民众，用中国老百姓能够理解和接受的方式加以推广，进而形成并壮大了革命的力量。处于社会变革时期，选择政治性文化并成为当时社会的主导型文化，这是一种历史必然。虽然革命时期的文化被政治化，但政治文化并没有离开文化的属性，革命文化的目的仍然是从发展生产力的要求出发，通过上层建筑变革求得生产力的解放，创建国家完全是为了强国。

执政党的文化选择与民族的命运息息相关。历史告诫中国人民，一个民族的文化选择决定着一个民族的命运。中华人民共和国出现的“文革”文化灾难已经过去，但仍需深刻反思，成为执政党和民众的成熟记忆，以利于为中华民族文化选择奠定深厚的文化自觉和文化自信。

回顾改革开放的40年，中国实施的一系列重大改革开放举措，其实质是出于执政党的文化选择。从真理标准问题的讨论到解放思想，更新观念，冲破了执政党以往的执政文化束缚，展开了执政文化的再解放、再选择。中国执政党改革开放的战略选择是执政理念、执政文化的重大转变。从阶级斗争转向经济建设，从计划转向市场，从封闭转向开放，从传统发展方式转向科学可持续发展，从经济战略转向经济文化一体化战略。这一系列重大举措均与执政党的执政文化紧密相关。改革开放时期的文化选择，是中国人民和执政党的共同选择。中国共产党把执政文化传播到全体国民，适应改革开放的文化理念转化为民众的改革开放行为。中华民族为什么乐于接受和选择改革开放的文化，因为此种文化反映了人民解放和发展生产力的要求，改革开放文化代表了人民的根本利益，代表了中国人民前进的方向，是广大人民的主动选择、自觉选择，因而成为改革开放的强大动力。人民欢迎不欢迎，人民答应不答应，成为执政党文化选择的根本依据。脱离民众基础的政党文化，脱离生产力发展的政党文化，是不受人民欢迎的，是难以实施的，而强行实施的后果便是灾难。

从中国共产党诞生到中华人民共和国成立70年以来的执政过程，始终伴随着文化选择，特别是在中外文化交流与冲撞中的选择，积累了丰富的文化选择经验。

中华人民共和国成立以来，中华民族的文化选择着眼于执政党和民众的文化觉醒，明确中华民族的发展方向和发展道路，形成道路自信，坚定地走中国特色的发展道路，从而经受住了国内外各种风浪的考验。

中华民族的文化选择着眼于人民的根本利益，选择了有利于发展生产力的文化，选择了有利于国家和谐的文化，选择了符合人民根本利益的文化，从而被人民所欢迎、所接受，并转化为维护人民根本利益的行动。

中华民族的文化选择着眼于不断提高全民族的文化道德水平。改革开放以来，中国做出了教育先行、科教兴国、文化强国等一系列重大战略举措，对教育、文化、科技实行了重大改革，努力提高全民族受教育的机会，保障人民受教育的权益，极大地提高了人民的文化道德水平。

中华民族的文化选择着眼于人类文化的先进性和适应性。面对中国现代化建设，中国共产党和中国人民致力于发展先进文化，发展先进生产力，站在人类文明进步的前沿。对于人类的优秀文化，采取包容的文化心理，积极学习借鉴适应中国的文化。

中华民族的文化选择着眼于继承和发扬本民族传统经典文化。中国是文明古国，有几千年的文化积淀，形成了人类的文化宝库，是全世界人民的文化资源。中华文化经典，是对中华文明的开启，当代国人仍可从传统文化经典中找到智慧。其中的许多文化经典仍然是可供当代人类文明共享的优秀文化。应保护传承中华文化的根脉和基因，坚守中华民族的文化属性，突出中华文化特色，发挥中华文化优势。

中华民族的文化选择着眼于世界对中华文化的作用。信息时代的文化已经不存在民族和国家的界限。运用文化的力量进行国际竞争，越来越成为全球发展的趋势，中华文化必须走出国门。当今世界已经构成了对中华文化的需求，全球123个国家和地区开办了近500所孔子学院，上亿人正在学习中国语言文字。中国要抓住这个重大历史机遇，让中华文化广泛参与人类的进步活动，让人类对中华文化形成更加广泛的认同。我们在选择世界文化的同时，也让世界选择中华文化。

中华民族的文化选择要适应和满足民族的精神需求。现时中国人民的精神非常活跃，人民的信仰呈现多元的态势，中国人民在经历精神选择。精神需求的现实性告诉人们，市场化的社会，人们的价值取向成为普遍性的精神需求。调节人们的价值观的能力，是对文化选择的挑战。文化选择要针对精神需求中带有普遍性的要求。由于人们的精神需求有多元化、多层面、多角度、多变化的特点，有时会出现紊乱无序的状态。强化健康文化的主导和主体地位，明确中华民族的主体精神，坚守民族的核心价值，逐步成为人们的潜在意识和自主行为，努力使文化科学有序地走进人们的精神世界。中华民族的文化选择要有利于夯实民族道德基础，有利于坚守民族精神家园的和谐底线，在此基础上，追求文化升华，追求文明升级，培育中华民族的优质人性。

中华民族的文化选择要适应和满足人们提高生存能力和生活质量的需求。人们的普遍性的生存需求是文化选择的基本动因。要围绕提高人们自身的生存能力选择文化。中国的文化、教育、科技以及社会活动，要给人们提供可以提高能力的文化选择机会和条件。人们的生存能力提高了，人们成了文化的受益主体，又会促进人们更加主动自觉地选择文化。要贴近人们提高生存能力和生活质量的需求，积极改进文化、教育、科技以及相关的社会活动，激发人们对文化选择的兴趣。

人们的精神需求和文化需求是一体的，物质需求和精神文化需求是一体的。中华民族的文化选择要从人的全面发展需求出发，科学设计和实施文化的传授和传媒方式，努力提高文化选择的实效。而不是把文化选择变为政治动员、行政安排、标语口号，而是让文化的受益者切实地感受到文化的温暖和力量，让人们乐于接受。

现实的市场也在配置文化资源，文化产品和文化产业走入市场，国内外文化资源正在重组，人们可以通过公益文化和市场文化获取文化选择的机会。中国的公共文化也在经受市场的选择，要运用行政和市场的两种手段优化配置文化资源。随着文化资源的市场化，文化选择的方式也随之市场化。文化选择方式需要改革，要尊重人们文化选择的自主性，充分调动人们选择文化的主动性、积极性、自觉性。

改革开放以来，中国进入了文化活跃期，人们与文化的相关性趋于紧密，文化的选择性不断增强，呈现了一些新的态势和特点，值得关注。

中国的大开放带来了文化的大开放，中外文化交流日益广泛，使中国人更多地了解了外部世界。与以往不同的是，国外文化进入中国不再仅是“纯文化”的方式，还以商品中的文化进入中国。国外文化引发中国文化结构性的变化。与中华人民共和国成立之前进入中国的西方文化有所不同，参与文化选择的不再是少数知识分子“文化人”，而更多的是大众的参与。参与文化选择的理性增加了，盲目性减少了。建设性文化多了，而“革命性”“批判性”的文化减少了。人们选择的要求高了，能力强了，走向了理智的选择，中国文化不再以传统的保守的姿态，而是以积极的进取姿态走向了世界，使中华文化成为人类社会的一面醒目的旗帜，为人类文明增加了新的智慧，吸引了外国人选择中国的文化，显示了中华文化的生命力和竞争力。

当今的中国文化选择趋向文化的先进性。文化选择的先进性，不只是来自文化本身，也来自市场经济发展的内在要求。人们在争取提升竞争力的过程中，寻求先进文化的支撑，追求文化中的科技含量和理性能量。我国的现代经济与现代文化相呼应，先进生产力与先进文化相呼应，使中国文化升级和文化淘汰加快，文化繁荣和文化需求相互作用，使中国文化发展产生了强大动力。人类的新的文化发展会吸引中国人的目光，人们珍视文化、热爱文化的心态和兴趣超越了中国以往任何历史时期，是中国积极发展先进文化的大好时期。文化、教育、科技、传媒等领域应注重向人们提供和传授先进性文化，理性文化，科学性文化，艺术性文化。

中国经济文化的市场化，提升了文化的价值，文化的公益性和文化的商业性的共同发展，为文化选择提供了更多机遇。文化的价值不仅是人文性的，也是具有物质性的。知识产权已经成为文化权益保护的制度性安排，激发了人们的知识创新、文化创新，以及运用科技和文化进行产品创新、产业创新，及各个领域的创新。需求是发展文化的强大推手，是政府职能所不能代替的。市场中存在文化竞争机制，人们对文化的市场化选择，不会长期容留落后文化，会促进文化品位的提高。文化中的不健康行为，不健康文化产品，是没有前景的。市场竞争中出现的文化浮躁，会在人们理性的文化选择中得以调整。

在当代中国的经济文化生活中，人们的文化选择也呈现出文化消费的特点。处于高端文化消费层面的群体，注重文化的科学性，推进高雅文化和先进生产力的发展。对于大多数人来说，是运用文化提高自己的生存能力和生存智慧，更多地从就业择业的角度选择文化。文化已经不再是文化人的文化，艺术不再是艺术家的艺术。在物质生活不断提高的同时，人们的审美需求也在不断增强。艺术消费、休闲文化正在走进人们的日常生活。而文化消费程度是一个民族文明进步的重要标志。倡导和鼓励文化艺术消费，标志着一个民族的文化自觉程度。

不能不关注人们的文化选择心态。市场经济的诱惑力常常引发人们价值取向的扭曲，人们在完善法制的同时，也在呼唤正当道德理性的回归。国外的人们把目光投向了中国的传统文化，期待找到平衡人们心态的、能够削弱物质主义消极影响的、能被人们乐于接受的文化，这就是中国传统文化经典。20 世纪的大哲学家罗素讲："未来世界最关键的时刻，世界可能要渴望中国。"罗素先生预言"渴望中国"已在现实中得到证明。国学热已在中国悄然兴起，传播开来，这是中国人的民族精神的追求，是中国文化的合理传承，是人们心理调整的必然选择，表明文化的价值在于人们的主动选择、自觉选择，表明中国传统文化的生存价值。有价值的文化会长期地存在一个民族的心底，成为一个民族的文化之根、文化之魂。

中国人的文化选择行为也在改变，人们并没有把文化只作为知识看待，而是在文化中寻找智慧、趣味、自在、自由。作为一种生活方式和交往方式，是在"过日子"，把文化殿堂与生活所处自然地融合起来，让自己的生活舒服、闲适、快乐、安逸，在生活中品味着文化的意味，享受有文化的生活。人们觉得，文化的严谨并不排斥文化的活泼，文化的高雅并不排斥文化的通俗。让文化走进生活，已经成为人们的普遍性文化选择。

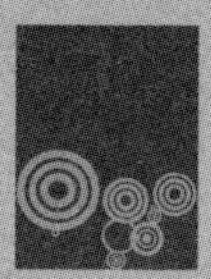

文化生态与文化觉悟

邱恩义

对于中国的近现代文化，中华民族做出过各种尝试，经历过痛苦的选择。人们都知道，20 世纪上半叶，中国出现了以五四运动为代表的新文化运动。这一场新文化运动直接作用是白话文取代了文言文，中华语言发生了一次重大变化。这场新文化引发了中国的社会变革，一批文化的先觉者转而成为革命者。这场新文化在扫荡旧文化的过程中，也把中华民族的文化经典批判性地清理。

进入改革开放的新时期，中国又面临一场严峻的文化选择。由于中国经历了文化苦难，有了新的文化觉悟，做出了新的文化选择。执政党带头进行了文化反思，以真理标准大讨论为转机，开启了思想解放，集中地体现在中国发展方向和道路这一重大问题上，逐步摆脱执政党传统的执政理念。执政党的方向、道路、战略、方针、政策上的重大抉择，其实质是文化的作用，信仰的作用，理论的作用，价值取向的作用。改革开放以来，执政党文化客观地评价了中国的基本国情，了解广大人民群众的意志和愿望，从而做出了符合中国发展内在要求的决策。改革开放以来的文化，是执政党文化与人民大众期待的文化相和谐，文化的发展与生产力的发展相和谐，文化内容与人民生活内容相和谐，因而使改革开放的文化产生了巨大的作用，促进中国实现了跨越式的发展，成为世界的第二大经济体。

改革开放以来，中国的文化建设进入了一个新的历史时期，提出了“科教兴国”“文化强国”战略，推进了文化体制改革，采取了一系列政策措施推进文化的发展。其中，文化的开放性，文化的先进性，文化的继承性，文化的普遍性均得以充分展开，人们得以自主地、自由地、创新地投入文化，文化渗透到经济、科技、社会等各个领域，既“文”之，又“化”之，充分显示中华文化的正能量，从而增强了人们的文化自信和文化自觉。

在中国文化大发展的新形势下，中国目前的文化生态是：国民文化水平的普遍提高与城乡文化差距并存，可与国际先进水平竞争的高端文化与多数人需要提高基本就业技能的状态并存，快速发展的工业文明与仍较落后的农业文明并存，当代人类先进文明与潜在人群中的落后意识并存，中华文化得到各民族的认同与民族文化多元的状态并存，中国内陆文化与港澳台地区文化并存，中国的本土文化与域外文化的进入并存。中国现代文化是古今中外的文化复合体。中国文化生态中，既存在健康文化，也存在病态文化，中国面临复杂的文化生态建设。

文化生态建设，需要相应的文化觉悟，清醒地把握中国文化的走向。那么，什么样的文化方向能够激发中国人民的文化凝聚力和文化动员力？那就是“强国梦”。中国曾经有过强盛的历史，也有衰败的历史，特别是近两个世纪，中国积贫积弱，人民饱受苦难。“强国梦”是中华民族的强烈追求，爱中国，是中国人的普遍共识，而且是最强的共识。爱国文化是最具有吸引力和动员力的文化，高举爱国的旗帜，始终是中国文化的主旨。在文化生态建设中，应突出爱国文化，中国需要进行对祖国、对国家认同的文化共识。中国拥有56个民族、地域广阔、不同社会制度共存的国度。维护国家统一，维护国家主权，是中国发展的前提。爱国文化必然是中华文化建设中的重中之重。

当代中国是古今中外文化复合体，各种文化聚集。与中华人民共和国初期相比，中国的文化资源相当丰富，各种文化都在竞相发展。那么，中国文化力量朝着什么样的方向运用？发展文化的目的性到底是什么？人们都知道文化在人们智慧、精神、信念等方面的作用。但从根本上来说，文化要为中国人民的根本利益服务，要紧紧围绕中国发展这个主题。而不能就文化谈文化，就精神文明谈文化，而是将文化当作发展的力量。

中国的现实和未来的发展需要什么样的文化？中国国情的特殊性，需要文化的适应性。中国的历史经验表明：无论是革命还是建设，脱离中国实际，照抄照搬，都不利于中国的发展。比如，中国的几亿农村人口文化水平仍然偏低，基本的择业能力较弱，中国的文化教育不能不向农村倾斜，这就是中国文化教育的实际问题。通常教育界强调教育要提高学生素质，称“素质教育”。我们认为，教育水平较高的地方应是“智能教育”，农村教育应是“能力教育”，这样定位比“素质教育”更实际一些。

中国的发展存在与世界的竞争，不能不注重文化的先进性，要运用先进文化提升中国的国际竞争力。对于世界各种文化，应注重文化的先进性，而国内的落后的文化也需要用先进文化引领和提高。

改革开放时期的发展，需要创新型发展，应注重文化的创新性，依托创新驱动发展。当今文化的存在已经成为人类的生存智慧，文化的力量是人类发展的核心动力。中国文化资源培育、文化资源配置、文化力量发挥，已不是单纯的文化行为。围绕发展而发展文化，才有利于发挥文化的作用。

如今，中国的文化不只是文化人的文化，人民成为文化主体，人民群众是文化的受益主体，也是文化的发展主体，在应用文化中创造文化，大众成为文化的服务对象，文化的普遍性是文化的真实意义。“文化”，把“文”大而“化”之，才是文化的目的。围绕人民的发展而发展文化，是文化的基本目的。革命战争时期，中国共产党主张文艺为人民。改革开放的新时期，执政党仍主张文艺为人民。这种文化指向，是人类文明进步的普遍性要求，而不仅仅是对文艺工作者的要求。文化完全是为了人的文明，而且是不断提高的文明。文明，意味着人们能够更多地选择生活方式，恰当地处理人与人之间的关系，使中国的各族人民和谐生活。

文明，意味着人们能够理智确立健康的心态，维系社会秩序的平衡。近些年中国兴起了道德文明、精神文明、生态文明、工业文明、现代文明、社区文明等与文明相关联的用语，文明意识普遍性加强。而文明来自文化，文化支撑文明。尽管文化是多层的、多元的，但文化的共同取向是人的文明。现时的国人已经意识到自身的文明需求，正在努力把中国建设成为文明国家，逐步发展成为人类文明先进的国家，中国文化生态建设应担负起这一重大使命。

文化是人的文化，是有生命的文化，每个民族都有本体的文化根脉，使文化带有民族文化属性，成为各民族文化样式，使之区别其他民族文化。中华民族文化源远流长，有鲜明的民族文化属性，是人类优质的文化之一。中国文化要在中华民族根脉上生长，使文化具有更强大的生存能力。推进中华文化发展，不能离开文化之根，不能脱离文化母体，不能失去中华文化的基因。中国的伟大复兴，包括中华文化的伟大复兴。当前，中国的传统文化经典悄悄地走回人们中间，这是中华本体文化精神的回归，不能不引起民族文化的整体性共鸣，是文化生态趋于健康行进的一个标志，是中华文化生态自我完善能力的一个标志，是中华文化精神标志之一。中华文化是个庞大的文化体系，培养了民族的文化能力，能够发现文化，善于运用文化，勇于创新文化，在不断完善文化的过程中不断完善本民族的文化，使文化和民族在互动中走上文化的良性生态。

在中国的近现代文化史上，往往出现文化生态失衡，把文化放在政治的范畴，动用政治手段解决文化问题，把文化矛盾定性为“××主义”“××思潮”“××分子”等政治概念，发生了像“文化大革命”那样的文化悲剧。我们并不是说文化与政治无关，文化虽然属于意识形态，但解决文化矛盾，一方面要以文化的方式去化解，另一方面，必须把文化纳入法制轨道，以利于构建起文化生态秩序。在符合宪法和法制规范的条件下，人们享有法定的文化权益。文化的发展，需要文化公平、文化正义、文化平等等。各种文化都可以在法制轨道上自由地存在与发展，把尊重文化与尊重人的文化权益统一起来，任何侵犯人们正当文化权益的行为都是违法。保护知识产权，是运用法制管理文化的范例。人们的文化权益受到尊重和保护，会极大地调动人们发展文化的积极性、创造性。对于多元文化共存共享的文化生态，应采取积极包容的态度，大力发展正能量文化，占领文化空间，主导文化的健康发展。

当代中国正在步入科学发展的轨道，经济要科学发展，文化也要科学发展。长期以来，我国把文化当作“意识形态”，习惯于行政性地管理方式，往往纳入权力的管理之中，对于人们的文化权益、文化机会、文化生活方式尊重得不够，保护得不够。中国的文化发展，是中华民族整体性的文化觉悟。中国人民具有学习文化、发展文化的巨大能量。改革文化管理体制和管理方式，释放人们的文化创造力，优化文化生态结构，增强文化功能。执政者在中国文化生态建设中要扮演新的角色，和民众一起发展文化。

对于生态要做一点说明。生态是指人们的生存环境，是讲人与自然的关系。世界的生态环境严重地恶化了，人们在大声疾呼对生态环境的保护，在为人的生命存在而呼唤。而把“文化”与“生态”组合，引用“文化生态”一语，是指人类的文化状态、人的生活状态。文化和自然都是人的朋友，都与人的生存状态相关。人类有必要构建适宜人类的文化生态。在文化生态当中，包括人与内心的关系，人与人的关系，人与自然的关系，是社会关系的总和。从这个角度去看文化，文化生态对人的发展的意义重大，关系到一个民族的文明成长能力。

营造“文化生态”，让人们在健康的文化环境中生活，让人们自主、自由地分享文化。文化生态反映了人们的文化心态，某种文化适应了某些人群的文化心理，此种文化将会得到文化响应，被人们选择和接受。当代的中国，人们需要什么样的文化，乐于接受什么样的文化，是文化工作需要明确的问题。

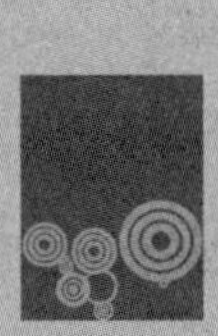

人的文化与文化人

2015 年 4 月中旬，《吉林日报》记者吴茗同志到邱恩义家中采访关于五一劳动节的文化问题，她见到了《大国文化》一书的一些初稿，由此，吴茗同志就文化和文化人这个话题，与邱恩义进行了交流。

记者：我记得，2013 年初您出版《中国书法问题》一书时，其中有一篇是我与您关于科学与艺术的对话，您的那次谈话给我留下了深刻的印象。从科学的角度认识艺术问题，这在艺术界看来，较少有人这样的思考。那次对话对我的启发很大，我想会引起文化艺术界的兴趣和关注。您现在又关注文化问题，我想，您对文化是否又有了自己的想法，可以说说吗？

邱恩义：文化，是人类普遍性的话题，人类社会的发展完全取决于文化。如果我们去研究世界任何一个民族和国家的变化，都可以追溯到文化的根脉，都能从文化中寻找他们的成长基因，你可以从不同文化、不同程度的文化中发现一个民族的足迹。现时社会中人们看到民族间、国家间存在差异，不完全取决于人的种族，而是取决于这个种族在文化发展和文化选择上的作为。当你关注中华民族命运的时候，不能不把目光转向文化。每一个中华民族大家庭的成员都与中华民族文化息息相关。当你对中华文化深入思考时，你对中华民族的认识会深化。当一个外国人与中国人交往时，如果从文化上了解了中国，那他就会对中国有了比较深入的理解。当一个外国的领导人选择与中国打交道的时候，了解了中华文化，恐怕更容易对话与交往。现在，世界上的矛盾和冲突，其实质是文化矛盾与冲突的表现。如果从文化的角度看当代人类的矛盾，那么，一个民族就会对自己的发展做出明智的选择。关注文化，既是对中华民族的关注，也是对人类文明进步的关注。

记者：看来，文化问题是沉重的。那么，怎样理解文化这个命题的由来与内涵？

邱恩义：人类对自己文化的创造与发展是个历史过程。各个民族在自己文化成长的过程中，随着文化的进步，对文化的认识也随之变化。比如，人类的初始文化的形成，是人类的生存体验。在最初的文化发展当中，人类会发现自己的祖先带有对大自然的迷惘和迷信，往往是简单的对自然和人类行为的描绘。这个描绘先从语言开始，在群落中滋生。如果追溯人类文化，恐怕要从语言的形成谈起。当人类以某种图形和符号表达语言时，人类的初始文化开始出现。当初始文字出现时，人类开启了文化意识，这恐怕是人类文明进步的最初标志，并由此积淀下了人类文化的基因。

那么，什么是文化？人类对此有不同的理解。

文化可以作为人们认识人类和自然的表达，文化可以是人类对生存与发展愿望的诉说。文化既可以作为人们相互交流的工具，又可以作为人类能力再发现的依托。历史上积淀的文化是人类智慧的结晶，人类现实中的文化是人们的心态和状态的反映。某种文化的存在，是人类对生命体验的延伸。文化的价值在于对人性的优化，文化的存在在于人们的心理响应，文化的进步在于文化本身，在于人们对文化的运用，文化永远在进行时，某种带有进步意义的文化对人类的引导意义具有历史性。

就一般的意义来说，人们视文化为知识和知识的运用。由于文化是人类的文化，她必然反映人类的属性、人性的属性，可以从文化中看出人性的优劣，看出一个民族素质的高低。从人们精神的层面来说，文化表达了人们的精神，一般来说，文化的高低影响人们的情操和品格。如果从情感角度来说，文化无疑是人们情感的表达。学术界对文化有很多定义，有的还比较概念化。但对文化的理解，越是接近人的内心世界，越容易揭示文化的本质。越是从文化角度观察，也才能认清人的本质。当今社会，文化已成为人们的生活内容，越来越多的人有了某种分享文化的期待，甚至是冲动。

中华民族文化，具有民族属性、民族精神、民族特征，是成长在中华民族心理的民族智慧，具有其他文化不能替代的作用。中华文化是由初始文化、传统文化、现代文化、域外文化共同组成的庞大的文化复合体。中华文化中内涵的包容性、开放性、科学性、实践性，使中华民族文化具有强有力的成长性，成为当代中国发展的深厚底蕴，并且正在受到世界的关注和接受，早已成为具有世界影响力的文化。

记者：您说中华文化是一个庞大的文化复合体，这其中就存在如何对待文化的问题。在中国的文化史上出现过文化曲折，文化受到过种种不同的待遇，既有文化创新，也存在自毁文化。当今中国再次遇到了各种文化的挑战，您认为如何对待文化?

邱恩义：就中国文化现状来说，既存在深厚的文化基础和文化资源，也存在文化短缺和文化贫困。人们面对的是文化公平、文化权益保障问题。也就是说，让处于文化弱势地位的人们得到接受文化的机会，让越来越多的中国人分享的文化权益得到保障，逐步解决文化机会的不平等。在实现小康社会发展的战略目标中，物质生活的小康社会和文化生活的“小康”社会应尽可能同步实现，构建起物质发展与文化发展的平衡态势。

要让中华优秀的传统文化回归到本来的历史地位，让中华传统文化发扬光大。中国曾发生过自毁文化，直到“文化大革命”时期对中华文化造成的大破坏。为此，中国人留下了文化心理创伤，人们期待中国文化的健康成长。

今天的中华文化是历史文化的发展，不能因文化的发展而否定文化基因，不能用新文化的发展而否定文化历史，更不能用破坏性文化造成文化的破坏。中华文化有她自身的文化体系，而且是一个优秀的文化体系，已经深深地扎根于中华大地和民族心理。在对待中国传统文化问题上，至今仍存在不同看法，缺乏对传统文化的自信，存在某种文化心理变态。其实，中华传统文化经典早在十六、十七世纪就走向了欧洲，在西方文化启蒙过程中发挥了作用。

21 世纪以来，世界一些国家和地区创办近五百所孔子文化学院，中国的传统文化经典正在影响着当代世界。中华民族没有理由不尊重本民族的传统文化经典。人类文化交替的历史表明，现存的文化也不都是好的，历史上的文化也不都是差的。中国当代文化中，存在先进文化与落后文化，存在正义文化与非正义文化，存在健康文化与腐朽文化。应大力推进先进文化，强力支撑正义文化，积极发展健康文化。

要把文化放在中华民族伟大复兴的梦想之中研究，不能就文化谈文化。在伟大复兴的重大战略举措当中，文化是上上策，是带有根本性、基础性、长期性的战略举措。而文化的功能超出了文化自身范畴，具有贯穿中华民族繁荣进步的巨大作用。党中央提出的“文化强国”“科教兴国”战略，富有远见地选择了中华民族前进的方向和道路。

在转变经济发展方式的选择当中，经济与文化相融合是最佳模式。经济发展的动力与经济体制相关，但更与人们的文化意识、文化觉悟、文化能力相关。当人们集中精力发展经济的时候，绝不可忽视文化的因素、文化的力量。虽然文化有文化的特点，但文化工作也应在与经济的结合中促进生产力的发展。脱离经济的文化也就成了无源之水，因为文化脱离了人类的生产活动和日常生活。

应当引起人们的特别关注的是，腐朽文化不会轻易退出历史舞台，其负面影响将长期存在，比如，中国出现的腐败现象，其中与腐朽文化的影响相关，人们称其为“官场文化”。

摆在中国人民面前的战略性任务是文化创新。文化创新同样需要制度性安排，秩序性建设，动力性启发，切实找到与文化创新相适宜的一套办法。文化涉及人们的思想，思想不活跃，文化难活泼。因此，中华民族需要深入展开文化思考与文化觉悟，系统集成人类的文化精髓，创造中华文化的新篇章，努力成为人类文化的领跑者。

记者：在前面的谈话当中，您强调文化是人的文化，以人为核心来谈文化。那么，您能展开谈一下关于人的文化吗？

邱恩义：21 世纪是中国人对现代文化的觉醒与追求。现代社会进入了信息社会，人们把文化交流作为信息交流，把语言以及其他文艺形态都做为人的信息。信息交流不只是人类，宇宙间除人类以外物种也在进行信息交流，有的是显性的，有的是隐性的，有的是物质性的，有的是非物质性的。宇宙中的信息交流中还有许许多多人类尚未认识到的奥秘，成为人类探索的未来领域。

通常人们认为文化是人类内部的事情，是人与人之间的交流。但人类的文化信息交流与宇宙中的信息交流有些类似，其中也有相当的科学性值得深入研究。比如，宇宙中有场和力的作用，出现宇宙现象。人类中也有文化场和文化力的作用，引发了某种文化冲突，文化裂变，也引发了新的文化发现，新的文化构造。再比如，宇宙中信息的隐蔽性，人类文化中也存在潜意识，存在隐文化，在人与人之间产生潜移默化的作用。比如，宇宙中存在信息的某种相对平衡态，人类中的文化信息也存在某种文化稳态，在历史长河中存在，这些是成为植根于人类生命之中的文化信息。

人类发现自然和宇宙的科学性文化之后，有些人狂妄地认为可以征服宇宙，主导这个宇宙。但是决定人类文化的不只是人类本身，还包括宇宙的强大力量。回顾人类文化的产生，是人类感悟宇宙的结果，特别是中华民族的语言与文字，更为明显地表征宇宙信息。人类的文化中包括了对自然的尊重，中国有人称其为“天地为吾师”。人类原始文化的产生离不开自然，离不开宇宙，未来的文化也离不开自然和宇宙。既有人与人的交流，也有人与宇宙的对话。这恐怕是研究人类文化与文明起源的话题。人类的文化观当中，应有自然文化观、宇宙文化观，这才是完整的文化观。因此，仅就人类自身去研究文化是不够的。

一般来说，文化当中讨论文化主体问题，强调人的文化主体作用。其实，文化本身并不存在主体问题，而是文化存在当中出现了差异，人们的文化分享处于非平衡状态，在人类当中出现了文化能力的强弱。当占有某些文化资源的人出现理念偏差，导致文化选择行为不当时，文化弱势群体被处于不当地位。为了文化公平，文化正义，要强调文化道德，文化道义，让人们在文化面前平等，恰当调节文化权和文化关系。文化主体问题的实质是文化权益，文化机会，文化公平问题。

我们还是回到文化本体讨论人的文化问题。人发现了文化，创造了文化，又分享了文化。文化本是人类进步的产物。人人享有文化本是人类文化的根本目的。离开人就失去了讨论文化的意义。人类出现了文化精英阶层，较先较深地发现了人的文化，这是合乎文化发展逻辑的。人类社会应感谢和尊重人类的先知先觉者。问题在于文化资源占有者不应有文化特权意识和行为。中国为什么又再次提出文艺为什么人的问题？是文艺工作者的自我意识太强，把自己放在了与大多数人不适当的地位。当文化成为某种获利资源和手段的时候，难免出现文化失德行为，造成利益关系紧张。端正文化资源占有者的行为，是调节人们文化权益和文化利益的需要。问题是文艺工作者是否自觉接受这种调节，成为与大多数人的文化一体化的文化人。

记者：您在谈人的文化过程中，强调了文化人，强调文化人与社会人的关系。您能否谈一下文化关系问题。

邱恩义：您提得很好。有社会关系、经济关系、人际关系，当然也存在文化关系。文化关系比较复杂，也难以全面解释清楚，但能提出问题就好，我们可以一起讨论。

说到关系，总体上可以说是事物的内在联系，内在矛盾，内在转化，是说明事物的发展变化。

而文化关系，就其内涵来说，涉及文化差异，文化关联及其文化因素的相互作用。就其外延来说，关系到文化与其他事物的关系，比如文化与经济，文化与社会，文化与生活……但文化关系，说到底，是人与人之间文明程度的关系，是在人们运用文化过程中产生的关系。但文化关系的特殊性，在于文化是社会关系中的大系统，是社会关系的总和。

说到各种各样的关系，不外乎是人的行为方式，人的生活方式，是人为的关系，是人际间的关系。文化关系也不例外，亦是人际关系，而且是人际关系的总和。

人们的经济生活和社会生活，都是人们主观意识与客观世界的交流与交换，这其中人们的主观世界是基于人的认识事物的能力，是基于人们的文化程度和运用文化的能力。追根溯源，是人们的文化，是文化与其他事物的相关性、渗透性。可以说，世界上人类间的任何关系都离不开文化，离不开文化关系。

展开来说，文化关系中，个人间、地区间、民族间、国家间都存在文化关系，这些关系中存在文化个性、文化属性、文化多样性。文化差异中演化出文化矛盾，文化和谐中衍生文化进步。文化冲突会导致政治冲突、经济冲突，需要文化调节，需要从和谐文化关系中得到缓解和解决。因此，文化认同是文化关系中的大问题。战争往往是强制性的文化价值输出。经济竞争当中伴随文化价值的搅动，民族矛盾中往往与民族文化信仰相关联。而某种文化信仰一旦植根于民族当中，就可能由于文化信仰的差异导致民族间、国家间的矛盾，甚至导致战争。

人类社会的进步，是文化关系的演变。如欧洲，当冲破教会理念的束缚，产生了文艺复兴，才导致欧洲资本主义社会的形成。如中国 20 世纪的新旧文化的冲突，才导致中国的革命运动。

一般来说，任何一个国家不能不关注文化及文化关系的处理。寻求各种关系的和谐都离不开文化关系的和谐。

记者：文化关系要用文化调节，那么用什么样的文化调节文化关系？人类怎么样来调节文化关系？您能再谈谈吗？

邱恩义：您提出的这个话题，恐怕在我们今天的讨论中说不到位，这需要深入地学习和思考。但我们可以粗略讨论，能引发人们的思考也有意义。

我认为，文化关系调节之意义在文化进步，是不同文化的协调，是对困扰人类的那些陈旧文化的解脱，是新旧文化的转换和交替，甚至是人类的文化革命，文化洗礼。

文化摆脱是一种痛苦的事情。人们的文化习惯是一种文化势力。当某种不同文化进入的时候，必定引发不同文化间的矛盾和竞争，甚至付出代价。而文化取代，或文化改造，或文化进步，是一个历史性的过程。人类在其中经历信仰转换，利益关系变动，社会结构变迁。往往文化变迁都是缓慢的，渐变的。而在激烈的文化革命当中，即使是出现了新的文化态势，也会存在传统文化，也会保留某些文化残态。人们仍然看到，尽管西方的殖民文化进入殖民地，但至今那些曾经被殖民的国家仍然保留本地区、本民族的文化。

文化不能瓦解长期以来对人类生活起支撑作用的信仰体系和道德秩序。但文化注定要发展，注定要进步，这种进步是人类社会进步的内在要求。因此，文化关系，或者说文化调节，是在社会关系的变动中进行的。当一种强大的社会力占有社会，其倡导的文化势力也随之强大。当代表先进文化的势力统治社会，那么这个社会就有新的活力和动力。文化关系的这种作用与反作用，是一种社会常态，构成了社会发展的决定性因素。

人们选择的文化是一种价值取向。站在不同的立场，就存在不同的文化价值判断。人类可以倡导文化认同，但很难说文化统一，或者说文化一致，或者说文化相同。文化强制必然导致文化混乱，文化压迫必然出现文化反抗。只有当人们产生对某种文化认同心理的时候，才能逐步发展成对某种文化的自觉。

先进文化的作用，在于人们心理本能的认同。为什么当代科学容易被人们接受和使用，是因为科学文化给人们带来利益和希望。为什么中国共产党倡导发展先进文化，是先进文化能推动中国的发展。因此，文化关系在某种角度上反映了利益关系，只有某种文化代表了人们的根本利益，才有某种文化的存在价值。

文化关系的调节与变动需要社会机制，当某种文化成为人们需求的时候，其文化会得到应用与发展。现时的中国正在构建新的文化机制，这既会产生新的文化，也会产生新的文化人，塑造出21世纪的文化人。

记者：我们讨论了人的文化，您又提出塑造21世纪的文化人。中国需要文化人，那么中国需要什么样的文化人？新的文化人需要什么样的成长环境？

邱恩义：旧社会，文化人是少数。中华人民共和国成立以来尽管培养了大批文化人，与旧社会比，文化人是明显地增多了，但相对于十几亿人口的大国来说，文化人的数量仍然是少数。

如果从文化人的专业化程度和文化质量来说，其文化人结构和文化水平仍不适应中国的发展需求，应该说中国既需要更多的文化人，更需要有现代水准的文化人。

我们讨论的文化人，是指高水平的能够担当起引领和带动文化作用的文化人。在旧中国来说是“文人”。而当代文化人，比如说领导中国两弹一星的文化人群体，比如说在现代信息网络中创新的文化精英，比如说在各专业领域的学术带头人，比如说某些团体中起主导作用的文化人。我们这里所说的文化人，不是指类似旧社会的文人，而是大文化的概念，是指在各行各业发挥骨干带头作用的人才。

人类社会发展实践表明，任何国家、任何时期都需要文化人的出现并发挥出特别的作用。文化人在社会结构中，应是人中之杰，具有文化发现和文化带动的功能，来带动一个民族和一个国家的发展。对大多数人来说，处于接受文化、学习文化、应用文化的地位，这是一般社会文化发展的常态。这种文化程度上的高低之分，不是人的权益和等级划分的标准，而是一个社会文化传递链条上的分工。作为文化人并不轻松，在社会分工当中扮演了主角。人们对文化人有特别的尊重和期待，文化人应有着充当社会文化的主导力量的自觉意识。

作为文化人，对人性本质的发掘深度，对人类存在境域的感悟能力，以及超越经验的想象力，是文化人的重要素质。国家和民众对文化人寄予厚望。文化人应是爱人的人，爱自己专业的人，爱作出奉献的人。文化人不仅具有超常的智慧和能力，在自己的专业领域发挥出杰出的带动作用，并且其人格魅力也应出名出彩，其德其才兼备，文化人要在德才两个方面修炼，缺一不可。这是不是在难为文化人？人们常常会看到，真正的文化人选择的是自觉自愿修为，否则他也难以成为受人们欢迎的文化人。我们强调的文化自觉，其实质是文化人的自觉。他们是文化的先知先觉者，他们在觉悟文化过程当中，觉悟了人生的价值，并以坚定的价值观念从事文化活动。这就是文化人既文人智又文人德的文化价值所在。一般来说，文化深度往往积淀了文化人的人文内涵，可以自觉展开自我修炼的空间，把握人生的方向和做人的准则。对知识和文化的信念，对真理和道义的担当，对人的自由生命的关怀，永远是文化人的尊严所在。变坏的文化人也存在，他们既是文化人中的败类，也是人类中的败类，但这不足以影响文化人的总体形象。

旧中国出现了一些令人怀念的“文人”，他们在历史变动中表现出了受到世代国人尊重的气节和壮举。而当代中国人对文化人的期待有了新的构成。现代中国的文化人是具有国家意识的文化人，爱国是文化人的基本人格。现代文化人是具有现代文化的人，是站在时代前面的文化人，其文化内涵是与时俱进的。现代文化人是具有国际视野和把握文化潮流的人，代表国人参与国际交流与竞争。现代文化人是自觉融入人民大众的人，是和人民同呼吸共命运的人。

但是，也请人们多一点谅解和理解，文化人也是人，也难以是完人，其基本面好，就是好的或比较好的文化人。应该说，在中国做文化人不容易。中华人民共和国成立之初的岁月，许多文化人受到令人难以置信的困扰，因其具有文化，或被排斥，或被打击，有的付出了血的代价。改革开放以来，文化人被恢复应有的地位和尊严。改革开放的社会环境为文化人提供了大有作为的机遇。中国的改革意味着解放了生产力，也解放了文化人。中国文化人的能量释放了，文化人与人民一道把中国大发展了，中国的巨大发展也内涵了文化人的奉献。

做中国当代的文化人，是一种荣幸，也是很不容易的。文化追求的至高标志是对人类的人文关怀，也是文化人的最大责任。文人精神，最基本的是对人的价值的确认。文化人要清醒地面对当代的人们生活，永远和祖国站在一起，永远和人民站在一起，在其中发挥才智，是幸福的事，出彩的事，有出息的事。

记者：您这次就人的文化和文化人来谈文化，我理解是不是想突出文化的人民性，或者是想说明文化的人性价值?

邱恩义：是的。如果离开人，离开人的存在，离开人的需求来谈文化，毫无实际意义。

文化不是文化人的个人崇拜物，文化也不是文化人的“专利”，文化更不是纯属文化人的自我欣赏品。如果把“文化”二字解开来说，是把“文”大而“化”之，才是文化存在的真实意义。把文大而化之，是指文化受益主体的广泛性。文化的真实价值在于人们的普遍认同与应用。当代社会倡导的提高人的文化素质，是指包括文化人在内的所有人的文化素质，是文化人的自我启蒙与对民众的启蒙。

人的文化和文化人是同一个指向，那就是构建文化共同体，共同举起文化的旗帜，共同促进人类文化的进步。文化人的文化进步不是文化人的终极目标，而是以文化利他的价值观去从事文化。当文化人把文化传递给接受文化的人的时候，才实现了文化人的价值，也实现了文化的价值。文化人应自觉充当民族精神的灯火，用生命的代价寻找人类命运的出路，追求人类价值的实现。

文化人不存在文化特权，在文化面前没有等级存在，文化人与接受文化的人是平等的，相互尊重的。文化应当对人类精神处境和生存处境予以关切，并为解脱人类的精神处境和生存处境投入真诚、热情、温暖和爱意，运用文化的能量予以人文关怀。文化应表达人类基本价值维护的愿望和义务，在适应人们物质追求的过程中以理想的精神给人们的心灵以映照。文化人对文化尊重与对接受文化人的尊重应是发自内心的。这样的文化形态是文化和谐，文化互动，文化互助。构建和谐文化，是构建和谐社会的基础。在中国，发展和谐文化极为重要。中华民族大家庭的文化丰富多彩，是世界其他许多国家所不具备的，这是中国文化的优势。各民族的文化和谐、文化认同，形成了强大的民族聚集力。多样化的文化存在可以相互融合，可以衍生出中华文化的精彩华章。文化人在其中的作用是促进民族文化的和谐和升华，文化人要成为各民族文化的代言人。

记者：您在《中国书法问题》一书中，把我们的艺术与科学的交谈放入该书。那是一个使我非常兴奋的话题。那么，您能否就文化人与科学这个话题，再谈谈您的看法。我觉得，您的经历当中有工程技术的工作内容，有过工业及经济工作的内容，还有过在地级市委分管宣传和意识形态工作的内容，我觉得您的经历使您有交叉思维的能力，我希望能听听您的意见。

邱恩义：人的工作经历可能对一个人的思维方式有一定影响。但您提出一个非常具有时代精神的话题。这个话题虽新，但我想这是文化工作的题中应有之意。

近几个世纪以来，人类的文化进步当中，突出的是文化中科学性的飞跃。人们谈文化，不再是传统意义的文化。传统文化中以人文文化为主体内容，而近现代文化中科技类文化上升为文化主体内容，同哲学、艺术、宗教等文化相比，人们对科技类文化更感兴趣。在人们谈论过去中国的学问时，往往是指人文文化。当下评论一个文化人的学问，就要在文化多样性的新文化形态下进行。人们对每一类文化可以做功能性评价，但很难在各类文化间进行高低的横向比较。

人们可以在某个文化领域中探索。但近现代社会的文化正在趋向文化兼容，文化集成，改变着文化构成和文化思维。历史上功成名就的名家大家，大都是人类文化的集大成者，是多种文化融合运用的大智大慧的人类精英，这是近现代文化人的成长特征。

如果比较一下中国与西方国家的文化思维方式，近几个世纪以来，西方的科学发现和发明走在了中国的前头。从中可以看出，西方的文化思维方式中的具体的、实证的、逻辑的文化思维方式有利于科学发现和科学发展，而中国传统文化中偏重人文的、整体的、哲理的文化思维方式不利于科学发现和科学发展。旧中国的传统文化没能改变中国的产业形态和生活方式，农耕社会维持了几千年。在中国当代的文化发展当中，要以极大的努力培育有利于科学发展的文化思维方式。更要引起人们注意的是，当代文化形态改变了，文化的生成方式和传播方式改变了，培育文化和文化人的机制改变了。这其中是科学的因素发挥了巨大作用。如网络信息技术的普遍化，网络文化迅猛兴起与普及，文化以信息方式深入到人们的生活之中，人们随时与文化碰撞，信息网络把文化传播和文化接受无缝连接，人们参与文化的广度和深度让人难以置信。科学技术正在迅速改变文化的成长方式。文化与科学技术的结合，产生了诸多的文化样式和文化生成方式，科学与文化既在文化内容上一体化了，也在文化生成和传递方式上一体化了。

现代社会的文化存在方式完全被科学融化了，文化被淘汰和文化人被淘汰不再是一个历史过程，很难说谁在引领文化，几乎很难成为一个永久的文化人。由科学技术带来的文化竞争日趋激烈，这使文化人不能不产生文化危机感。你目前是有文化的，可能不久你就是被新的文化边缘化的人。在科学性文化面前，有的文化人可能是科盲。文化的时代性就是这样地发展着，做一个与时俱进的文化人不容易。

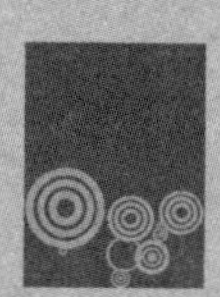

从汉字构成看中国文化本体

邱恩义

地球上有十几亿人口使用中国汉字。越来越多的人喜欢上汉字和中国文化。那么，汉文化从哪里来？汉字与汉文化的产生与发展有什么渊源？研究中国汉字构成对弄清楚中华文化有什么作用？虽然提出上述问题，但尚不能全面解惑，只能从若干文字信息中捕捉中华文化的痕迹，从中探求中华文化本体。

一、中华文字与艺术

在人类文字构成方式当中，中国汉字构成有她独特的方式。虽然人类文字都有线条的因素，但中华汉字不只是线条的简单组合。

遗留在古岩画、古陶瓷、古金属器具、兽骨、竹简、古纺织物等载体上面的启蒙文字，都是古人对人类和自然界观察感悟形成的记号，是对记忆的留存和传递。其中的启蒙文化行为带有寻迹特征，是一种寻迹行为。而刻画在岩画以及依附在一些物质载体上的各种记号，是古人留下的迹象。人类活动行为都是人的生存迹象，自然界的各种动态现象在古人头脑中形成印象，以刻画等方式留下了表达语言和记忆的迹象。古人把人的行为和自然动态，通过迹象性思维把迹象表达在物质载体上。因而，使中华早期文字具有迹象特征。

先人的迹象性表达文字的思维方式，并没停留在萌芽文字的初创阶段，而是以一种文化艺术的思维方式延伸，渗透到文化艺术活动之中。其中最为明显的是渗透到文字的艺术化行为——书法艺术活动当中。后人把书法艺术看成是“线条的艺术”。这种表述与古人用线条构成初始文字的表达方式相同。但这是从文字书写的层面得出的认识，而将书写升华为书法艺术层面的时候，迹象性思维方式便成为书法的艺术思维。只有从迹象和迹象思维的角度看待书法的艺术特征，才能揭示出中国书法艺术的文化内涵和艺术本体。

从古岩画和甲骨文等文字记号和图案构成来看，中华文字初创阶段，先人们把人和自然界的存在用象形的图案表达，如人的头像、动物的形象、自然界的现象等，人们可以用象形进行识别和相互交流。另一种文字表达是线条的空间构成，给人以立体感，表明古人的空间思维能力。再一种是各种线条的平面组合。就人类文字的线条组合特征来看，我们的先人并没有停留在平面组合这个层面，而是空间组合、形象组合。这是先人的形象思维能力显示的结果，体现了先人的文化智慧的领先能力。古人的形象思维演变成后人的艺术思维，发展成为中国书画等传统艺术思维体系。而后人所说的抽象表达，并不是西方的艺术发现，中华古文字的线条表现文字方式，是古人的抽象思维能力的表现，而且内含了丰富的想象和初始文化内容。

中华的最初文字，如岩画、甲骨文等，是古人画出来的，有些初始文字是一幅幅的小画，近代人的野外写生与古人文字的构图方式极为相似。中国的文字与生俱来就具有绘画因素。后人在书画艺术活动中，有的要以书入画，有的以画入书，使书画艺术成为中华民族的孪生艺术。人们通常说书法是线条的艺术，我们认为中国书法是构形艺术，构形艺术运用的是迹象思维和形象思维，使书法艺术更具有动态性的活力和人的艺术性思维的感觉。

中国文字也是中国先人的艺术创意，是具有艺术特征的文字，因而中华民族把文字转化为文字艺术——书法，是中华文化的一种必然逻辑。当今中国，有人认为，把中国文字与国外的文字同样划归为符号，是一种语言文化符号，这样认识，淹没了中国文字的文化和艺术性。而按符号去从事书法，难以体现中国书法艺术的本体。

中国的古文字构成了中华文化的基因，这种文化基因一直维系中国文字的发展，坚守了中华文化本体，不论在中华大地上经历多少复杂的历史演变，始终保持了中华文字的母体形态，表现了中华文字的生命力。同时，中国古文字也构成了中华艺术基因，使中华文字既具有语言功能，也具有艺术功能，中华文字发展走的是文字规范化和文字艺术化的双重轨迹。而中华文字中的艺术因素不只是使人类产生艺术感觉，更为重要的是提供了中华民族的艺术体系和艺术理念，让中华艺术有着明显的民族特色和属性。从中华古文字中，不仅可以找到中华文化之根，也可以发现中华文化的艺术之根。人们在使用中华文字的同时，也可以感悟其中的艺术气息。

二、中华文字与生命

中国汉字从哪里来？她是怎样被古人发现，被古人创造？这种发现和创造文字的方式说明了什么？这些与追溯中华文化是密不可分的。

从古岩画、甲骨文等物质载体上遗留的种种文字迹象当中，人们会发现，中华古文字中大量是人的自我发现，人的自我识别，人的自我表达。

比如，对人的性别识别，女人和男人的生理功能、体态与从事生存活动方式构成了“女”和“男”的字形。

比如，对人的身体结构识别，把与人身体各种器官和功能相近相似的构形作为识别和表达的文字符号，进而把表达人的身体结构的字体作为偏旁部首，衍生了大量汉字。

比如，对人的行为的识别，古人从感悟人的行为中结构出文字，这在古岩画和甲骨文以及篆书中有大量的文字信息可以找到。

比如，对人与人之间关系的识别，其中的文字结构中表现出了古人高超的构字智慧。

比如，对与生存追求的文字表达，更是古人生存智慧的充分体现，文字结构当中表达了人类的成长意识和能力的发展意图。

翻阅中华文字的字典，人们会发现，以人的识别和表达的文字占有相当大的比例，如《辞海》当中，以“亻”为偏旁部首的汉字达553个，以人体结构为偏旁部首的达几十个。

中国文字构成与人的相关性如此紧密，这在人类文字史上极为少见。那么，先人造字的过程当中，为什么选择了人作为造字对象？这其中渗透出中华民族什么样的文化和意识？这些文化意识对汉文化的发展起到了什么样的作用？从中可以弄清楚中华文字与人的相关性，弄清楚中华文字的本体所在，弄清楚中华文字的文化精神所在。

中国的国人当中曾经有人主张改革汉字，走外国的拼音文字的道路；有人主张简化汉字，删繁就简，简去汉文字中的人文内涵。出现这些想法和行为，与对中华文字本体的认识有关。

有人可能觉得，把人作为造字对象，是人的直觉反映。但是外国人为什么没有像中国这样结字？不能不说，我们的先人的自我意识早在造字的过程中已经产生了。在以人造字的同时，也在有意识地提高了人的自我识别能力，增加了人的自我发展意识和能力，使人类从自我识别当中不断觉醒，不断走入智慧成长当中。把人作为造字的对象，是先人把人作为天地万物中的主体，造字的过程也是人的自我完善的过程。中华民族的成长性与文字结构和结构方式相关，使中华文字成为构造中华民族优质人性的文化。这样看来，摆在人们面前的中华汉字，不只是文字识别的符号，而是中华民族文化觉醒的意识和科学方式。中华文字是一个个生命体，字是有生命的。中华文字中对人的尊重，对人的生命的关注，在字里行间都能体现出来。这些是纯拼音文字和符号文字都难以表达的高度和深度。

当人们识别文字的时候，特别是当把文字作为艺术表达的时候，如书法艺术，那么你的笔墨是在为生命流淌，你的书法作品要表达人的情感、人的生命。这样做，才能体现文字和书法艺术的本来意义。当人们讨论中华艺术本体的时候，只有当你把中国文字和文化放在人的生命和人的本性高度的时候，才能够找到中华文字和文化的本体。从坚守中华文化和文字本体出发，可以提升人们珍视本民族文字和文化的自觉与自信。当今世界存在多种文化，人们有多种文化信仰，而体现人性和生命的文字和文化，才能成为人类的友好文字和文化。这也是中华民族文化选择的基点。

三、中华文字与自然

中华文化出自中华民族先人对人类和自然界的识别。在对人的自我识别的同时，也展开了对大自然的识别，在天地间寻找文字，寻找结构文字的模拟对象，寻找创造文字的感悟。

在人类生存能力不强的阶段，产生了对大自然的依赖，产生了对大自然的崇拜、对天的崇拜。在古岩画和甲骨文当中，有对自然的描绘和模拟，其中有的是具象的，具有象形的特点；有的是抽象的图案性文字，表达了对天地万象的猜想和迷信，出现了带有祭祀和巫术活动的文化符号。

从中华文字中，人们可以发现人类对大自然的敬畏心理。在古人看来，天是最大的，在人之上的，人的头上顶着天。天地间的万象是由天来决定的，是天的威力，人只能顺从天，按天的运行去安排人的生存活动。古人对天倾注了极大的关注，注意观察天体运行，从天体运行中构想出文字的构形，体察天地运行规律，感悟到一年四季的自然法则，懂得春之生、秋之收，进而悟出天地的阴阳之道，进一步引申为天人合一的文化理念，产生了阴阳对立统一的人类哲理经典，中华文字表征了中华民族的文化机理。文字的取向是文化取向，古人对天的崇拜，对天的尊重，是一种民族文化心理，深深地扎根在民族生存理念当中，发展成为民族的信仰。

在中华文字当中，人们还发现了中华民族的自然取向。从渔猎文化到农耕文化，中华民族经历了几千年的农耕文明。许许多多的文字来自对自然的观察，从自然中获得构字的思辨，表达了自然现象和自然状态。从中可看出，中华民族先人热爱自然，顺从自然，理解自然。比如，“大地”的“地”字，是篆书中的“女”人生殖器与“土”字结合，表达出大地是养育万物的意思，视大地为“母亲”，对大地充满了爱。中华民族文字的字形和字意都表达了中华民族的自然心态，成为自然的文化心理。此后的中国文化艺术理念和审美取向当中，自然美作为美的最高层次，自然心态是文艺创作的最佳心态。

毫无疑问，任何人类文化都是人类生存状态的表达。文化必然反映人类的生存需求。产生于原始状态和农耕社会的中华文字，必然在文字中刻有生存状态的印迹。现代社会需要重新找回文化平衡，需要自然观的复归。中华文字和中华文化中尚存自然心态和文化心理，可以使尊重自然的文化得以继承和发扬。

深入研究中国文化本体，在于寻找中华民族精神的文化和文化要素，以利于中华民族在新的历史时期更加清醒地认识中华文化的价值，以利于在中华文化碰撞中坚定地站稳立场，以利于在价值观的选择当中增强对中华文化的自信。自觉地依托中华文化和价值观，走出当今人类社会的一条光明大道。中国人民可以向世界宣告，中国有自己独到的文化资源，有一套价值资源，可作为当今人类的共享资源，是构建人类社会新秩序的思想文化资源，这就是中华文化的生命所在、价值所在，而其价值追根溯源为中华文化的本体属性。

上述从文字与艺术、文字与人性、文字与自然的关系当中看中华民族文化的本质特征，反映中华文化的本体，试图把中华文化的最高层面向世界做一下简约的推介。当今人类社会矛盾重重，特别需要文化的力量平衡人们的心态。其中，中国文字和中华文化是一种尚佳的文化选择。因为中华文化中的本体不只是中华民族的，也是世界人类可取的。

漫谈潜文化

邱恩义

科学家研究发现，宇宙中百分之九十多是暗物质。地球上的生物当中有数不清的生命潜在海洋深处。而人类文化当中也存在种种潜文化。

所谓潜文化，是相对显文化而言。所谓显文化，通俗来说，是人们显而易见的文化，如各种媒体传播的文化，各种报刊书籍等物质载体上的文化，人们正在热衷的网络文化，各级教育中传授的文化，等等。而潜文化，是指潜在于人类中的某个时期、某些地域、某些人群之中的，或被其共同认可，或被信仰，或在无形中传递，或在一定条件下浮上来转化为某些人的社会行为。尽管不像显文化那样显而易见，但潜在人们中间，成为人类的文化构成。

为什么要关注潜文化？因为中华各民族的潜文化是一个客观存在，有她的由来，有她的人群，有她的能量，有她的作用，是当代人类中不可轻视的文化力量。在复杂的现代社会中，每个人生活于其中的文化情境都是多元的，并且是交叉重叠的。每个社会群体属性都具有明确的文化特征。在现时生活当中，人们常常会感受到潜文化的存在及其影响力。有的潜文化可以形成某种社会势力，关系到人们的社会生活。有的潜文化往往常期存在，形成对显文化的矛盾和冲突。作为一种文化力量存在，就值得研究，就值得纳入文化建设中予以积极引导，使潜文化成为社会发展的积极因素。

一、潜文化存在形态

通常文化有“高雅”文化和“通俗”文化之分，可在某些人群中存在，或得到比较广泛的认同。但不论从那个角度来看，文化所表达的是人们的生活方式，包含特定群体的观念、价值、信仰的内容，思维方法和感知方式。

在中国人的生活当中存在多种多样的潜文化，完全可以作为中华文化的一个文化门类做专题研究。人类社会中的每个群体都有“自己”的有别于另一个群体的文化，作为群体中的人们用于理解并智慧和感性地回应他们周围世界的方式 。每一个特定群体的文化往往由一种表征群体特征的文化体系所构成，形成自己的文化语境。不同的时代、不同的地点、不同群体的人们在生活中形成了特定的文化形态。在某些群体内习以为常的文化，但在另外的群体看来却存在差异，但这不排斥各类群体间的文化重叠和文化共享。一个群体的文化使得这个特定群体中得以理解这个世界，她是人们借以体验和解读周围世界的印象和心理。站在人类的社会体系中看待某些群体中的文化，可以看到群体文化的存在是人类文化生成和存在的方式，这就是社会结构和文化结构的密切相关性。

如果要深入研究中国的潜文化，那将是一个庞大的文化信息资源库。本文在此仅举例说明中国潜文化的存在和存在的主要形态，是有中华民族特色的文化构成，是中华文化体系中的构成，是值得研究的文化形态。

——民族意识

中国是一个多民族的国家，每个民族都存在本民族的民族意识。民族意识是一个民族成长过程中的文化积淀，在民族内部得到普遍的认同。特别是一些少数民族，因缺少文字表达，其民族意识长期潜在民族心理，在本民族的言行中传承，因而使民族意识更具潜在性。而某种民族意识当中，往往存在着对本民族的习俗、信仰、行为、生活方式的认同，是一个民族的行为公约，也可称为本民族的文化契约，成为一个民族的民族信仰、民族精神、民族凝聚力。潜在于一个民族的民族意识，往往具有相当的封闭性、局限性，甚至有的具有排他性。中华民族的历史上出现过因民族矛盾而引发的国家动荡。其民族矛盾当中，潜在于民族中的民族意识起到了决定性作用。中国的民族问题，一直是国家治理中的一个重大问题。中华人民共和国诞生以来，十分重视各民族之间的团结与和谐，从法律到政策上采取了一系列举措，尊重每个民族，确保民族权益的平等，推动各民族间的情感融合和文化融合，因而确保了中华民族大家庭的整体性和稳定性。

——宗族意识

自人类出现家庭以来，血缘关系成为宗族关系存在的纽带，人们以血缘关系作为亲缘关系的认同。在旧中国，这种宗族关系是当时社会结构的主体构成，是封建社会的基础。从宗族到百姓家族，均以宗族关系为基础，是维系封建社会制度的社会关系。中国的《百家姓》文化是宗族文化的标志，姓氏识别成为人们的生活惯例。虽然中国的封建社会不存在了，但中国的宗族意识依然存在，现时社会家庭生活中的亲情关系依然存在，人们仍然倡导孝道，倡导尊老爱幼，倡导亲情关爱，倡导人性关怀。国家以法律的形式维护家庭关系的正常化。家庭是社会的细胞，维系健康正常的家族关系，是维系社会生活正常化的基础。虽然现代社会生活当中人们的家庭观念有所淡化，家庭组合趋于简约化，但宗族意识依然发挥着作用。当某些事情人们感到需要运用宗族关系的时候，人们毫不犹豫地加以运用。在经济和社会活动中，人们常会感受到宗族意识的泛起。比如，在落后地方的农村中，宗族关系的作用还很明显，一些事情因宗族关系而矛盾，有时也会利用宗族关系调节矛盾。而这种由封建社会而来的宗族意识在现代社会中时而被泛化，往往人们把一个地方的（同乡、老乡）、一个部队的、一个单位的、一个姓氏的，也视同为宗族关系加以利用。中国的家庭和宗族意识存在几千年了，在社会积极健康风气的引领下，宗族意识会发挥出相应的积极作用；在受到不良风气影响的情况下，宗族意识也会产生消极作用。

——行帮意识

人的群体存在，往往因能力和需求存在引领者和被引领者，往往出于人的自我保护而集结成某种形态的群体，群体中的人们存在从属感和归属感。行帮行为的出现，往往是人群的自发组织，以表达人们存在的价值和意愿。旧中国，社会中由民间自发组织了许多各类行帮。这是一些由从事某种行当的群体，为维护群体势力和利益，用一种民间组织方式，联合相关人群所组合的。其内部有等级分工，有行规帮约，有帮会认同的文化。其行帮从事的活动也是多样的，有商业性的，如茶马古道的马帮、江南的盐帮、搞水运的船帮、古丝绸之路的骆帮；也有社会性的，如武术团队的武馆、哥老会、兄弟会、客家人的会馆等等；还有黑社会性质的帮会团伙。虽然各行帮的组织结构和活动内容可能有所不同，但其行帮都存在成员认同的行帮文化、行帮意识，有的还有行帮标识、行帮口号。行帮文化中存在行帮的文化程序和行为秩序，这种文化秩序带有非理性，带有强制性，否则，行帮难以维系。行帮以代表人物为核心，有一定的动员力和组织力。有的在相当地域形成社会影响力。这种民间自发的群体自组织的行帮意识在中华人民共和国仍延续了其影响力。虽然不一定以相当的组织形式存在，但现代社会的自我意识往往会接受行帮意识的影响，人们的独立意识往往会选择自组织行为，使行帮意识潜在民间，还会感受到某些人的拉帮结伙，时隐时现地活动着，成为社会中的一种消极因素，与现代社会的法制与规范不和谐，偏离理性控制。

——民俗文化

民俗文化，可以说是人们的生活文化，由一个群体或群体的人们在特定的时期、地点的生活体验和感受所形成。可以通过世俗了解民俗文化的存在。而民俗文化更能反映社会中普通百姓的真实的生活和生活中的真实，民俗文化中也反映了某些民意。古老的中华民族，在民间积淀了多种多样的民俗和民俗文化。有些民俗从远古传下来，延续千年；有的在古人的原始文化活动中就曾出现，如古人崇拜自然的祭祀活动，对某种崇拜物的崇拜活动。其中，有的带有文化启蒙，有的带有生存渴望，有的带有生活期待，有的也存在某种信仰和迷信。民俗的基本特点是存在于人们的日常生活当中，带有相当的广泛性，也带有世俗性。如婚俗，民间存在多种习俗，各民族、各地域都各自拥有自己的婚俗。如节庆，有民间共同的节庆，如春节、清明节、中秋节。也有民族的地方的节庆，其中少数民族自己的节庆甚多，如泼水节。再比如祝寿的民俗，丧事活动的习俗，民间的辟邪活动，民间的巫术、图腾，乡规乡约，家训家规，等等。另外，还有酒文化、茶文化、饮食文化甚至赌博文化、贿赂文化等等。民间的民俗文化中有的低俗、粗俗、庸俗，甚至是丑陋腐败，摆不上桌面，登不上大雅之堂。但在民间长期存在着，有些成为民间习俗和传统行为，人们对习俗往往不以为然。民俗中存在“原生态”，有些民间的潜文化仍然带有中国文化原生态的痕迹。民俗文化由历史形成，沉淀在人们的心里，人们自发组织，自愿参与，并认为民间生活就是这样的。客观地看，民间的民俗文化是中华民族传承下来的生活方式，其中有民间寄托，有民间娱乐，有民间往来，有民间情结，有民意体现。尽管时代变迁，时光流逝，但在民间成俗的文化都不肯轻易离开人间，有些是新文化所不能取代。虽然经济、社会、文化正在快速发展，但民俗文化却不会轻易退出民间。习俗和文明往往形成一种文化反差或文化冲突，在各种人群间存在差异，认可程度有所不同。但民俗也在改变着，形式和内容都在变化过程之中，形成新形态的民俗。

二、潜文化的基本特征

与显文化相比，潜文化有她特有的特征。作为中国的文化遗存，顽强地存在着，顽强地表现着。虽然处于潜在状态，但表达的文化力量有时一点也不亚于显文化，是人们绝不可忽视的文化力量。

——潜文化的历史性特征

当代社会存在现时与过去、理性与非理性、政府行为与民众行为、显性与潜在的二元文化现象。现实中仍带有历史遗存、文化遗存，使当代文化担负着既要向前看又要向后看的双重任务，人们的文化选择处在矛盾之中。中国的潜文化是代代相传的，是某些人的一种习惯，人们认为是理所当然的。有些潜文化不完全被权力左右，不随时代变迁而消失。这就形成了潜文化的巨大惯性。如果追溯一下潜文化，她的历史存在同中华民族的文化史紧密相关，有的潜文化与中华民族的文化产生密切相关。如甲骨文和岩画以及一些古代出土文物上的文字、符号和图案，相当一些是表达古人祭祀，带有对大自然的崇拜和迷信。民间的祭祀和辟邪等文化习俗，恐怕与此相关。有些潜文化由来已久，可以追溯到先民们原始时代的启蒙文化。如由于对人类生殖的崇拜，逐渐演化为家庭、家族意识和对婚姻嫁娶的习俗。如对节日的庆典，来源于古人在生存活动中对自然变化的切身体验，对大自然的辨识。春节、中秋节等节日，是人类对大自然的依赖心理形成的节日，因为春天带给人类温暖和希望，秋天带给人类收获和生存保障。当人类生产力水平不高的时期，靠天吃饭，靠自然生存，使民间的潜文化得到传承、保留和稳定存在，并且是长期存在，成为民族文化的根和魂的组成部分，不会轻易地从人们的潜意识中离去。经历史积淀的潜文化，不知不觉地成为人们的自然本能，虽然现代生活发生了诸多方面的明显变化，但在另一方面，潜文化继续表现着过去几百年甚至上千年形成的处理事物和思考习惯的方式，现时社会仍然存在潜文化空间。潜文化的这种历史性特征，给潜文化的调整带来困难，有的潜文化恐怕要经过人间的代际更替才能逐步得以改进。其改进的条件是，一种能替代的文化有足够的文化能量和人们的持久的努力，形成强大的社会文化氛围，在人们的心底真正形成对替代文化的自觉接受和广泛认同，同时能切实地给人类带来精神和物质的切身利益。否则，一般性的说教，在有些潜文化面前会显得力不从心。

——潜文化的族群性特征

没有哪个人类社会能够脱离具有一定观念、价值观、信仰、规范以及有思考方式的人而存在。人们的行为取决于人们不同的观念和心态，即文化，人们长期以来生活其中的社会和养育他们成长的特定社会群体所形成的文化。潜文化存在民族当中，家族当中，行帮当中。潜文化不是个体文化行为，而是群体文化行为。虽然有时出现个体行为，但她是群体的潜文化的个体表现，是群体中潜文化的外溢。潜文化的族群特征，会以一种社会势力而存在。而生活世界是共享的，她包括由特定群体共享的关于世界的期望、观念和导向，每一个群体的生活世界是由这个群体的文化所塑造的。个人的生活世界是由他们所属的不同群体中相互交织的文化力量所组成，并且由他们生活其中的社会语境所构建。由于潜文化的族群性，使潜文化的存在受族群整体意识的局限，开放性不足，而排他性较强，到一定程度时，可能产生对其他族群的矛盾，产生对正常社会秩序的干扰，产生对国家整体利益的破坏。以族群为载体的潜文化往往很难给予积极的引导和调整。因为存在于族群的潜文化的基本目的在于维护族群的尊严和利益，容易激发出族群的群体性逆反心理。如中国北方的少数民族占居中原，成为元朝和清朝的占统治地位的民族，当时的汉族心理不接受。元朝和清朝，特别是清朝，不得不借助汉族文化，使满汉两个民族通过对汉族文化的认同而统一和维持，实际上是汉民族文化占据了主导地位。新时期的中国文化进步，包括对族群文化的改造与调整，巩固和发展健康先进的民族文化和民族精神。

——潜文化的地域特征

潜文化依托族群的分布而存在。由于中国的地域广阔，民族众多，文化历史背景不同，自然环境的差异，使潜文化呈现了明显的地域特点。如不同民族，不同地域，有不同的婚俗。如端午节，南方有南方的纪念方式，北方有北方的纪念方式。处于较为发达的沿海地域，潜文化的色彩稍淡。而边远和少数民族地区，潜文化的色彩较浓。中国的各个地域，都有本地域的风土人情，人们的习俗有所区别。特别是少数民族地区，带有民族特色的潜文化更有明显特点，如有些少数民族有当地的风俗习惯，就连巫术和祭祀都各式各样。由于当代中国的人流、物流、信息流逐步渗透到老、少、边、穷地区，老、少、边、穷地域的人们走出来，潜文化的地域特点虽有所淡化，但仍然明显。历史的经验表明，地域文化具有某种自己的本能，其改变也是艰难和缓慢的。中国历史上曾发生过利用地域文化实行割裂，企图分裂国家的社会现象。有的地域出现当地的“王爷”，在当地形成一种社会势力。过强的地域文化，在不利因素的影响下，也可能形成一股违背历史的逆流。

——潜文化的隐蔽性特征

人是文化的存在。显文化和潜文化同处于社会和社会结构当中。社会和社会结构的作用，使文化呈现显性和潜性的表达方式。相对于显文化来说，潜文化更带相当的隐蔽性。说其隐蔽，不是说不表现，不是说不可发现，不是说神秘莫测，而是说潜文化是存在人们心理的文化认同，潜文化的动态会得到人们的心理响应，潜文化不用借助行政的动员力和号召力，而在民间的认可中互动和传递。潜文化是一种潜在的力量，在相当的条件下和相当的范围内得到共鸣和迎合。有些人面对时代的文化潮流，担心潜文化的失去而隐蔽着潜文化，甚至采取包装以保护潜文化的存在。有些人也在一定程度上觉得有的潜文化不能公开，但欲望和利益关系使然，借用潜文化来达到目的。当心怀鬼胎、心存阴谋的人要干坏事，必然千方百计地利用潜文化。地球上有不可预测的地震发生，大洋深处时有暗流涌动，于无声处听惊雷，平地也来龙卷风，人们不能不静观潜文化的存在及其动向变化。

三、潜文化的属性透析

潜文化作为文化存在，她既具有一般的文化属性，还有潜文化的特殊属性。

——既得利益的价值取向

潜文化存在于族群当中，潜文化的产生源于某个族群人们的既得利益的需求，潜文化成了利益群体的黏合剂。族群的利益当中，既有物质利益的追求，也有族群尊严的维护，有的甚至还有政治欲望和权力追求。潜文化的这种既得利益的价值取向，有的是出于生存安全，有的是为了谋取更大利益。这样的族群性的文化价值取向，往往带有很大的局限性。当与其他社会利益集团发生矛盾时，往往会偏离道德和法律的界线，往往会出现偏颇行为，具有潜在危险。在我们构建和谐社会的过程中，显然，有些潜文化与和谐社会建设是格格不入的。

——族群内部的心理平衡

人们的日常生活，是对文化的一种表达，即使是最为普通的让人看不起眼的生活形态，也是对更为普遍的社会和文化秩序的表达。潜文化的存在，表明了一些族群的文化心态的不平衡。有些族群感到自身处于较低的文化状态，感到原有的族群文化受到外来文化的冲击和挑战，感到传统的文化信仰难以继续存在，产生了文化心理的不平衡。这是族群潜文化的保守性、封闭性、排他性的必然反映。这样的潜文化心态延缓了族群的文化成长和文明进步。各民族大家庭的文化相互尊重，并不意味着要保护落后的文化，而是在文化相互借鉴、相互学习、相互包容中共同发展。民族政策上的文化保护并不排斥文化觉悟和文化进步。实际上，中华民族大家庭的文化融合已经为中华人民共和国的发展奠定了文化基础。

——人际关系的自我调节

中国是十三亿多人的庞大的人口大国，民族间、地域间、人群间存在诸多的差异。妥善处理其间的矛盾，关系到国家的稳定与发展。我们国家在通过文化建设，积极引导人际关系调节的同时，也运用各级各类组织做好社会稳定工作。而从旧社会延续下来的潜文化，诸如民族意识、家族意识、行帮意识、民俗文化等，是旧中国人际关系的产物。党内外的腐败风气，社会上的不良风气，不能不说与旧社会遗留下来的潜文化有关。总体上看，潜文化中，有积极因素，也有消极因素。而其中的积极因素，既需要传承中华传统经典文化，也要与时俱进，与时代文化融合，不断改造和提升，成为中华文化中的积极力量。对于其中的消极文化因素，也要采取正确疏导的措施，有选择有区别地对待。中华人民共和国要确立健康人际关系文化，形成支撑当代人际关系的文化体系。

——人们生存的精神寄托

人类生活是一个充满情感的世界，人们存在精神需求。潜在于人们中间的文化，有些是人们的精神寄托。比如，民间的祭祀活动、人们的丧事活动、一些庆典活动、族群的聚会活动等等。人们利用一些活动表达自己的情感。有些潜文化长期存在，是因为需要人们对某些情感所要表达的事情长期存在。人们看到，随着时代的变迁，一些民间活动方式也在稍稍地发生变化，如丧事活动方式、婚礼庆典方式。这其中是文化的作用，有些是显文化对潜文化的作用。实际生活当中，潜文化与显文化并没有明显的界限。有些潜文化通过人们的生活表现出来，显现出潜文化的种种迹象。人们的精神寄托也是一种文化力量。如果某种精神寄托遭受相当程度的冲击和伤害，会在某些人群中间产生反应，甚至产生激烈的反抗行为。人们会感到潜在于人们中间的某种信仰、精神寄托，具有相当的敏感性和爆发的突然性。人们往往对某种文化有留恋的心理，有些潜文化变为人们的生活习惯，甚至成为某种社会惯性，显得有些与现代生活不相和谐，甚至形成冲突和矛盾。社会中的某些矛盾的背后，都可能与存留在人们中间的潜文化相关。人们的精神寄托，有些是不可替代的，有些可改变的是形式而不是内容。潜文化的一些属性，使人们意识到对潜文化能量不可低估。有的先贤曾指出，人们的习惯势力是可怕的。当潜文化变为人们的生活习惯和生活习俗的时候，往往不再是一种孤立的社会现象，而是一堵无形的墙，是一种不易突破的外壳，成为人类文明的潜在障碍。但社会前进的能量毕竟是巨大的，人的精神寄托是可以改变的。潜文化虽然潜在，但也会变化，有的传统的潜文化也可能产生新的潜文化，改变潜文化的形式和内容。民间的互动效应往往是改变潜文化行为的最好方式，总有人会接受文明和进步。人类应有这样的自信。

中国文化是显文化和潜文化的复合体。显文化趋于现代性，趋于理性，而潜文化趋于传统，趋于民俗民理。产生在不同时代背景下的文化存在，都可以从人们的现代生活中的文化心态和价值取向中寻找到。现时生活中的某些现象是显文化与潜文化的混合附体，人们从各自的价值取向做出选择。但现代生活的力量是巨大的，不论是显文化，还是潜文化，都在时代的变革中变化。文化取决于人们的生命体验和文化本质的价值。文化理性，对显文化和潜文化都至关重要，对文化要做出理性的选择。

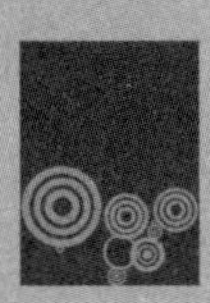

网络文化

胡静波

文化传播需要载体。

考古发现，在中国古代，人们把语言和思想记载在甲骨文、岩画、壁画、钟鼎、竹简、纺织品上。其中，在早期岩画和甲骨文上，古人的文化表达具有形象和迹象特征。人们通过留存在各种载体上的迹象追认古人的文化，从中获取古人的生存信息，增加对人类历史的了解。

由于纸和笔等物理器物的发明与制造，使人类对文化记载发生了革命性的进步，出现了大量书籍、碑刻、书画作品等，使文化传播进入了以书籍为主要载体的时代。人们通过书籍了解人类的历史，并从书籍中获取先人和他人的智慧。书籍这个文化载体对人类进步产生了巨大作用。苏联著名作家高尔基曾说：爱护书籍吧，她是知识的源泉。

中国人对书和书中文化有特别的情感，从古至今，写书、编书、抄书、读书、藏书，珍爱书籍已经成为中国的文化现象。历史上曾有帝王组织编写《四库全书》《康熙字典》等，文化人和民间的尊书行为也较为普遍。可见，一种文化载体的出现，对于人类文化的意义多么重大。

当人类步入现代化社会的新时期，一个新的文化载体出现了，这就是信息网络。这是人类文化载体发生的又一次重大飞跃，使文化走入了信息化文化时代。可以说，一个伟大的文化时代来到了人类，把人类引入了网络文化的海洋，人们被卷入其中，寻寻觅觅，在文化海洋中自由地选择文化、创造文化、表达文化、交流文化，感受文化的魅力。

从网络文化的现实作用和功能来看，与书籍载体相比较，其优势明显，其容量之大、传播之广、速度之快、参与之多，都是书籍载体无法比拟的。在各类文化载体的竞争中，网络文化以其强大的竞争优势在不断上升，正在成为当代文化的主流载体。在中国实施“文化强国”战略的过程当中，怎样看待网络文化，如何运用网络文化，是个非常现实的重大问题。

信息网络是传播技术，是传媒手段。但网络文化更是文化的信息化工程，而且是“文化强国”战略中的重大工程。这是新的伟大工程，这项工程值得大做特做。信息化社会来到了我们身边，这给中国文化大发展带来了重大机遇。如果还认为网络只是技术手段，那将贻误一个时代的文化发展机遇。目前，中国在文化信息化工程方面，尚未将其摆在应有的战略地位，尚缺乏科学运筹的文化网络工程设计，尚缺少科学管理的经验。好在一些具体工作已经启动，形成了开局性的运作，其发展势头非常看好。看来，从纸介到网络的文化运行方式的转变势在必行。这需要文化界及全社会在不断增加对网络工程认识的基础上，形成网络文化的自觉。而对网络文化工程的认识，也是对现代文化的认识。文化的现代化，不只是文化内容，也包括文化运行方式的现代化。文化的网络化运行，可以使文化从软实力变为硬实力，使文化覆盖全人类，放大了文化的功能，极大地提高了文化运行的效率和效果。发展文化的目的在于使“文”大而“化”之，走进人们的生活，走进人们的心理，真正的“化”起来、“化”开来。因而不可小视网络文化的吸引力、不可忽视网络文化对文化的渗透力。

网络文化在文化传播上具有强大优势，但网络文化更是人们的文化心理和文化态度的大觉醒，更是人们掌握自身文化命运的文化权益的充分彰显。人类文化的出现与发展，总是要找到文化的归宿，那就是文化要走进人们的生活，走进人们的精神世界。文化存在的价值，在于文化对人们的吸引力、感染力，进而显示出文化的力量。人们的现代生活，也相应地希望文化生活的现代化，人们对接受文化的方式呈现了现代化的普遍倾向。当网络文化一经出现，立即受到人们的欢迎。“网民”的概念不足以说明人们的网络文化行为，而是人们对文化公平的追求。网络已经成为文化平台，人们的普遍参与，实际是人们具有的文化权的主动履行，体现了人们的话语权、表达权、表现权，是对人们文化权的尊重。如果对“文化”这个概念做一点通俗性的解释的话，就是把“文”大而“化”之，让文化真正成为人们的生活内容，接受“文”的“化”之。人们都会感受到网络的吸引力，因为在网络上，既可以选择接受，也可以参与表达，而且是不受时间和某些条件约束的。人们对文化的识别，在强烈地追求文化的时间效应，缩短接受文化的时间差。人们对文化的交流，在追求距离的缩短，期待面对面地零距离，人们看到了面对面的交流的人情味，使文化和文化人同时进行交流，改变了书籍中的作者与读者间通过文字的交流方式。

网络文化的突出特点是文化的大众化。人们的广泛参与，使文化找到了归宿，走进了大众生活之中。网络文化的空前活跃，激发了文化的活力，这些活力是因为集成了各方面的文化能量。人们通过网络表达了对文化的思考和生活的感悟，给了大众以出彩的机会，也使文化形成了前所未有的新常态。网络文化的发展及其焕发出来的巨大能量将超出人们的预期，发展成为文化的主流形态。人们通过网络文化争相表现和出彩，极大地促进了文化创新。如网络语言不断涌现，新的文化理念不断形成。

文化生活本是人们生活中的一个内容，可以在自由、自主的状态中享受文化。人们看到，现时当中的网络文化，表达了人们对文化的自由追求。在一些人看来，文化是一种日子，要在自在的状态中感受文化。有人认为文化是个人兴趣，有人认为文化是一种心境，有人认为文化是一种休闲，人们用不同的心境看待文化。当文化作为人们文化消费的时候，与人们的人生目的联系起来，想让文化给自己带来一些什么。反映在文化选择的自由自主方式，是从文化方面展现了当代人们的生活态度和生活方式。虽然文化具有知识的功能，精神的功能，但人们在接受文化的精神和知识财富的时候，在减少对文化的盲从，正在走向文化自觉。

网络文化是文化信息，是一种信息传递，模糊了文化的存在方式。但网络信息十分复杂多变，其中既存在正信息，也存在负信息。通常人们说的网络安全，不只是技术性问题，也有内容问题。对待网络安全，有主动与被动的处理方式。应树立积极的网络安全观，以其强大的文化正信息提供给人们。社会的习惯性让人们往往不太习惯文化的多元多向，不习惯出现文化“杂音”。但网络是一个新的文化现实，只能是在适应中积极引导。

网络文化已经跨越了以往的文化领域，网络文化以其巨大的容量，容纳了人类的各种文化，以及与文化相关的内容。人们通过信息网络配置各种资源，人们可以从网络上寻觅各类信息。网络上的文化交流，是信息交流，是一种文化互动，人们对文化的识别是对信息的识别。网络使人类社会变为一个学习型社会，网络成为人们学习的平台，是人们自我教育的普遍方式，深刻地改变了教育方式。这就是信息时代的人们文化生活方式。这是文化活动方式的重大转变，这一转变对于文化不仅具有传播方式的意义，更是对人们生活行为的重大调整，网络文化生活将成为文化生活的新常态。

网络文化形态带来了新型的文化民主。人们以平等的形式交换信息，自由地讨论文化，自主地提出文化主张，自主地选择文化内容。网络文化是人们的文化参与，网络文化方式把人们的民主意识引向深入，独立思考将逐步成为人们的文化行为，网络文化对人们行为的影响超出了文化的范畴，影响到社会生活的方方面面。特别是当代的青少年，置身于网络文化之中，成为青少年的成长环境，网络文化对青少年的身心健康形成深刻影响。网络的吸引力往往越过其他影响力。独立的文化意识在网络文化中孕育。

网络文化的最大特点是兼容性，各种文化都参与其中，没有边界限制，真正成了人类的文化平台，是人们认识世界的主要渠道。有人利用网络施展图谋，甚至作为国家安全运作，有人预料了许多网络战争的可能，文化网络是一个巨大的文化搏击战场，中国作为大国，应以文化正能量进入网络战场，与损害人类的文化进行竞争，与先进文化结成文化伴侣，携手应对文化的博弈。把网络文化作为工程去运筹与运行，有组织地予以实施，形成强大的文化合力，形成中华文化资源的网络优势。

网络中的电子信息技术与文化的结合，产生了文化的新生态，为构建网络经济创造了条件，正以巨大的网络能量构建起人类崭新的经济形态，对传统经济产生了颠覆性的影响，正在引发人类的产业革命。网络经济的出现，是继动力技术革命之后，人类社会的又一次影响最为广泛的技术革命，深刻地改变着人们的生活方式和文化思维。人们在广泛参与网络的过程中，把物质、文化及各类信息的交换和衍生变得像魔术一样，改变着人际关系、国际关系，改变着时间和空间的概念，人类的生活被提速了。

网络文化正在改变社会形态、改变社会结构，一个崭新的网络社会正展现在人民面前。以往人们对生活的地球的概念被改变了，人的社会活动被网络化了，人们之间的交流方式被信息化了，世界的各种事务经网络的数字化处理，虚拟与现实同时存在，人类社会正在变成数字化社会。

未来信息网络的发展将会超出人民的想象，人类社会的网络化、信息化已是既定的大趋势。

（本文作者为长春广播电视大学　副教授）

倡导中华文化认同

邱恩义

在中华文化伟大复兴的进程中，应倡导中华文化认同，形成民族共识和国际氛围，在认同中复兴，在复兴中认同。

一、当代人类有充分理由选择和认同中华文化

中华文化是世界上出现最早的文化之一。如果以初始文字的出现为起点，据历史遗迹考证，中华文化的出现可上溯近八千年。几千年来，中华文化不断发展，形成了独特的文字和语言，形成了民族特色的文化构成，形成了雄厚的文化积淀，充分体现了中华民族的民族属性、民族品格、民族精神，已经深深地融化在中华民族的血液里和记忆中，成为不可取代的促进民族发展的文明本体。

中华文化博大精深，她由初始文化、古典文化、近现代文化构成。其中以古典文化为基础，以儒释道文化为代表，经过几千年的发展，形成了以方块字为特点的中华语言方式和文字风格，形成了完整的文化体系，表征了中华民族悠久文明的历史脉络，成为中华民族文明发展的内生动力，在当代世界文化当中表现出了强大的文化能量，是人类文化中最具活力的文化之一。

当代的中华文化是一个庞大的文化复合体，是古今中外文化的大融合，

是现代政治、经济、科技等各个领域文化的系统集成，是巨大的文化宝库，是大文化的概念，具有民族性、时代性和国际性。

中华文化包括知识型文化和智慧型文化。知识型文化主要是语言文字的认知。智慧型文化是中华民族几千年来文明进步中创造的文化，是中华民族智慧的结晶。表现了中华民族的自我发展能力和人类智慧的开发能力，是中华文化的精华，奠定了中华文化复兴的良好基础，给当代中华儿女带来了文化自信和文化自觉。

在世界文化中，中华文化最具有原创性。中华文化是各民族的集体智慧的结晶，记录了中华民族顽强奋斗的历史，构成了中华民族可持续发展的文化底蕴，是中华民族兴旺发达的根基，是实现中国梦的原始动力。在中外文化交流中，保持了中华文化属性和文化特征，表现出了中华文化的民族精神和生命活力。在当代和未来的世界竞争的格局中，中华文化将以强大能量走向世界，将成为继英语之后的又一种国际性的文化。

中国是世界闻名的古国，中华文化是文明古国的标志。在人类文明中，中华文化具有先行性和先进性。中华文化价值早已超越了中华民族的范围，不只是民族的，也是世界的。当人类步入现代文明时期，中华文化正以自己的文化特色和文化品位吸引着人类，表现出特有的文化魅力，影响着当代文明的进程。世界对中华文化的认同与以往任何时期相比，认同范围越来越广，认同程度越来越高，影响力越来越大，中华文化认同有了相当的基础和条件。

中华文化有着独特的文化属性，为人类认识自然和人类社会提供了巧妙的思维方式，为调节人与人之间的关系提供了富有哲理和道义的心理安排，为人类追求文明和发展提供了善意善为的多种选择，为人性和人情的健康引导提供了让人们乐于接受的理念和方式。当代世界人类有充分的理由选择或认同中华文化。

二、站在战略的高度和长远的角度来对待中华文化的认同

中华文化认同，不仅直接影响中华文化的发展，还关系到政治、经济、军事、外交等诸多方面的发展，关系到中国现代化建设全局，要站在战略的高度和长远的角度来对待中华文化的认同。

中华文化认同，有利于提高全民族的文化道德素质，有利于民族团结、国家统一。目前，中国民族间、地区间受文化教育的机会和程度相差较大，提高全民族文化素质的任务相当繁重而紧迫。而文化认同，不只是受教育的程度和文化水平的高低，更为值得重视的是中华文化中的观念、思想、精神对中国发展至关重要。中华文化是中国各民族相互认同、相互融合、相互团结的基础，是形成共同理想、共同意志、共同奋斗的根本保障，是民族团结、国家统一的纽带。倡导文化认同，是倡导民族认同、国家认同的基础和灵魂。某些民族矛盾的实质是文化差异、信仰差异。国家在新疆和少数民族工作中，把教育和文化放在了战略地位，作为重大举措。在台湾地区工作中强调同根同文，把中华文化认同作为争取祖国统一的有利条件。在世界华人华侨工作中，把中华文化认同作为民族认同、国家认同的前提保障。中华文化认同在民族团结、国家统一当中发挥了巨大的作用。虽然中国经历几千年的有分有合的变迁，但中华文化一直是民族团结、国家统一的根脉。

倡导中华文化认同，有利于从整体上发挥中华文化的正能量，有利于充分利用中华文化资源。近百年来，在对中国古典文化的认同上存在尖锐的矛盾和斗争，曾出现过打倒孔家店的文化现象，出现过全盘西化的主张，直到发生了“文化大革命”，对中国古典文化进行残酷的排斥和打击，造成了中华文化的大灾难，形成了对中国古典文化的误解与误区，出现了中华文化的断层，使青少年对中国古典文化知之甚少。这不只是对文化知识的损伤，也是对中华民族优秀文明的损伤，是对中华民族文化根基的损伤。以儒释道为代表的中国古典文化，是中华文化的经典之一。这些古典文化早已对人与内心的关系、人与人的关系、人与自然的关系做出精到的阐释，率先揭示出人类生存的基本道理，具有相当的思想性、哲理性。不仅有文化内涵，也有科学内涵，是人类生存智慧的代表性文化。如天人合一的理念，阴阳对立统一的辩证思维等，在人类思想宝库中居于领先地位。中国古典哲学思想引领了人类哲学思想，时至今日，仍然闪耀着哲理光芒。中国古典文化孕育了几千年的中华文明，其历史地位和现实意义应得到中华民族应有的认同，得到应有的尊重和传承。习近平总书记在国内外的重要讲话中，引用了中国古典文化中的经典，表明了中国古典文化对指导现实的重大作用，同时也是在倡导中华经典文化的复兴。

倡导中华文化认同，有利于中国的科学发展。我国的现代化建设正在步入科学发展的轨道。科学发展不只是经济发展，而是中国各方面都应遵循科学发展，是经济、科技、文化紧密结合相互促进的一体化发展。就经济发展来说，经济的科学发展需要科技文化的支撑，需要人的科技文化素质的不断提高。以经济建设为中心并不排斥文化，而是对文化的需求提出了更紧迫更全面的要求。经济的结构性矛盾，是经济中文化科技含量不到位的结果。经济工作中应倡导中华文化认同，把文化放在应有的战略地位，充分运用文化要素，充分发挥文化的作用。现时中国文化发展滞后的问题还相当突出，与现代化建设不相适应。倡导文化认同的目的也在于加快文化事业和文化产业的科学发展，满足人们日益增长的文化和精神需求。

倡导中华文化认同，有利于中国在实行对外开放中进行有益于中国发展的文化选择。文化认同是相互的，近现代以来，中国已经深刻感受到了域外文化带来的影响，尤其是西方的文化影响更为明显。近百年来，落后的中国经历了文化选择，发展道路选择，科学技术选择，以及宗教信仰选择等，域外文化几乎影响到中国的方方面面。近现代中国文化出现的矛盾和冲突，大都由于与中西方文化的交锋，引发了对中华文化认同上的变异。在对域外文化的认同上我们有惨痛的历史教训，应站在国际斗争的大格局中看待中华文化的伟大复兴。域外文化存在有益于中国的文化，也存在有损于中国的文化。而在对外开放中倡导中华文化认同，在于国人对国情有清醒的认识，对中国文化优势有坚定的自信。提高国人的文化选择能力，增强对域外文化选择的科学性和针对性，吸纳那些有益于中国发展的文化，坚定地走中国特色的发展道路。

倡导中华文化认同，有利于中国在国际竞争中占据优势地位。在人类发展中，文化具有潜移默化的作用，隐性的或显性的影响人们的灵魂和人性，并具有持久的影响力。在人类发展的各种因素中，文化功能是最强的。当一种文化、一种信念、一种价值观被某些人认同的时候，就会成为某些种族和地区的内在动力，左右或支配人类或族群的行为。现时社会中的宗教冲突就是典型例证。而历史的教训更值得思考，老牌殖民主义都曾大肆进行文化扩张和侵略，如英国把语言变成了国际文化，日本在侵占朝鲜半岛和中国台湾与东北时期，实行日本文化的奴化教育，企图淡化或取代中华文化的影响，淡化或取代民族意识和国家概念。近代国际斗争中，西方国家仍然运用西方文化影响世界秩序，更加突出文化扩张，挤占和排斥他国文化，国际上的文化冲突呈现愈演愈烈的态势，中国文化正在受到越来越大的挑战。通过中华文化认同，扩展中华文化价值的影响力，进而占据世界文化的主导地位，是中国参与国际竞争的重大战略。

倡导中华文化认同，是现时人类社会发展为中华文化认同提供了机会和可能。人类社会的矛盾虽然表现为利益冲突，但实质是文化差异，也是文化选择。国内外各个民族的人们、思想家以及宗教界人士，都在思考用什么样的文化引导人类的持续发展、和谐发展。有人主张宗教，有人主张中国的儒家思想文化。这些主张说明人类在寻找生存与发展的共同点，也说明西方某些消极文化正在人类心目中衰退。世界各地纷纷举办孔子文化学院，表明人类对孔子文化思想的认同正在发展，这恰恰说明出现了中华文化认同的大好时机，中国应该抓住这个机遇。在缓解人类社会矛盾的过程中，文化与军事、政治、经济、法律等手段相比，是容易被人们接受的，代价也是最低的。而文化认同，是从人的文化信仰着手，对破解或缓解人类社会矛盾和冲突更具有可靠性和可持续性。

三、科学对待和妥善运筹文化认同

中国文化认同是在文字语言认同的基础上，对中华文化内涵的认同。包括对中华民族成长过程和历史的认同，对中国古典文化和现代文化的认同，对中华文化中所表达的文化属性、文化特色、文化精神的认同，对中华民族的创造和发展文化能力和智慧的认同，对中华民族文化在人类社会发展中的积极意义和广泛作用的认同，是对中华民族的认可和尊重。

倡导中华文化认同要秉持中华文化中具有的平等包容的态度。文化认同不等于文化统一，不是强求文化的一致，而是不同文化背景下的文化选择。可以是不同程度的接纳，可以是不同方式的运用，可以是对中华文化价值的认同，可以是对某些中华文化的兴趣，是不同文化的交流交融，是世界多元文化之间的文化共创、文化共享，是各种文化的相互认同。

倡导中华文化认同要在吸纳国外优质文化中转化和提升中华文化，不断丰富中华文化的内涵。中华文化认同并不排斥对人类优质文化的学习与借鉴，而恰恰相反，中华文化在其形成的过程中，吸纳了域外文化，如佛教、科技、艺术、哲学和社会科学等许多域外文化，已经融合到中华文化之中，并发挥了重要作用。特别是我国实行改革开放以来，域外文化以各种方式进入中国，提升了中华文化品位，助力于中国的现代化建设。当今的文化认同具有传承性、创新性、国际性、时代性。要对中华文化中的传统文化经典进行积极传承，要把中华文化与域外文化有机结合，形成中国特色文化，体现时代精神，增强中华文化功能，增加中华文化魅力，以利于扩大中华文化的认同。

中华文化认同要着眼于文化的公益性。中华各族人民是国家主体，也是文化主体，是文化的创造者、接纳者、受益者。中华文化认同的出发点和落脚点都是为了中华各族人民的根本利益。通过文化认同，让广大人民群众得益于文化，提高文化科学素质和全民族的道德水平。中华文化从产生之初，就带有公益性的特点，存在文化共享。虽然历史上受教育的人为数不多，但文化的存在与应用始终离不开社会的公益性。中华人民共和国成立以来，普及大众文化，开展义务教育，发展公共教育，全民族的文化水平有了新的提高。国家的“科教兴国”战略实施与多种强有力的发展文化教育的举措，促进了文化教育的发展，打深了文化根基，促使中华民族正在成长为世界上最优秀的民族。

文化认同要注重文化的先进性和相关性。文化的出现与发展是一个历史过程，某种文化的产生与存在，都是人类选择的结果。文化的存在有其阶段性和选择性，存在相对的先进与落后，是有条件的文化存在。应历史地看待文化属性，不能以文化的发展而否定以往文化存在的地位和作用，有些文化过时了，有些文化落后了，有些文化发展了，新文化和先进文化不断被人类创造和接受。对于先进适用的文化选择，没有时间、地域、民族、国家的界限。中华文化认同包括对人类优质先进适用文化的借鉴与学习，融合成为中华文化。用先进文化引领中华文化的发展，构建起先进的中华文化体系，是中华文化认同的重要方向和目标。

文化认同要在多元文化中增强中华文化的亲和力和影响力。每一种文化都有其存在的理由，不能相互替代。中华文化在其发展过程中，为其他文化提供了精神空间和文化空间，使中华文化成为具有庞大文化含量的多元文化体。在中华文化的大家庭中，以实现中华民族的共同梦想、共同目标、共同利益为中华文化认同的根本目的，以倡导先进文化为中华文化认同的发展方向，兼容各种文化、各民族文化的共同发展，创造文化的共同点，形成中华文化的新构成、新格局。

中华文化认同要重在建设。历史上中国自毁文化的情况屡有发生，如汉武帝曾罢黜百家、独尊儒术，秦始皇焚书坑儒。压抑了中华文化的自主精神，吞噬了文化创新的自由空间。中国不能允许再伤害中国的文化元气。中华文化认同包括文化传承和文化创新的双重任务。要在“文化强国”战略指引下，采取继承、创新、兼容、共享的方针，让文化智慧转化为文化行为，不断优化中华文化构成，不断增强中华文化的成长性，在国内外确立起鲜明的中华文化形象，让中华文化成为人类文化中的智慧文化、信用文化。让人类乐于接受中华文化，乐于接纳中华民族。对于文化认同，不仅要有民族的文化坐标，也要放眼国际的文化坐标，使中华文化复兴与中国的国际化发展相适应。

倡导文化认同要有利于文化权益的保护。每个民族、每个公民都享有发现文化、创造文化、运用文化、保护文化的权益。尊重知识、尊重文化是对人的知识产权和文化价值的尊重，是对人类文明的尊重。文化认同要建立在对人的知识产权尊重的基础上。越是尊重文化权益，保护文化权益，越有利于文化发展。文化认同要自觉接受道德和法制的约束。

倡导文化认同要解放思想，确立科学文化观。在强调文化对人的社会性存在状态表达的同时，不可忽视文化对人性内在精神的深度挖掘。在强调贴近社会主流意识的同时，不可忽视个性文化的相对独立和自由。在重视发展文化产业的同时，不可忽视文化的人文价值和社会责任，构建中华文化健康成长的社会常态。

四、以强有力的举措推进中华文化认同

倡导中华文化认同，不仅是理念和理论问题，更是中国的内在要求，应该也可以采取相应的政策和措施，予以推进和实施。

中华文化认同，重要的是强化教育。文化认同的基础在教育。要改革教育理念、教育体制和机制，改革教育内容和教育方式，增加受教育的机会，保障受教育的权益，促进教育公平，不断提高公民的文化学习能力和自主择业能力，不断增强教育对经济、科技、社会的支撑能力。把中华文化认同纳入现代教育体系，把人才培养的“请进来”与“走出去”结合起来，不断扩大国际文化教育交流与合作。特别是把中华文化认同作为文化开放工程，为中华文化的国际认同创造更宽领域，开拓更多渠道，形成更多优势。建议国家专设国际文化交流合作基金，尤其是对发展中国家实行力所能及的无偿教育与培训。

中华文化认同，要着眼于包括国人在内的全世界华人华侨的文化共识，培养华人华侨的向心力和凝聚力。要把中华文化认同作为港、澳、台以及世界华人华侨工作的重大举措。要以中华文化认同为纽带，广泛联系世界华人华侨。通过文化认同，增强对中国的认同，对中华民族的认同。并通过遍布世界各地的华人华侨，传播和扩展中华文化，成为中华文化的传播者。在世界一些国家举办的孔子文化学院，是中华文化认同的平台和网络。在传授中国语言和文字的同时，加强中国文化内涵的传播，传递中华民族创造文明的信息，加深世界对中国的了解和认同，不断扩大中华文化的影响力。为此，建议设传播中华文化贡献奖。

要把中华文化认同作为中国的文化外交。中国古代兵法有“攻心为上”的策略。中华文化认同应成为中国外交的重要方略。西方发达国家从实行殖民侵略到现在，一直注重文化替代和文化扩张，用西方文化和价值观影响世界。他们培养西方国家利益的代言人和代理人，培养亲西方的精英。世界一些国家亲西方的取向，往往与该国家领袖人物的西方文化背景相关；世界的矛盾和冲突，都与西方文化和价值观的影响相关。中国成为世界第二大经济体之后，西方国家一方面加深对华施加文化影响，一方面想方设法遏制中华

文化的传播，中华文化认同正面临严重挑战，新一轮的中西文化交流和冲突不可避免。我国应进一步实行政治、经济、军事、文化相结合的整体外交，拓展文化外交的功能。习近平总书记在国际外交活动中倡导中国的发展观、安全观、价值观等，在全世界产生了积极反响，展示了中华文化的强大能量。我国应放远中华文化认同的战略眼光，把对外国文化精英的培育放在应有的战略地位，在对外援助上加大文化援助的份额。

充分利用信息网络平台，实施中华文化认同网络工程。对国家来讲，中华文化不仅成为信息网络的文化资源，更是一项网络文化工程，应作为一项重大对外项目来运作。建议国家有关方面进行系统研究与规划，有组织地展开对外的文化网络攻势，占领信息网络阵地。利用信息网络实施对外的中华文化认同，是覆盖面最宽、信息量最大、传递速度最快、运用成本最低、收效最好的方式，应大力应用。

搞好中华文化认同，要善于利用市场机制和资源。经济和文化的市场化、国际化，给中华文化认同带来了机遇。中华文化的对外交流，一方面要发挥文化产业和商品的作用，也要发挥物质商品的文化附加作用。在加强文化产业和文化商品的市场化运营的同时，要加强物质形态商品的文化因素。物质商品的市场运营往往带有文化因素、艺术价值，民族的文化和审美往往潜在商品交易之中。中国需要重视商品交易中文化艺术的潜在影响，善于利用市场机制，传递中华文明和文化。事实上，外国人在接纳我国商品的同时，也在有意无意地接纳中华文化，也能使在外华人华侨从中增加对中华文化和对祖国的认同。

倡导中华文化认同既以中华文化复兴为目的，又是中华文化复兴的举措。既有利于文化发展，也有利于中国各方面的发展。中国各族人民正在为实现中华文化伟大复兴梦想而努力奋斗，让中华文化在世界民族之林永放光芒。

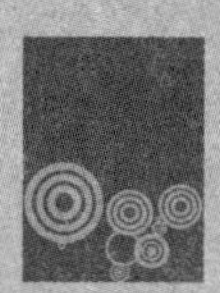

文化与“西化”

胡静波

在关注中国文化，推进中国发展的过程中，往往有人提出要防止“西化”。

“西化”这词并不陌生。中华人民共和国成立以来，“西化”这个幽灵就在中国大地上忽隐忽现。

中国共产党人从执政之日起，在对中国道路和国家政体决策上，就旗帜鲜明地提出坚持马列主义，学习借鉴苏联社会主义经验，而拒绝西方政体，以及西方政体中的治国方式。

在中国，有一个传统说法，把文化列入“意识形态”，很强调文化的政治性、思想性。因此，在以阶级斗争为纲时期，文化几乎成为一个“特区”，人们往往持谨慎的文化心态，不轻易谈论文化中的是非，否则，很容易被戴上“政治帽子”，上纲上线为“西化”“资产阶级思想”“崇洋媚外”等等。因此，有人不时地提醒中国人防止“西化”，这一点也不奇怪。

中国实行改革开放的过程中，有人提醒中国人要防止“西化”。那么，到底什么叫“西化”？中国改革开放当中有哪些可以被称为“西化”？这是值得认真对待的大问题。对此，还是让我们从中国共产党的革命历程说起吧。20世纪初，中国的革命者接受了由西方人提出的马克思主义，成立了中国共产党，并把马列主义作为建党理论和行动指南，一直坚持到今天。对于马克思主义，在西方人看来，是一种学说，是一种文化，是西方诸多文化中的一个学派，至今西方仍有人研究马克思主义学说理论。那么，中国的革命党人把产生在西方的马克思主义引进中国，能说成是“西化”的一种表现吗？如果仅从文化的角度来说，马克思主义是西方的一种文化，受到中国革命者的选择，而没有选择西方的其他文化。这表明了中国革命党人的文化鉴别力。而这种鉴别力早在20世纪初就具备了。时至今日，中国的执政党和中国人民的文化鉴别力今非昔比。

上面从政党文化的角度评论“西化”，而就西方文化的角度来说“西化”，“西化”之说值得细化。

西方文化当中存在多样性，而各个历史阶段也都有不同的特点。西方的文化是西方社会发展的重要组成部分，在社会进步当中发挥了自己的作用，成为西方文化存在与发展的意义所在。西方文化反映了西方人的心理追求，是西方人的生活内容。西方的文化也存在时代特征、民族心理、人性显现。如果西方文化一无是处，那么近现代的西方人为什么要接受和发展西方文化？西方社会又凭什么得以发展？

就中国人对西方文化的选择来看，总体上可以说，中国从西方的文化中获益甚多，特别是在关系中华民族前途和命运的选择上得益于西方文化中的积极因素。如果没有马克思主义的引进，就没有今天中国的强大；如果没有西方先进科学技术的引进，就难有中国生产力的大发展；如果没有市场经济体制以及相关的管理文化的引进，就难有中国经济的巨大发展；如果拒绝接受西方的一些成功经验，就难免要走许多弯路。从上述的“西化”内容来看，这样的“西化”难道不值吗？

就人类文化的基本特征来看，文化是人类认识自己和认识社会能力的不断进步的表达。文化中存在人类普遍性的心理需求、道义需求、精神需求，文化中内含着人类共同的因素。比如，对自然规律的认知，对人类生命的认知，对人性向上的认知，是不分民族，不分国家制度，不分信仰的。一切有利于人类文明进步的文化都可能成为世界各个国家人们的文化共识。在中国的历史上，中华民族文化对东北亚和东南亚国家和民族都产生了重大影响，至今仍在发挥作用。中国的“四大发明”被西方接受，成为西方文明崛起的重要因素之一。近些年，世界各地兴办孔子学院，汉语热兴起。这些事例表明，文化存在的意义在于得到人们的接纳和认可，进而转化为人类进步的力量。

人们对文化的认同，存在文化觉悟、文化心态的差别。人们往往会对某种文化做出完全不同的判断。比如，对于市场经济，过去人们认为是资本主义的经济体制，而中国的社会主义经济制度是公有制的计划经济。把经济体制作为国家基本制度性质来认识。因此，中华人民共和国成立三十多年，中国坚持公有制的计划经济。但是，邓小平同志认为，市场和计划，都是经济手段，资本主义也有计划，社会主义也有市场，主要是看是否有利于发展生产力，是否有利于提高人民的生活水平，是否有利于国家富裕。基于上述认知，中国实行了改革开放，实行了市场经济体制。有的人习惯于从阶级、政治的角度看文化，对于西方存在的文化采取不加分析一概排斥的文化心理。他们是以文化中的政治性、思想性作为选择文化的标准，因而排斥文化的共性，忽视文化的科学性，脱离文化的实践性，否认文化的融合性。

“西化”的文化思维，既夸大了西方文化的能量，也贬低了中华文化的价值。中华文化有五千年的历史，有浑厚的文化积淀，博大精深的中华文化，是人类文化的宝库，是中华民族智慧的结晶。如今中华文化是古今中外文化的复合体，中华文化既有民族属性，也具有兼容其他文化的功能。中华文化既能走出去，也欢迎域外文化走进来。中国具有识别和选择文化的能力，也具有运用西方文化的优势。中国的发展，是在充分发挥中华文化优势的同时，学习借鉴西方优秀文化的结果。

世界上有哪一种文化，能把一个十三亿多人口的大国“西化”？中国历史上曾有两次北方少数民族统治中国，但进入中原后都被汉文化所融化。近二百年来，西方的经济、军事、文化入侵中国的历史没少发生。日本军国主义在中国东北搞过奴化教育，强制推行日本文化。日本帝国主义在台湾搞了几十年的日本文化的奴化控制。中国的香港由英国占领百年。西方列强文化的入侵并没有征服中华民族，都未能改变中国的民族文化属性和民族精神。再说到海外的几千万华侨，多少代生活在海外，时至今日，仍保持中华民族文化色彩和民族习惯，至今仍怀有爱我中华的赤子之心。中华民族有理由文化自信。

对于西方文化，中国人有自己的定力。如果说“西化”，最早应追溯到16世纪，路易十四统治法国时期，向中国派遣传教士计划，1681年传教士就来到中国。此后西方国家纷纷派传教士到中国。对于中国传统礼义曾引起欧洲教派的争论。在中华文化几千年的积淀面前，打破了欧洲自称的“世界中心论”。欧洲传教士并没有展开宗教的传播，反倒成了中国文化的传播者。从17世纪末起，中国便成了对法兰西最富吸引力的国家之一，一度形成了“中国热”。“中国热”的浪潮冲击了欧洲文艺界，一种表现人的情感逸趣的艺术兴起，中国书一度成为畅销书。单是1722年由耶稣会士傅圣泽带回巴黎的各类书籍就达3980卷之多。大量以介绍儒学为主的书籍在欧洲传播，人们从这些作品中看到的孔子是以道德教诲人类的智者形象。中国在一些根本问题上，无论是宗教的还是社会的，都为当时欧洲人带来一种新意和启迪。从西方殖民主义走向世界，到当代西方价值观的攻势，中国人领略了西方列强文化，并没有失去对西方文化负面作用的警惕。中国人懂得，人类文化都存在健康文化与腐朽文化，存在先进文化与落后文化。文化竞争可以促进文化发展，文化冲突可以用文化调节。中国人尊重自己的文化，也尊重别人的文化，既希望中华文化被人类认同，也希望先进文化不断涌入中国。文化融合能力是一个国家和民族的成长能力。

如今，中国已经发展成为世界第二大经济体，可以预期，中国经济发展的崛起是值得期待的。与世界级的经济大国相匹配，一个文化大国要随之走向文化强国。中国人正在做文化强国梦，让中华文化走向世界。一切梦想文化强国的中国人都应确立大国的文化心态。大国的文化心态是站在人类文明进程当中看文化，是民族性和世界性的统一。大国的文化心态是站在人类文化发展中看文化，是一个民族自信与全面开放的结合；大国的文化心态是站在一个大国全面发展的伟大目标下，是现实和未来的统筹安排。这一切的预期运作，需要中国人文化心态的大调整、大解放。大国要有大气派、大胸襟、大作为，大国人们的文化修为理应站在人类的前头。

西方有人企图让中国“西化”，这是国际竞争中的必然现象。西方国家都姓西，但不要忘记，世界曾经发生的两次世界大战，都是西方的“西化”国家间发生的。事实表明，不论“西化”，还是“东化”，世界的矛盾是永存的，利益冲突是不可避免的。西方国家相互之间也不断“化”之。“西化”的实质是西方国家从殖民主义开始的扩张意识和称霸行为。西方国家的西化企图，过去如此，当今如此，将来也如此。但是能不能把中国“西化”了，不取决于西方，而取决于中国。当中国极贫极弱的时候，中国被西方列强肆意横行欺辱；而中国强大了，就可以自己的经济文化的强大从容应对，捍卫民族文化的尊严。出路很明确，就是朝着文化强国的目标奋斗。有人心存“西化”心理，是不可避免的文化现象，现实存在，很难说将来不存在。文化中的矛盾，既与偏见和心胸有关，也与文化程度相关。培育大国人的文化心态，是一个历史过程。中国在世界确立的文化形象，也要有个历史过程。当国人看到差距，有了图强的文化心理，就大有希望了。

一个有希望的民族，应该是一个善于学习的民族。当一个民族的进取心理建立在善于学习基础上的时候，民族的强大只是时间问题。改革开放以来，中国的巨大发展，是中国善于学习的必然结果。改革开放以来的对外学习，是中国人的理性安排，其着眼点在于有利于中国的发展，摆脱了传统的思维模式，放弃了某些文化偏见，客观地对待人类的一切优秀文化，包括西方国家的文化，并且主要是西方文化。把西方文化与中国的发展需要巧妙地融合了，消化了西方文化，而不是盲目地不加选择地接受，更不是被动的防御。

从效果上看，西方的“西化”是最愚笨的扩张政策。推进西化政策的结果与西方国家的期待恰恰相反，中国走向了强大。客观上“西化”助长了竞争对手。比如，西方国家制定的世贸规则，作为约束中国加入“关贸协定”的条件。这在客观上促进了中国加紧熟习国际规则，加紧调整中国的运作方式，加快提高中国的国际竞争力，强化了中国的学习需求。真的不能理解，中国有人一再提出警惕“西化”的理由和目的何在。通常说“化”，是大而化之，是带有质的变化，具有普遍性意义。如果按提出“西化”的人来说的“西化”，难道言外之意是指中国变质了，变为同西方国家差不多了。西方国家有这么大的能力吗？中国十三亿多人口没有心理准备和鉴别能力吗？

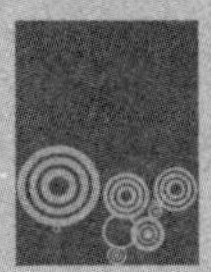

走向世界的孔子文化

邱恩义

截至2014年9月，全球已有123个国家和地区建立了465所孔子学院和713个中小学孔子课堂，其中，美国举办100多所孔子学院。2013年12月，全球孔子学院大会代表一致通过，决定于2014年9月27日举办首个全球“孔子学院日”，100多个国家和地区400多所大学校长、院长和机构发来贺信，表达对孔子学院的支持和祝贺。

2014年9月24日，纪念孔子诞辰2565周年国际学术研讨会暨国际儒学联合会第五届动员大会在北京人民大会堂召开，中国国家主席习近平出席并发表重要讲话。

在全球孔子学院建立十周年暨首个全球“孔子学院日”来临之际，国家主席习近平致信，向全球孔子学院全体师生表示热烈祝贺和诚挚问候。习近平主席在信中表示，[1] 值此全球孔子学院成立十周年之际，我收到来自90个国家和地区286名孔子学院校长、院长的来信。你们在信中谈到，孔子学院是中国为世界和平与国际合作而不懈努力的象征，是连接中国人民和世界人

〔1〕 习近平致信祝贺全球孔子学院建立十周年暨首个全球“孔子学院日”。2014年9月28日，人民网—人民日报。

民的纽带，并对孔子学院的光明未来充满信心。我对此深表赞赏。10 年来，孔子学院积极开展汉语教学和文化交流活动，为推动世界各国文明交流互鉴、增进中国人民和各国人民相互了解和友谊发挥了重要作用。你们为促进文化知识传播、人民心灵沟通倾注了大量热情和心血，这是一项十分有意义的工作。

中国的孔子走向世界了，中国的孔子文化走向世界了，孔子没用“护照”就再次周游列国了。

孔子文化是中华民族传统文化中的经典，代表了中华民族的传统智慧，代表了中华民族的传统文明。

人类进入 21 世纪，孔子和孔子文化再次受到了世界的欢迎。孔子文化走向世界，表明中国文化走向了世界，中华文明走向了世界。这是令中国人骄傲的好事，也是令中华民族深思的大事。中国的孔子文化为什么能够走向世界？世界为什么欢迎孔子文化？

21 世纪出现了世界孔子热，其实这不是孔子文化首度走出国门，历史上孔子很早就已经“出国”了。人们都知道，历史上中国文化对东北亚、东南亚国家和地区早已产生了重大影响，至今在日本和韩国的文字中大量地使用中国汉字，中国的儒家文化一直影响着这些国家和地区。这里，要特别强调中国儒家文化对西欧的影响。人们都觉得近现代以来，中国受西方文化影响很大。但在 17 世纪，中国的儒家文化影响了西方。如 17 世纪路易十四统治法国时期，于 1681 年向中国派遣六位传教士，此后耶稣会传教士前来中国总数达到百余名。他们当时运回法国的除了那些精美的中国画册、艺术品外，还有能向法国揭开中国神秘面纱的一切可能的东西，其中最大量的是中国的书籍。单是 1722 年由耶稣会会士傅圣泽（1663—1740）带回巴黎的各类书籍就达 3980 卷之多。带回法国的一套《中国服饰图》引起法国宫廷极大兴趣。当时法国发起的影响整个欧洲的艺术风格是罗可可，表达新兴市民阶级的生活逸趣。恰在此时传入了中国艺术，为这种革新艺术带来了新鲜艺术风格，以写意为特色的中国艺术使法国产生了既区别于西方传统，也绝非中国艺术仿制品的艺术。中国文化也影响了当时的文学领域，那时一切提到中国游记的书都成了畅销书，自 1710 年至 1792 年间，法国出版此类小说竟达 45 部之多。那时的法国，但凡有些身份，有点财力的人，都在家中设有“中国室”或辟出“中国角”，摆放上或真或假的中国货，中国艺术就这样走进了千家万户，成为18世纪欧洲争相追逐的一种时尚，时人称之为“汉风”。这股“中国热”持续了半个世纪，18世纪四五十年代达到了高潮。中国以科举取士的制度也使欧洲受到启发，英国的考试录用公务员正是仿效中国，后又传入法国、荷兰等国。中国对欧洲启蒙时代的影响远不止上述几个方面，更为重要的是，在欧洲兴起“中国热”当中，孔子来到了这块异国的土地。那时，不仅所有介绍中国的书籍、文章都要或详或略地谈到孔子，而且重要儒家经典作品，几乎都被译成西方文字，西方人从这些作品中看到的是一个以道德教诲人类的智者形象，很自然地把孔子视为公正和理性的象征，是一个堪与苏格拉底相媲美的东方“先贤古哲”。当人们讨论中国文化对欧洲启蒙时代的影响时，孔子重现世、重人道的思想体系，特别是孔子以“仁”为主体的哲学思想和建立在“仁政德治”基础上的政治理念，给了欧洲启蒙思想家以如此大的启迪，以致使欧洲思想界认为18世纪法国哲学思想的形成与中国文化有着密切的关系，甚至将这个时代称之为“中国之欧洲”。1680年到1715年，普通的法国人寻找着一种新的道德观。她既非由宗教教义强加给人，又非由超验的原则演绎而成，而是一种更切合实际需要，更能使普通法国人做到的道德需求。孔子的伦理道德观恰恰最符合这种需求。中国的政治体制与儒家道德原则紧密结合，政治与道德的统一，为当时法国人提供了一个新模式。法国的伏尔泰是一个伟大的人文主义文学家，孟德斯鸠是法学、法哲学的思想家。伏尔泰和孟德斯鸠曾经给法国的国王写过一封信，请国王派特使到中国，觐见中国的皇帝，请他派遣400名官员到法国来，帮助发展文官考试制度，解决政治平等问题。

随着中国儒家文化进入西方，引起了当时占统治地位的教会内部的分歧，儒家文化对人的教化功能冲破了西方教会的神话，打破了人的思维要遵从上帝安排的传统说教，使西方人意识到人可以自主自由地思考，引发了西方世界从对教会的迷信中走出来，出现了文艺复兴时期的人本主义。人类进步的史实表明，当着某种文化约束或阻碍人类发展的时候，能够打开人们思维，使人们看到新的方向的文化，必定受到人们的欢迎，被人们选择和接受，从而使人类迈向新的文明。中国的政治思想文化对当时西方启蒙运动的平等、自由、民主观念产生了积极影响，西方的启蒙思想家在不同程度上借鉴了中国的政治智慧和管理经验。而当这些中国的政治智慧在欧洲开花结果后辗传回中国时，很少有人想到这是中国自家的种子。

21 世纪，中国的孔子文化又一次出国了。一方面是世界人类进步的需求，另一方面是世界人们从中国的巨大进步当中意识到中国文化的力量，意识到中国传统文化经典给中华民族发展积淀的深厚的文化底蕴。习近平总书记指出："不忘历史才能开辟未来，善于继承才能创新。只有坚持从历史走向未来，从延续民族文化血脉中开拓前进，我们才能做好今天的事业。"〔1〕"孔子创新的儒家学说以及在此基础上发展起来的儒家思想，对中华文明产生了深刻影响，是中国传统文化的重要组成部分。儒家思想同中华民族形成和发展中所产生的其他文化一道，记载了中华民族自古以来在建设家园的奋斗中开展的精神活动，进行的理性思维，创造的文化成果，反映了中华民族的精神追求，是中华民族生生不息，发展壮大的重要滋养。中华民族不仅对中国发展产生了深刻影响，而且对人类文明进步做出了重大贡献。"〔2〕

改革开放以来，中国得到了长足的发展，成为世界第二大经济体，世界发展与中国的经济文化合作与交流，已经成为当代世界发展的潮流。从中国的发展中吸取经验，成为越来越多的国家的选择。世界在通过举办孔子学院了解孔子学说和中国传统文化。除了人们普遍认同的中国文化对经济发展的作用外，更为重要的是，中国以孔子为代表的传统文化经典在治国理政中的重大作用。2014 年 11 月 11 日晚，中国国家主席习近平邀请美国总统奥巴马共进晚宴。席间，两国元首就治国理政进行深入交谈。习近平主席指出，要了解今天的中国、预测明天的中国，必须了解中国的过去，了解中国的文化。中国政府必须顺乎民意，坚定维护国家主权、安全和领土完整，维护民族团结和社会稳定，坚定不移走和平发展道路。〔3〕

浸透着中国传统文化基因的治国方略，已经成为执政党的执政理念，已

〔1〕 习近平同奥巴马在中南海散步会晤。2014 年 11 月 12 日，人民网—新京报。

〔2〕 同上。

〔3〕 同上。

经成为各族人民的文化认同，已经成为中国精神，已经成为中国发展的强大智慧和动力。中国对传统文化经典的文化自觉转化为普遍的道德文明，并与时代文明有机结合，构建起当代中国的新文明。

人类社会进入到现代社会，人们竟然对2600多年前产生在中国的孔子文化产生兴趣，而且兴趣越来越浓。特别是发达的美国，举办孔子学院。动物世界有时会出现返祖现象。人类社会发展有时会出乎人们的意料，产生对人类传统优质文化的眷恋。这是为什么？难道西方国家要放弃些什么吗？难道近现代文明妨碍了人类吗？中国的孔子文化为什么就那么讨外国人喜欢？外国人欢迎孔子文化给当代中国人引发什么样的思索？习近平总书记作出了明确的阐述，指出："不忘历史才能开辟未来，善于继承才能善于创新。……只有坚持从历史走向未来，从延续民族文化血脉中开拓前进，我们才能做好今天的事业。"〔1〕

当代人类面临和平与发展两大主题。人类面前出现的是战乱不断，发展艰难。人类十分关注世界前途、人类命运。世界各国人民都希望生活在祥和的氛围之中，期盼战争、暴力远离人类。世界各国人民也都希望生活在安康的环境之中，期盼饥饿、贫困远离人类。国际社会需要携手努力，一起来维护世界和平，促进共同发展。

当今世界，人类文明无论在物质还是精神方面都取得了巨大进步。同时，当代人类也面临着许多突出的难题。要解决这些难题，不仅需要运用人类今天发展的智慧和力量，而且需要运用人类历史上积累和储存的智慧和力量。习近平总书记指出："中国优秀传统文化的丰富哲学思想、人文精神、教化思想、道德理念等，可以为人们认识和改造世界提供有益启迪，可以为治国理政提供有益启示，也可以为道德建设提供有益启发。对传统文化中适合于调理社会关系和鼓励人们向上向善的内容，我们要结合时代条件加以继承和发扬，赋予其新的涵义。"〔2〕"中国优秀传统思想文化体现着中华民族世世代代在生产生活中形成和传承的世界观、人生观、价值观、审美观等，其中最核

〔1〕 习近平总书记在纪念孔子诞辰2565周年国际学术研讨会上讲话。2014年9月28日，人民日报—人民网。

〔2〕 同上。

心的内容已经成为中华民族最基本的文化基因，是中华民族和中国人民在修齐治平、尊时守位、知常达变、开物成务、建功立业过程中逐渐形成的有别于其他民族的独特标识。中国人民的理想和奋斗，中国人民的价值观和精神世界，是始终深深植根于中国优秀传统文化沃土之中的，同时又是随着历史和时代前进而不断与日俱进，与时俱进的。”〔1〕

中国当代文学大师季羡林说：“我们过去谈论中国文化，往往就事论事，只就中国论中国，只就眼前论中国。这样做的结果只能是像瞎子摸象一样，摸不到全貌，摸不到真相。”“看中国文化，必须把她放在东方文化这个大框架内，放在世界文化这个更大的框架内，才能看得清楚。”

法国18世纪伟大思想家、史学家、文学家、启蒙运动的精神领袖伏尔泰在自己的工作室里挂起孔子的肖像，认真读孔子的著述，并且以自己特有的方式，反复宣传孔子生平及他所理解的儒家思想，其虔诚，其热情，绝不亚于孔子的正宗门第。伏尔泰在《路易十四时代》中写道：“这个庞大的帝国法律和安宁建筑在既最合乎自然而又最神圣的法则，即后辈对长辈的尊敬之上。后辈还把这种尊敬同他们最早的伦理大师应有的尊敬，特别是对孔夫子应有的尊敬，合为一体。这位孔夫子，我们称为是一位基督教创立之前约六百年教导后辈谨守美德的先贤左哲。”伏尔泰惊讶地发现，古老的中华民族文化具有一种特殊的凝聚力和亲合力。这个民族历史上曾两次被少数民族占统治地位，却两次以中华民族高度的文明同化了胜利者，并最终将少数民族整合在中华大家庭之中。

伏尔泰在《哲学辞典》中说：“这或许是西方人的耻辱，出于什么样的不幸，我们要到远东去找寻一位简朴的贤哲。他不图奢华，毫不招摇撞骗，在我们俗历六百年前就已教导人们怎样生活幸福。那时，整个北方尚未发明文字，而希腊人的智慧也才刚刚脱颖而出。这位贤哲就是孔子。他是古代立法者中唯一从不欺骗别人的人。自他以后，有谁倡导过比这更善美的行为准则吗?”由于伏尔泰反复执着地宣传，孔子的名字在18世纪的欧洲，成了公正、

〔1〕 习近平总书记在纪念孔子诞辰2565周年国际学术研讨会上讲话。2014年9月28日，人民日报—人民网。

理性和自由的代名词。

此后，英国大哲学家罗素也曾发出预言：未来世界在最困难的时候，可能只有中国的学问能挽救世界。

孔子文化走向世界，说明孔子文化不仅具有中国意义，也具有世界意义，逐步转化为世界文化，转化为世界文明。那么，世界看中孔子文化，反映了当代人类的什么样的文化需求和价值取向?

世界上每个民族都有文化的独立性，都有本民族的文化追求。近现代以来，西方发达国家将殖民主义的文化强加于人类，妄图以西方价值观控制世界，扭曲和压抑了人类文化，欺骗了人类。人类需要文化公平、文化正义、文化平等，追求自由自主地发展文化，追求文化的多样性，追求文化的多元化，追求文化权益的保障。孔子文化中有教无类等思想，主张人类平等地享有受教育的机会，平等地享有文化。文化要体现对人的权益的尊重，文化要反映人的心理追求，文化要适应人对事物的独立思考，文化要给人类充分享有精神和智慧的满足感。面对着大量的文化泡沫和文化垃圾，全世界的人民，不仅落后国家和地区的人民，即使西欧、美国等发达国家地区的人民，几乎都丧失了进行正确判断和选择的能力，或者说，根本就不知道应如何在大量文化泡沫和垃圾中进行正确判断与选择。

当代人接受孔子文化，是人们对当代文化的觉醒。人们已经厌倦了强加于人的文化，厌倦了西方文化的不公平，实质上是对当代文化中消极因素的批判与抛弃。特别是孔子文化进入西方，引起了人们对西方文化的反思，西方国家感到，没有人为他们的精神生活开出理想的清单，也没有人以高贵的信念和真正进步的功能为基础去检验他们的精神生活，意味着对西方文化的质疑，意味着西方文化的衰落。在每个人作为人与他们相关的意识走向消失的地方，其文化和伦理也就动摇了，似乎无力与时代同步，预示着人类文化教化理念和教化方式的一次重大转变，预示着世界文化又一轮的开启。

十七八世纪，被教会统治的欧洲，为了解脱宗教的束缚，曾借用孔子文化开展文化思想的启蒙，导致资本主义的兴起与发展。当今世界，特别是西方发达国家，又一次引入孔子文化，反映出西方国家对现代文化构成的反思与调整的内在需求。当代世界，人与人之间，民族与民族之间，宗教与宗教之间，国家与国家之间，发生了越来越多的矛盾与冲突，其中反映了文化的结构性矛盾。对于文化，人类在寻找共同点，在寻找共同的文化取向，在寻找能被人类普遍接受的文化，在寻找文化的普遍价值。只有产生可思想并求助于思想的东西，才能够成为支配整个人类的精神力量。只有在许多人的思想中被重新思考的，并且作为真理而被把握的东西，才能够自然地具有直接的和持续的使人确信地力量。人类的普遍价值是追求人类平等、自由。她需要相应的平等的自由的文化支撑，以利于修正和排除不公正文化。通过文化公正，人类要获取人的尊严，人的独立人格，并从中调整人与人的关系，让人类共同走向和谐、合作、和平的轨道。人类高举和平的旗帜，在召唤能反映和平的文化，孔子文化应时而用。

当代人类的各种难题都与发展联系在一起，发展是当代最重要而又最困难的问题。一般认为科学发展了，人类的许许多多难题就破解了。但是人类对如何发展并没形成共识。那么，孔子文化能解决人类发展问题吗？传统理念认为，孔子文化是人文科学。但是孔子文化是基于对自然和对人的认识的基础上产生的，尤其是对自然的认识，孔子文化也是在对自然之道解读基础上形成的。孔子文化不仅是认识人类的文化，也是认识自然的文化。孔子文化给人们提供了认识社会和认识自然的思维方式，而不能仅就人文科学的角度认识孔子文化。在文化发展中，伦理的进步是本质和确定的进步，而物质的进步就不那么本质。虽然西方经济现代化了，但不表明其文化的进步，以及人们伦理的真实。

习近平总书记强调："国无德不兴，人无德不立。"[1] 当世界看到孔子文化中的以"仁"为核心的道德理性，人类从心底里唤回了人们的良知，人们的善性被启动，人们的仁义被召回。人们再次地认识到，人类发展的道德基础需要重构，人类文化当中有健康文化，也有不健康文化。显然，人类见到的健康的孔子文化，发自内心地接受了。孔子文化走向世界，给世界一个比较文化的机会，人类在文化比较中选择。

---

〔1〕《青年要自觉践行社会主义核心价值观》（2014 年 5 月 4 日），《十八大以来重要文献选编》（中），中央文献出版社 2016 年版，第 3 页。

十七八世纪欧洲出现的孔子热，可以说是世界对孔子文化的第一次选择，启蒙了西欧的文化思想，并在启蒙文化思想的引导下，导致了资本主义的发展，是一次文化重构。21 世纪以来的孔子文化再一次走向世界，是对人类的道德重构，孔子文化中的道德理念迎合了当代人类的道德重建。人类需要构建新型的人际关系，需要构建新型的社会秩序。人类社会需要文化心态的再平衡，文化秩序的再调整。孔子文化具有一种入世的、有为的、积极的社会理想，孔子文化透彻的理性给人以希望，给人类以新的道德追求，从而构建现代发展的道德基础。

人类永远不缺乏站在前面提醒人们的伟大智者。1988 年，竟有 75 位诺贝尔奖得主聚集巴黎，向全世界发出呼吁："人类如果要在 21 世纪生存下去，就必须回首 2500 年前，去中国孔子那里汲取智慧!"2500 年前的孔子并不知道近现代人们知道的科学，而诺贝尔奖得主都是人类杰出的科学家，是科学巨匠。他们为什么要让人类去中国那里汲取智慧。因为孔子文化是做人的智慧，是人的自我修炼的大智慧，孔子文化给人类提供了能够获取智慧的智慧。

孔子不仅向人类提供了文化，也提供了文化思维方式。现代社会的文化远比孔子时代的文化丰富多彩，人们的思维方式影响着文化作用的发挥。孔子文化本身构成了文化体系，具有丰富的哲学思维、人文精神、教化思想、道德理念。

儒家思想同中华民族形成和发展过程中所产生的思想文化一道，记载了中华民族自古以来在建设国家的奋斗中开展的精神活动，进行了理性思维，创造的文化成果，反映了中华民族的精神追求，是中华民族生生不息、发展壮大的重要滋养。特别是孔子文化中的理性思维，是关于个人成为真正的人，关于人在社会中的地位，关于人的物质生活和精神使命，关于各民族的相互关系及其成为一个由最高的精神目标统一起来的人类的理想。

孔子主张中庸，和为贵，其对事物的观察认识比较客观全面，注重事物的整体性，注重事物中的相互联系，对事物的发展取向包容，不是非此即彼，不具有排他性，让事物朝着和谐平衡的方向发展。主张人们相互尊重、相互信任、相互礼让、相互理解、相互宽容，使中华文化具有强大的亲和力，对人际关系调节有着积极的疏导作用。当代人类充满竞争，竞争当中的人际关系矛盾大于和谐，对立多于统一，导致人际间相互排斥、相互防范、相互摩擦、相互倾轧，甚至不择手段，取代或消灭对方。当代人类对现实充满焦虑，人们迫切需要改变思维方式，寻求能改善人际关系的文化思维。当追求财富与追求精神之间失去平衡时，将更加凸显文化的能量，文化就成为调节财富与精神的平衡力。人们从孔子思想中找到了能够促进人类走向和谐的理性思维。

孔子文化中充分体现了人类向善向上的人性，这是孔子文化的核心价值。生存竞争是一种双重意义的竞争，人必须在自然中战胜自然，人还必须在人群中战胜他人，保存自己。人们看到，市场竞争当中人们对物质利益的追求，尽管在体制和法制的约束下变得合理，但无形中助长了人们的物质占有欲。当物质占有欲膨胀，就可能丧失人性，走向动物性本能。市场竞争中引发的人性变异，是在市场体制内无法阻止的，只有通过教化，促进人性的回归，让人性的理智自我调节。从孔子文化中看到，孔子文化中理性思维指引人们生活正常化、言行理性化，这就为人类的信仰和目标找到了共同点。

1971 年联合国大会通过决议恢复中华人民共和国在联合国的合法地位时，周恩来总理即为联合国大厅带去两幅孔子语录。其中一条即是“以和为贵”，另一条则是“己所不欲，勿施于人”。中国把人类作为命运共同体，坚持与邻为善，以邻为伴，践行亲诚惠容的理念，倡导共同、结合、全体、可持续的安全观，充分体现了中国文化的价值观，受到各国人民的欢迎。而实行霸权主义、强权政治、弱肉强食的文化行为，是激化人类矛盾的文化，是反人类的文化，是人类必然反对的文化。

2013 年 11 月 26 日习近平总书记考察曲阜时，参观了孔府和孔子研究院。在孔子研究院里，他将该院编的《孔子家语通辑》《论语诠解》两本书拿起来翻阅，他边看边说：“这两本书，我要仔细看看。”在座谈会上，习近平总书记提出：“中华民族有着源远流长的传统文化，也一定能创造中华文化新的辉煌。研究孔子和儒家思想要坚持历史唯物主义立场，坚持古为今用，去粗取精，去伪存真，因势利导，深化研究，使其在新的时代条件下发挥积极作用。”[1] 习近平总书记就传承孔子文化不仅做了重要讲话，在其出访欧洲四

〔1〕 习近平总书记要“仔细看”的儒学书籍。2014 年 11 月 21 日，人民网—中国共产党新闻网。

国和亚洲六国时，六次讲演均提到儒家思想，引用孔子格言。孔子文化已经成为中国共产党治国理念的组成部分之一。

当中国成为世界第二大经济体的时候，当中国人总结发展经验的时候，在人民对改革认同的时候，能对中华文化的作用认同吗？能对以孔子文化为代表的中华文化经典在当代社会发展中的积极作用认同吗？在中国走向强大的背后，中华文化的价值是什么？我们中国人拿什么样的文化来构建市场经济中的道德体系？难道从中华文化的根脉中不可能找到有益的启迪吗？孔子文化的生命力终结了吗？善待中华民族的文化，是中华民族的希望所在。中华文化价值的持久性，是中国发展永久的根基。当代世界存在多元文化。而文化的价值在于人们的认同。孔子文化走向世界，表明了中华文化的价值，孔子文化成为中华民族联系世界人们的纽带。在扩展世界对孔子文化认同的同时，要使孔子文化在中华大地上再放异彩。

只有理性的文化才有权利存在。孔子出国了，但一个永远的孔子及他的文化永远留在中华民族心中。

从罗素预言觉悟中华文化价值

邱恩义

人类有了文化，有了文化需求，是人与动物的根本区别。

人类文化的多样性，在文化交互中，既提升了文化，也伴随着文化冲突。

人类因文化而文明，也因文化而存在矛盾，存在和谐与不和谐的文化生活。

地球上的人们并没有因为人类文化的进步，而能完全和平相处。相反，人们的心态更加复杂多变。多年来人们为人类的文化选择而焦虑，世界的一些智者在寻求让人类和谐进步的文化。

20 世纪，英国的哲学家罗素曾讲到：未来世界在最困难的时候，可能只有中国的学问能挽救世界。

罗素在比较各种思想和文化之后，选择了中国的学问，并作为在未来世界最困难的时候挽救世界的文化。

从罗素的预言中，人们可以看出，一个伟大的思想家，其伟大之处在于站在全人类命运的高度看文化价值，其伟大之处在于从学问的角度思考人类社会发展的方向，其伟大之处在于把文化作为人类共享的财富而对文化不存在偏见，因而对文化存在的意义做出了最为公正而无私的判断。

从罗素的预言中，使人们看到，当把文化放在人类命运平台上的时候，才能真正看清文化的终极价值；当把文化作为人的灵魂旗帜的时候，才能真正看清文化的真实意义；当把文化作为人性升华的基因的时候，才能真正看清文化的本质。人们的文化觉悟，要在对文化的追问当中逐步提升。

从罗素的预言中，也使人们觉悟到，一个伟大的学问家对学问的崇敬，对文化的真诚，对人类欲望的尊重。在文化面前，只有人类而没有自己，只有远见而无偏见，只有奉献而无获取。这是一个伟大学者对文化的崇高品格。

一个西方的大学者，在最重要的关乎人类命运的文化选择上为什么偏向了中国文化？中国的学问文化有挽救世界的重大作用吗？中国的文化当中的哪些因素能起到这个作用？值得中国人深入思考。

一、中国文化给人类提供了科学思维方式

谈到学问的作用，恐怕要归结到学问的最高层面，归结到哲学的范畴。人类社会基本上存在东西方两大哲学体系，东方哲学则以中国古典哲学为代表。罗素的预言，是他深入到东西方哲学之中进行系统比较而得出的。人类社会发展到今天，人类中的各种矛盾复杂化，人们需要找到一个比较合理的思维方式。而中国的文化给人类提供了一种科学的思维方式。

中国的哲学体系的突出特点是为人类提供了可供选择的系统运筹的判断事物的思维方式。她把宇宙的一切事物都看作是在运动中变化的，事物内部的相互关联性是永恒的。一切事物都处在相对比较之中而存在。人们所以把握事物在相对平衡中转化和发展。处理各种事物关系的基本思维是求同存异，既承认存在，又认为存在可以改变。从各种事物相克相承的关系中寻找化解矛盾的方式，在解决平衡又不平衡的关系中找到相对的平衡点，而不是简单地非此即彼，充分利用事物间可相互包容的机理，做出合乎逻辑的选择，而其选择不是单纯追求既定的逻辑命题和固定范式，而是把人为因素和人的能动作用放在处理事物的基本条件之中，给人们以思维空间和改变机会。中国哲学给人类以科学的思维方式，成为人类打开智慧大门的钥匙，起到了解决各种矛盾的总开关作用。

而一个多世纪以来，世界的军事竞争、经济竞争充斥人类，人们的竞争

心态逐步发展成为常态，竞争哲学成为一种意识。在竞争哲学的影响下，国家、政党、宗教、社会组织纷纷卷入竞争当中，以自己的利益和信仰为中心，各自把自己的利益和信念坚守到不可取代、不可侵犯的地步，加剧了人类生活的斗争性和排他性。竞争哲学的核心是争，是以利益为出发点的思维判断，必然把人们的思维方式引向了绝对化。人们往往会觉得，近现代科学发展了，科学性思维应该影响人类的思维方式。但很遗憾，人们在欢迎科学带来好处的同时，也因固有的信仰和既得利益而不能把科学思维得以在人际关系中普遍应用，科学的应用往往被功利化了，科学被当作竞争手段。作为学问的职业人，罗素这位大哲学家不能不作为哲学的捍卫者，努力寻找哲学的智慧，给人类以强大理性，让真正的哲学回归人类。罗素环顾全球，终于发现了中国的学问。因为，中国古代经典中的哲学产生在人类还比较纯洁的社会环境，中国先人的智慧的产生处在人类新文明的滋长当中，其人性的根本性导致哲学思想的永恒性。

二、中国文化给人性成长提供了健康引导

罗素所在的20世纪发生了两次世界大战，是人类人性扭曲的典型例证。进入21世纪以来，人性扭曲问题并没有缓解，人类社会的矛盾隐性和显性存在。人类进步过程中出现了人性扭曲，人类依托文化修炼了人性，与动物有了根本性区别，人性扭曲是人类的动物性本能回归。动物具有生存需求，为了生存，在自然界中养成了生存本领，占有欲成为动物的普遍性行为。当人类失去文化，失去理性的情况下，占有欲膨胀，必然发生人性的扭曲。近两个世纪人类选择了市场经济体制，虽然有法律约束，但市场竞争中的非理性也在滋生，人和动物一样难以拒绝诱惑，人类在进步的过程中出现了人性扭曲。近代以来，西方意识形态的主要困境是无法摆脱个人主义中心论，个人如此，社会如此，国家也是如此。罗素思考了人性中种种裂变问题，在寻找人性回归的学问，他找到了，找到了中国学问。

中国古人主张“人之初，性本善”，儒释道诸家均以善为本，引导人们向善至善。人性向善，首先是善待人的内心世界，协调好人与内心的关系。围绕人们的心态，中国古代经典中有大量的论说，规劝人们确立一个好的心态，

构建起优质人性，使人类的和谐建立在人类个体良知的基础上。台湾著名文化学者范光陵博士写了一首诗：“人求天上禅，禅在人心中。无须身外求，先敲心内钟。”如果人类先敲敲心内的钟，不断修炼自己的内心世界，滋养一个善良心态，并从这善的心理出发，那么，自己是快乐的，也能使别人快乐。近现代科学由西方兴起，但逻辑推理的理性属自然科学性，给人们以科学思维，而中国古典哲学给人们以理性哲理，直入人们的内心世界，从人的本性上给人以启发和引导，使人们更能有效地把握自己。科学性不能完全取代理性，但理性却可以让人们接受科学。在人性构成因素当中，理性更具有基础性和根本性。生活在科学先进的西方世界的罗素，深刻感受到了科学的作用，但他还是选择了中国的学问，看中了中国学问中的人性引导。

人间生活，是人与人之间的共同生活。人类社会中的矛盾，集中体现在人与人之间关系的处理。近现代社会，以物欲为主导、以自我为中心的价值取向，成为人们的意识倾向。这些意识倾向由私有制体制下的竞争所导致，又持续加剧了人们的物欲和自我，人们在这个怪圈中挣扎而难以自拔，导致人际关系的不和谐。中国古典学问中，给人类提供了做人的道理，做人的境界、做人的价值。道理很简单，如果人们的做人道理真正弄明白了，人与人的关系也就比较好处理了，因为在做人上有了高境界的共识。

中国诸子百家深刻论述了人与人相处的道理。这些道理突出的表达为“和”的理念。“和为贵”“和则两利”“己所不欲，勿施于人”，此类例句甚多。人与人不和，就是矛盾，解决矛盾就需要使人与人之间和谐、和睦、和气、合作、和平。处理人与人之间关系要讲和，处理民族与民族、国家与国家的关系也要讲和。中国的外交政策主张和平共处、亲诚惠容，主张国家不分大小，一律平等和睦相处。倡导共同、综合、合作、可持续的安全观，对外国的援助不附加任何条件，尊重每个民族和国家的独立自主，在世界上不称霸。习近平总书记倡导构建人类命运共同体，被联合国和国际社会认同。一系列以和平发展为主导的外交理念和政策，深受世界的欢迎，成功地化解了地球上许多矛盾。可见，中国“和”的人文理念反映了人类的普遍性愿望。而美国实行霸权主义、强权政治，引发了大量矛盾，使世界不得安宁。面对人世间的乱象，世界的当代学者也在思考寻找能够引导人类健康成长的信仰和理念，有人主张西方宗教，有人主张东方佛学，有人主张孔子文化。人们正在选择的过程之中。孔子学院在世界各地的兴办，在一定程度上反映了当代人类文化的需求，也在一定程度上体现了罗素的预言。

人类社会的矛盾不限于人类之间，也涉及人与自然的关系。宇宙中的人类把自己放在了中心的位置，是人类以自我为中心的世界观。当科学有了一定程度的文明进步，人类便妄图征服自然，提出“人定胜天”。人类的科学本是用于科学发现，从而使人类科学生活，适应天地运行的法则。但人类的意识和行为却导致了与科学相悖的轨道，不但没有“胜天”，却受到“老天爷”的惩罚。人类把自身的生存环境破坏到了危害人类生存的程度，并渴望自然生态的恢复。生态破坏是人的文化价值取向的直接后果。

中国古人早已提出了人与自然和谐的理念，并成为一种思想文化体系，渗透到中华民族的各个领域。其中具有代表性的是天人合一的理念，天法地，地法人，人法自然。主张人要与自然和谐，不能违背自然的规律。古人主张人要尊重天地、尊重自然、热爱自然、亲近自然、保护自然。并把道法自然作为一种人的行为法则。在中国的书画传统艺术当中，把天人合一作为书画艺术的至高境界和审美准则。中国天人合一的生存理念是人类的科学选择，具有历史性的普遍意义，至今仍具有重大的现实意义。

习近平总书记提出了“创新、协调、绿色、开放、共享”[1] 的发展理念，把“绿色”作为中国发展的方向和方式，中国正在走上绿色发展轨道。人类不仅需要对人类的理性，也需要对自然的理性，这是人性健康所必需的。好在人类对自然开始回归理性，善待自然的心理重构，这恐怕也包含在罗素预言的初衷里面。

二、中华文化给人类文明生活提供了核心价值理念

当代人类，文化繁多，学说林立，各种思潮起伏，争相争夺人们的信仰，占领人们的思维空间，并由此构成文化冲突。当代的各种文化具有显意识的

〔1〕 中国共产党第十八届中央委员会《第五次全体会议公报》，2015 年 10 月第 1 版，人民出版社。

特点，明显地张扬，攻势型进击，激烈的碰撞，与经济的市场竞争相呼应。而中国的古代文化虽然是历史文化，呈现潜在的状态。但是，一旦与人们接触，以其深厚的文化魅力深深地潜入人们的心田，与人们的自在意识产生共鸣，滋润着人们的文明心理，潜移默化地变为人们的意识。如中国古人淡然自在的生存态度，与人为善的处世方式，相互包容的文化心理，进退有度的礼节行为，礼尚往来的亲情关照等等，人类的种种美德在中华文化经典中都有入情入理的表述，让人们感到人类的亲情与友好，感受与人合作的乐趣，启动了人性中的积极因素，像春风一样化解一片又一片的冰冷，温暖了人们的心田。实践表明，当一种文化具备启动人们心灵作用的时候，当一种文化对人们心理具有疏导作用的时候，当一种文化与人们的积极进取需求产生共鸣的时候，不管这种文化表现形式是显性的，还是潜在的，都会表现出这种文化的生命力。

文化的存在价值是不以时间为转移的，中国几千年积淀的文化中的经典，是人类的优质文化资源。优质文化是优质人性的产物，优质文化必然迎合优质人性成长的内在要求。市场经济的生活方式无疑是人类社会的进步，但也是人类无奈的选择。市场方式的经济生活是为了满足物质需要的欲望，但物欲的膨胀伴随而来，人们用大量的法律和契约规范人类的非理性，但道德的失衡和人性的扭曲成为人类的顽症。特别需要文化的力量，道德的力量，以校正人类的本性，修正人们的心灵。

一种文化能否存在，取决于人的生存取向。一种文化的价值，在于人们的响应。尽管人类社会出现过许许多多的文化、学说、精神、信念，但至今能为人类普遍接受的文化却很少。人类社会发展到今天，人们期待对人类文明有益的文化能够形成共识，主导人类健康发展的走向。从罗素的预言中，人们可以看到，罗素的倾向是中国学问，特别是人类社会最困难的时候。虽然中国古典文化距今已有千年，但其中的哲理为人类认识自我、认识人类、认识自然，提供了较少偏见的文化支撑。虽然中国古代文化产生时期人类的科学并不发达，但其文化中提供的思维方式可供人们打开科学的大门。虽然中国古典文化有她的历史局限，没有当今人类的文化丰富，但她为人类文化发展培育了优质的文化基因，为人类文化健康提供了可靠基础。

如今，中国强调对中华文化的文化自觉、文化自信。那么，这种自觉和自信怎么样才能增强？罗素的预言给中国人早已提了个醒。罗素作为哲学大师，以大智大慧，远见卓识，选择了中国学问。他向人类告诫，在最困难的时候，中国学问能挽救世界。这就是中国文化的真实价值。身在中国的中国人，如何认识中华文化的价值，难道不应深省吗？中国的近现代史上，中西方文化在中国大地上引发了种种变故。我们并不一概排斥西方文化，我们也并不一概排斥中国古代文化经典。但中华文化是中国强本固基、安身立命之根本。我们中国人有充分理由坚守中国文化经典，自觉地尊敬和维护中华文化价值，让她发扬光大。

文化建设与文化贫困

邱恩义

中国是个文明古国。

中国有几千年的文化积淀。

中国有丰富的文化资源。

中国有人类智慧的创造者。

中国有影响人类的文化人。

中国的文化正在走向世界。

真的为中国的文化骄傲！但是，真的不想说但是。但是，中国又存在文化贫困。文化贫困现象几乎到处都存在。在探讨中国文化建设的时候，不能不关注文化贫困问题。因为知道了文化的不平衡，有了问题导向，才能使文化建设更有针对性。

说到文化贫困，不能不首先为贫困人说话。现实的中国，仍然有几千万人口生活在贫困当中，人们在为摆脱物质的贫困而努力，贫困的人数正在不断减少。文化贫困与生活贫困相关联而并存。生活的贫困造成了文化贫困，文化的贫困又使生活难以走出贫困。中国的小康社会目标，需要改变几千万人的生活贫困与文化贫困，而不仅仅是物质生活的小康。

贫困人群的文化贫困，不能不说是教育的基础性欠缺，贫困人缺少了受教育的机会。有人说，中国贫困地区的孩子基本上都能上中小学了。这种情况只能说是教育的初步改善。贫困地区处于就业年龄的人们大都还是体力劳动者，相当多的人以农民工的角色进入城市。说到现时的中小学，贫困地区的老师很缺，师资水平也很低，承担不了教育职能，使贫困地区的孩子被挡在考试升学的门槛儿之外，农村与城市的孩子接受高等教育机会相差很大。而现实基础教育只是文化的普及，初高中毕业生并不具备择业技能。改善贫困人群的受教育状况，是解决贫困人文化贫困的根本性举措。

有人主张教育均衡，不如说教育机会保障。因为任何中国人都享有平等的受教育的机会，我们的教育要努力提供受教育的机会。说到教育机会，应从公民享有教育权和文化权的角度去实施，是人们的基本权益。中国能否实现小康要看农村，农村实现小康要靠教育和文化。依照这样的逻辑，贫困人的文化贫困就是件大事情。

说到贫困人的文化贫困，人们都能形成共识。但说到相对富有的人是不是文化富有，或者说不存在文化贫困呢？从国人中的富有群体的状况看，他们当中仍然缺少文化，仍然存在文化贫困。客观地分析一些人先富起来的因素，其中文化因素并不是主要的，国家改革的因素，整体经济成长的因素，把一些人涌上了走向富裕的潮流。事实上，一些富起来的人仍处于变动之中，在市场竞争中，不断淘汰一些富人出局，而一些确有科学文化素质的人显示了较强的竞争力。文化因素越来越成为未来发展的根本性、动力性因素。市场竞争在考量人们的文化能力，而文化不只是人的智慧和能力的支撑，也包括道德的支撑，如果道德文化贫困，富而不仁，那将是富人的悲哀。

说到文化贫困，那么，文化人是不是不存在文化贫困呢？我们认为也存在文化贫困。有些文化人存在时代性的文化贫困，他们的文化有些陈旧，与人类当代文化进步存在差异，缺少相应的知识更新和文化进步，实际上是文化退步。而有些文化人存在结构性文化贫困，在其知识构成当中，与其从事的文化领域的文化要求存在某些知识的缺乏，影响了专业文化的发挥，也影响了文化构成的优化。现实社会的文化更加趋向专业文化与其他文化的有机组合，一个善于集成人类文化的文化人，才是文化人的文化进步所必需。

中国的文化界尚存在“文盲”“假文化人”，这可能令人难以理解。在接触到的文化界人士当中，确有一些是缺文化或没文化的人。在追求市场价值当中，有些“文化”人给自己戴上了文化桂冠，招摇过市。一位文化厅厅长说：“我们文化界确有一些没文化的人。”社会中的文化现象也存在“文化假象”，存在“文化欺骗”，以“假文化”“伪文化”充斥。人们说的“文艺界乱象”是文化腐败，是缺乏文化和道德支撑的结果。文化人本是一个高雅斯文的称谓，可谓美称，但有些文化人的价值取向发生变异，导致文化行为的扭曲和丑陋。

从古到今，中国的官场存在“官场文化”，近些年出版了大量官场文化书籍。看起来，中国盛产“官场文化”，官场文化并不贫困，官场文化很有市场。这是一种什么性质的文化现象，值得人们沉思。现时中国的官场文化主要存在于执政党内。执政党的执政文化是中国文化的重要构成。十八大以来，中共中央采取了法制的、纪律的、行政的、文化的、道德的种种举措，正在加强执政党的自身建设。特别是提出核心价值观，用文化的正能量武装全党。中国的“官场文化”诞生在封建帝王时代，这种文化不会轻易地退出中国的文化舞台。用先进文化战胜腐朽落后文化，是一个相当长的历史过程。好在执政党和中国人民做出了正确的选择，大力清理“官场文化”，有力惩治腐败，弘扬正气文化。

中国本来是文化资源大国，但又出现文化贫困，人们会想，中国历史上积淀的文化经典上哪儿去了？历史上，中国文化分为民众文化和朝廷文化。当文化触及朝廷政权（皇权）的时候，皇权必然或打击文化，或排斥文化，或按皇权要求修正文化。中国出现过文字统一，也出现过“焚书坑儒”“罢黜百家，独尊儒术”，搞过“文字狱”。中国自毁文化的现象也不止在旧中国，中华人民共和国也出现了“文化大革命”“破四旧”，使中国的传统文化经典遭受排斥，造成中华文化断层。好在人们正在进行中华文化经典的回归。任何一个民族都有自己的文化根脉。在中华文化复兴的伟大梦想当中，坚守中华民族的文化根脉，在传承中发展中华文化。

人们还不能不顾及中国道德文明建设中的文化贫困。这不是说中国不具备道德文化，而是说中国优秀的道德文化在相当一些国人中缺乏和不足，中国需要道德文化的重建。所谓文化，是要把“文”融“化”在人们意识之中，把文化变为人们的文化心理存在，才能发挥道德文化的作用，使中华文化当中存在基本的道德文化，作为民族美德扎根在民族心里。但道德进步有其时代的特征，人类文明永远走在路上。构建现代道德文化，既需要传统优秀文化的传承，也需要现代文化的支撑，让道德文化转化为人们的文化自觉，转化为道德行为。

说文化贫困，也是从文化发展的角度而论。人类文化是共享的，没有国家、民族的界线。文化存在先进与落后之分，有利于人类文明进步的文化都应作为中国的文化资源，从而丰富中华文化。充分发挥中华文化包容的特点，构建中国新时代的新文化。特别是着力吸纳先进文化，发展先进文化，创造先进文化，引领中华文化，把文化大国建设成为文化强国。改革开放以来，中国是先进文化的受益者，也是先进文化的创造者。追求文化的先进性，提升中华文化水平，是中华文化强盛的主攻方向。

谈论文化贫困，要着眼于文化创新。这是一道大难题，也是必须破解之难题。这其中涉及的事太多，相关的因素复杂。一般来说，文化传承和文化创新是一脉相承的民族文化行为。而文化创新这个命题，不只是文化传承，而是面向世界、面向未来的文化理想。需要一个民族的视野和胸襟，需要一个民族的集体智慧和文化精神。而文化追求，更是一个民族进取能力的基本标志。中国孕育了文化创新的能量，将同经济一样，进入一个更加健康的文化成长阶段。文化贫困，内含着文化需求、文化成长。而文化创新，能极大地增强文化的吸引力，引发人们的文化兴趣和文化追求。清理腐朽文化，要靠健康文化的力量。文化越是先进，越能显示文化的威力。处于变革时期的中国，先进文化才能迎合当代中国的变革，需要把先进文化融合到强国之梦。

逐步消除文化贫困，是一个民族的希望所在。文化品格是一个国家强盛的根本。改变文化贫困，是一个国家整体性的意识和行动。这其中需要中华民族的文化觉悟。一个崇尚文化的国度，一个让文化和有文化的人充分发挥作用的国家，一个让文化自由成长的制度安排，一个让文化成为人们生活的样式，才能够充分释放文化的能量，让文化属于全体国民的财富。

什么文化对中华民族最重要

邱恩义

在实现文化强国梦想的进程中，什么文化对中华民族最重要？回答是，爱国文化最重要。

《三国演义》小说中云：话说天下之势，分久必合，合久必分。概括了三国时期及三国之前中华民族历史的演变态势。几千年来，中华大地上，国家有分有合，统一与动荡转换，国家有兴有衰。不论是从统一到分裂，还是从分裂到统一，中华民族付出了巨大的民族牺牲，人民群众经受了种种苦难。追求国家统一，是历史磨砺的中华民族的伟大觉醒，是中华民族最深刻的历史记忆。

近现代以来，除了国内矛盾之外，西方列强对中国的侵略，割地赔款，大肆屠杀与掠夺，给中华民族造成了巨大的灾难，国仇家恨，使中华民族对国家独立统一成为永久的民族心理。

历史告诫中华民族，国家命运至尊，国家利益至上。没有什么比国家独立统一更重要。

中华人民共和国的诞生，标志着中华民族的国家独立统一迈入了新的历史时期。为这一崭新局面的形成，中华民族为此付出了巨大的代价。

中华人民共和国诞生以来，内乱内斗几经发生，外忧外患日趋严重，中国求得和平稳定的国内外发展环境的形势依然严峻。不可低估中国发展面临的风险，不可丧失对国家安全的警惕。

在形成我国各民族团结统一的因素当中，经济因素、政治因素都是重要因素，但文化因素亦是重要因素。对国家独立统一的认同，与对中华文化的认同紧密相关。在历代朝廷维持皇权地位的过程中，都运用了文化的力量。不论是“焚书坑儒”，还是“废黜百家，独尊儒术”，不论是北方蒙古民族入驻中原建立辽国，还是满族入驻中原建立大清朝，都以汉文化作为巩固统治地位的文化，其中尤以清朝的康乾时期为盛。

近现代以来，在西方工业文明的文化冲击下，以农业文明为主的中华文明显得力不从心，中华民族从西方寻求救国兴国的文化。围绕中华民族的独立统一，中国共产党人选择了马克思列宁主义，取得了中国革命的伟大胜利。中华人民共和国成立后，经过反复比较，中国选择了改革开放文化，选择了先进文化，选择了适宜中国发展的文化，使中国取得了巨大进步。但要看到，为了中华民族前途和命运的文化选择，中华人民共和国曾走过不少弯路，付出了巨大代价。人们可以得出这样的共识，在国家独立统一的因素当中，文化是关系国家兴衰的决定性因素。为此，中国共产党提出了“科教兴国”“文化强国”战略。

国家的独立统一，是解决中国一切发展的前提。中华人民共和国刚刚诞生时，毛泽东主席便向全世界庄严宣告，中国人民从此站起来了。站起来的中华民族成了国家的主人，中国人民掌握了自己的命运，中国成了中国人民的国家。中华人民共和国代表了中国人民的根本利益，充分体现了人民的愿望，凝聚起全国人民的心理，最大限度地释放了中国人民的智慧和力量。中国的巨大进步和发展，完全是在国家独立统一的前提下实现的，是爱国的文化底蕴产生的强大动力。

在文化强国的建设中，爱国文化应是重中之重，应放在文化强国的最高层面，引领中华文明建设的方向。2013 年 12 月 31 日，习近平总书记在政治局第十二次集体学习时强调：“对中国人民和中华民族的优秀文化和光荣历史，要加大正面宣传力度，引导我国人民树立和坚持正确的历史观、民族观、国家观、文化观，增强做中国人的骨气和底气。”习近平总书记把爱国主义教育放在了对我国人民教育的首位。爱国文化与其他文化相比，居于统领地位，应以爱国文化为核心，引领与带动其他文化的发展。

爱国文化是民族利益的核心价值。爱国是以国家根本利益为宗旨，把国家利益放在其他利益之上，在保障国家利益的前提下才能保障其他利益，国家利益不保，其他利益都难以实现。

爱国文化是中国发展最强大的动力。爱国文化是最具影响力、动员力、凝聚力的文化。中华民族在爱国文化的旗帜下，可以形成强大能量，可以战胜各种敌人，可以克服各种困难。在国难当头的时候，是爱国文化产生了鼓舞中华民族顽强奋斗的中华精神，中华民族历史上许许多多爱国志士，舍生取义、无私奉献，各民族同仇敌忾，视死如归。

爱国文化是中华民族的最高境界，中华文化是中华民族精神的产物，而爱国文化更是中华文化的至高境界。爱国文化统领下的中华文化，构成祖国独立统一繁荣富强的文化底蕴。爱国文化已经融化在民族的血液中和记忆里，成为中华民族成长的基因。

爱国文化是中华民族向世界展示的一面伟大旗帜。几千年来的中华文化，把爱国文化作为中华民族发展的基石。立于世界民族之林的中国人民，以强大的爱国精神和力量，向世界表明，中国人民志在中华民族的伟大复兴，敢于面对任何挑战，敢于战胜任何敌人和困难，前进的步伐不可阻挡。

中国是多民族的、不同社会制度共存的、祖国尚未完全统一的国度，妄图分裂中国的势力仍然存在，并与外部势力相勾结。加强中国的国家统一，仍然是新时期的最大问题。在新的历史时期，爱国精神旨在爱国心理的培育，爱国文化的深入，仍然是中国文化建设的核心内容。要让爱国文化成为中华文化的认同，团结各族人民集聚在爱国的旗帜下。我们完全有必要长期坚持爱国教育，让爱国文化更加普及，更加深入各民族的心理，形成强大的爱国力量。

应该看到，种种因素在影响着中国人的文化心态。市场竞争中，有些人往往看重既得利益，而忽视国家利益。多种文化的相互碰撞，有些人往往淡化了爱国文化。国内外的变动，往往分散了某些人对国家的注意力。文化生活中的无序现象，往往让某些人在文化选择上出现迷惘。中华文化发展过程中出现的文化断层，往往使一些人对文化传承失去自信。教育中偏重知识传递的方式，带来了德育的不足和爱国心理的欠缺。在对中华文化认同方面，尚存在多元取向。中国人的文化心理调整，需要更高地举起爱国文化这面旗帜。在中华文化的大合唱当中，应让爱国文化成为主基调。改革开放以来，在企业和个人成为经济主体的同时，爱国文化也成了文化主体。人们的主体意识使人们自主地选择经济和文化生活。国家对社会文化生活的引导与调节，需要关注经济文化主体的需求。对人们最大限度地产生共鸣和响应的文化，是推进文化的重要方向。不论何种文化，都比不上爱国文化对人们的吸引力和影响力。

当代社会，各种文化纷纷登场，极力扩张其表现力和影响力，但在历史上能存留的文化才是有价值的文化。一些流行文化的生命力是短暂的。而爱国文化是永远存在民族心底里的文化，是最具持久影响力的文化，其文化价值是其他文化不可相提并论的。一个心怀强大爱国心理的民族，完全可以让各种有益文化充分发挥，可以促进其他文化大放异彩。

正当撰写本文时，举国上下纪念抗日战争胜利七十周年。抗日战争期间，中国各族人民组成抗日爱国统一战线，海外华人奋起支援抗战。面对敌强我弱的抗战局面，中国人民高举爱国的伟大旗帜，使中国成为国际社会抗击法西斯主义的主战场，以承担巨大的民族牺牲战胜了日本军国主义。是伟大的爱国精神激励着全中国人民抗战的决心和斗志，是伟大的爱国精神鼓舞中华儿女与日本军国主义拼死搏斗，是伟大的爱国精神增强了中华民族的团结。为了祖国而战的力量是那么的强大。当我们今天纪念抗日战争胜利的时候，中国人民更加认同爱国的伟大意义。胜利的中国人民正以伟大的爱国力量建设强大的祖国。

爱国，是中华民族永恒的文化命题。

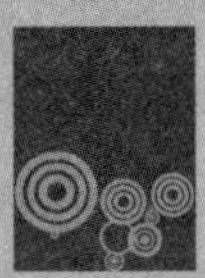

正确处理文艺工作中的几个关系

邱恩义

2014年10月，习近平总书记主持召开的文艺工作座谈会，是中华人民共和国成立以来我们党召开的有关文艺工作的一次重要会议。习近平总书记在会上的重要讲话，站在全局的高度和长远的角度，对当代中国文艺工作作出了一系列具有思想性、战略性、针对性的指示，对新时期中国文艺的方向、性质、任务、对策提出了明确的要求，是建设文化强国的纲领，是指导中国文艺工作的基本原则，把中国文艺推向了新的发展阶段，标志着中国又一个文艺繁荣时代的到来。习近平总书记主持召开的文艺工作座谈会具有重大而深远的意义，已经超出了文艺工作的范畴，将引发中华文明、中国精神的广泛传播与深入，进而引发经济社会的深刻变革。摆在我们面前的重要任务，是学习好、贯彻好、落实好习近平总书记在文艺工作座谈会上的讲话及一系列有关文化发展、文明建设的讲话，大力推进文艺发展，把文艺工作推向新的水平。

一、关于文艺工作者与人民大众

当代中国文艺是为了谁？对此，存在着不同的看法，存在着多元的取向。比如，有的认为是个人的兴趣；有的觉得文艺是自我表现，自我表达，是作者情感的自由抒发；有的认为是职业，是谋生手段；有的认为是与他人分享艺术；有的认为文艺离不开人，离不开人的需求，等等。

不论文艺工作者出于何种想法，大体上都离不开如何处理文艺工作者与内心的关系，文艺工作者与他人的关系，文艺工作者与自然的关系。文艺的属性告诉人们，文艺是以人为中心的。而具有中国特色的社会主义文艺，具有特定的文艺属性和特定的发展指向。社会主义中国的人民性，要求文艺要把实现好、维护好、发展好最广大人民根本利益作为出发点和落脚点。习近平总书记在文艺工作座谈会上指出："社会主义文艺，从本质上讲，就是人民的文艺。……文艺要反映好人民心声，就要坚持为人民服务，为社会主义服务这个根本方向。这是党对文艺战线提出的一项基本要求，也是决定我国文艺事业前途命运的关键。"[1] 因此，摆正文艺工作者与人民的关系，始终是文艺工作者要认真对待并处理好的首要问题。

那么，怎么样才能摆正文艺工作者与人民的关系？习近平总书记强调："以人民为中心，就是要把满足人民精神文化需求作为文艺和文艺工作的出发点和落脚点，把人民作为文艺表现的主体，把人民作为文艺审美的鉴赏家和评判者，把为人民服务作为文艺工作者的天职。"[2] 我们的文艺工作者必须牢记为人民服务这个宗旨，坚持为人民服务的创作方向。在这个根本问题上不能迷失方向，自觉履行为人民服务的天职。

有的文艺工作者认为，文艺创作需要作者的灵感、作者的天赋，文艺作品要有自己的特点和个性。那么，文艺创作的灵感到底从哪里来？文艺创作的源泉在哪里？仅仅从文艺工作者的头脑中来吗？请看习近平总书记怎么说："人民是文艺创作的源头活水，一旦离开人民，文艺就会变成无根的浮萍、无病的呻吟、无魂的躯壳。……人民的需要是文艺存在的根本价值所在。能不能搞出优秀作品，最根本的决定于是否为人民抒写、为人民抒情、为人民抒怀。"[3] 习近平总书记要求文艺工作者要虚心向人民学习，向生活学习，从人民的伟大实践和丰富多彩的生活中汲取营养，不断进行生活和艺术的积累，

〔1〕 习近平在文艺工作座谈会上的讲话。2014 年 10 月 15 日，新华网。

〔2〕 同上。

〔3〕 同上。

不断进行美的发现和文艺的创造。文艺工作者要把自己的情感世界与人民紧紧地连在一起，与人民同呼吸、共命运、心连心，欢乐着人民的欢乐，忧患着人民的忧患。需要文艺工作者反思自己的创作心态，想一想你对艺术真诚吗？你对人民真诚吗？一个站在人民一边，真诚对待人民的文艺工作者，才是有良知的，才是受人民尊敬的，也才能从中取得文艺工作者应有的尊严，从而无愧于人民。

改革开放以来，中国人民创造了世界的奇迹，使中国发生了深刻的变革，我国正处在改革开放的新时代，科学发展的新时代。人民始终走在了这个时代的前列，创造了丰富多彩的生活，为文艺工作者创造了极其丰富的题材和广阔的空间，而我们的一些文艺工作者或远离了这个时代，或游离在时代的边缘。文艺工作者应成为新时代的歌手，成为新时代的旗手，使文艺发挥出引领时代的作用。

我们的文艺工作者，特别是专业的文艺工作者，往往从专业的角度来审美文艺作品，往往局限专业群体的自我评判，忽视大众的审美选择。要知道，没有大众的接纳和认可，文艺作品就不能有市场，不能存留。而大众对精神文化的需求不断提高，对文艺参与的广度和深度不断扩展，对文艺审美在不断提升。日常生活当中往往难以区分专业与非专业的界线。有些“专门家”的实际水平并不怎么高，反而自我感觉良好。现时生活当中，文艺创作的精品不是多了，而是远远满足不了社会发展和人民需求。文艺工作者应积极调整创作动机，从满足人民的需求出发，对文艺作品精益求精，靠自己的优质作品说话，自觉接受人民的评判和选择。

文艺创作以人为中心，就需要文艺工作者了解人，认识人，深入人的内心世界。当一个文艺工作者真正融入人民中间的时候，就会产生创作的欲望、创作的激情、创作的动力。因为你从人民当中获得了人的真实情感，必然心甘情愿地表现人民、表达人民、歌颂人民，成为人民的代言人。

二、关于文艺创作心态与核心价值观

文艺工作者通过作品表达自己的内心世界，文艺作品中内含了作者的思想、理念、信仰、境界，表现了自己的某种兴趣和追求。有的文艺工作者觉得文艺是自我情感的抒发，有的认为是作者的自主表达、自由表达，有的认为是个性体现，是独立创作。就一般文艺理念来说，文艺是人的情感世界的体现。但人是社会的人，每一个文艺工作者都不可能脱离现实生活。而中国现时生活的主题是建设中国特色社会主义，对中国文艺方向提出了特定的原则，对文艺属性提出了特定的要求。这就需要文艺工作者认真对待自己文艺创作的意向，你的作品是为谁表达？你的表达是为了什么？习近平总书记强调："文艺是时代前进的号角，最能代表一个时代的风貌，最能引领一个时代的风气。"[1] 文艺作品所表达和表现的应该是社会主体的人民大众，是人民大众开创的这个时代。文艺工作者要真正懂得人民需要表达什么，表现什么，而不是把文艺创作当作纯属文艺工作者的个体行为，可以不受任何约束，可以不顾及社会效果，可以不考虑社会大众的感受。

文艺工作与物质生活的显著区别在于对人们文化、道德、精神的影响力。文艺工作者的创作和作品直接影响着人们的心理，影响着人的信念和精神。文艺作品可以产生积极的正面效应，也可能产生消极的负面影响。有的文艺作品的影响力是阶段性的，有的文艺作品的影响力是历史性的。每个文艺工作者不能不考虑文艺作品的社会影响力。中华文化博大精深，在中华民族发展当中发挥了决定性作用，一些文艺经典一直影响着中国，也影响了世界。创作有利于中华民族文明进步的文艺作品，是当代文艺工作者义不容辞的历史责任，文艺工作者应自觉地担当起这个历史重任。

那么，怎么样才能创作出文艺精品，或者说创作出能够反映时代精神，体现人民需要，鼓舞人心，凝聚力量，催人奋进的文艺作品。这就需要文艺工作者认真思考自己的价值取向、审美取向。习近平总书记指出："每个时代都有每个时代的精神。文艺是铸造灵魂的工程，文艺工作者是灵魂的工程师。好的文艺作品就应该像蓝天上的阳光，春天里的清风一样，能够启迪思想，陶冶人生，能够扫除颓废萎靡之风。广大文艺工作者要高扬社会主义核心价值观的旗帜，把社会主义核心价值观生动活泼、活灵活现地体现在文艺创作当中，用栩栩如生的作品告诉人们什么应该是肯定的和赞扬的，什么是必须

〔1〕 习近平在文艺工作座谈会上的讲话。2015 年 10 月 15 日，新华网。

反对和否定的，做到春风化雨，润物无声。”[1] 这就需要文艺工作者认真学习理解和确立社会主义核心价值观，确立正确的人生观、价值观、文艺观。中国梦意味着中国人民和中华民族的价值体系和价值追求，代表了中国文化前进的方向，是中国文化软实力的灵魂，是文化软实力建设的重点。核心价值观是一个国家最持久、最深层的力量。应该看到，我国改革开放进入了新的时期，巨大的社会经济变革引发了人们观念和信仰的种种变化，或隐或现地表现为种种社会矛盾。用社会主义核心价值观引领社会公众，构建社会主义文明和谐社会，其任务相当艰巨，相当紧迫，特别需要文化的力量、道德的力量、精神的力量，这正是文艺工作大有作为的方向。

随着我国经济的快速发展，物质生活水平的提高，人们对精神生活和文化需求也在不断提高，对文艺作品提出了新的更高的要求，希望出更多思想精深、艺术精湛、制作精良的文艺作品。面对市场大潮，有些文艺工作者急于宣扬自己、表现自己，有的单纯追求市场价值，而忽视社会效果；有的迎合低俗，作品粗制滥造，出现了文艺垃圾作品。种种不健康的艺术心态背离了我们党所倡导的文艺方向，背离了社会主义核心价值观，必须加以纠正和引导。

文艺作品的价值，不能简单地以市场价值去权衡，文艺的价值显性或隐性地蕴含在人们的社会关系之中，体现了人与内心之间的关系，人与人之间的关系，人与自然之间的关系，是社会关系的产物。在这些关系中，文艺表现出更为深刻的价值，其人文价值、社会价值和自然价值更值得关注。文艺工作者所以追求文艺的本质及其价值，是因为文艺是回味中华民族生存追求的轨迹，既可以找到中华民族文艺的源流，又可以找到民族文艺的由来及其价值的延续性影响，认清现实中国文艺真正价值的存在。文艺工作者在谋求市场价值的时候，绝不可忽视文艺的人文价值、社会价值和自然价值。有人说在文化艺术队伍当中，不懂文化的大有人在。一个缺乏文化底蕴的文艺工作者，不可能创造出有品位的文艺作品。文艺工作者要不断充实自己的文化内涵，不断优化自己的知识结构，不断加强思想修养和道德修炼，加强对人

---

〔1〕 习近平在文艺工作座谈会上的讲话。2015 年 10 月 15 日，新华网。

生的体悟，加强对当代人性的体悟，加强对文艺理性的思维，追求中华美学精神，努力成为德艺双馨的文艺家，成为先进文化的代表者，成为自觉践行社会主义核心价值观的文艺工作者。

三、关于文化事业与文化产业

长期以来，我们的文艺在文化事业的框架中生存和发展。改革开放以来，文艺作品走向了市场，成为商品。文化成为产业，带有经济的属性，具有文化和经济的复合功能。我国文化正在市场经济体制中经历着前所未有的深刻影响和变革，文艺工作中的观念不适应，体制不适应，队伍不适应等矛盾正在显现。摆在我们面前的实际工作是，一方面要大力发展文化事业，一方面要大力开拓文化产业，同时需要把这两者很好地结合起来，统一于正在经历探索和创新的过程之中。

一般来看，文化事业体现文化的公益性，文化产业体现文艺作品的商业性。在实施文化强国战略的过程中，需要推动文化事业和文化产业的共同发展。在文艺工作中，需要探索两者共同发展的方式和途径，这要从文化事业和文化产业的共同点入手。文化事业和文化产业都要以人为中心，都要坚持为人民服务的方向。文化事业和文化产业都要讲求文艺作品的思想内涵和艺术水平，向社会提供人们需求的文艺作品。文化事业和文化产业都要在市场经济体制中增加发展动力，不断提高成长能力。文化事业和文化产业都需要文艺人才队伍支撑，运用市场机制锤炼文艺队伍的成长。人们既可以从公共文化中受益，也可以通过市场分享文化成果。在中国，人们从来没有像今天这样能够用不同的方式和通过不同的渠道得到文化成果，让文艺走进自己的生活，在分享艺术中提高自己的生活品位和人生快乐，这正是人们所期待的生活。

同时，人们也看到，在市场面前，一些文艺工作者产生了扭曲的艺术心态，非理性的艺术审美，不规范的市场运作行为，使自己的文艺创作活动产生变异，出现文艺创作低俗化的倾向，出现快餐式的机械化的生产和制作。显然，这样的文艺作品是缺乏吸引力和竞争力的，是没有生命力的。因为人们不论以哪种方式和渠道去认可文艺作品，都要择优选取。市场竞争当中必然淘汰低俗的文艺作品，同时也在淘汰低俗的文艺工作者。文艺工作者只有通过优质文艺作品，才能受到人们和市场的青睐。只有以对艺术的真诚和对观众的真诚，才能获得个人文艺创作的良好前途。时代造就文艺工作者，文艺工作者要引领时代。现代中国为文艺工作者创造了广阔空间，创造了有利环境。不论是发展文化事业，还是开拓文化产业，文艺工作者都大有可为。

为了加快文化发展，拓展文艺创作的舞台，要在文化强国战略的指导下，采取有力措施，实施有力对策。要在追求高雅文化的同时，选择有地域特色、民族特点、基础优势的文化艺术，以文化工程的方式整体运作和推进。要着力培育有竞争力、影响力、带动力的文化企业集团，形成文化产业优势。要以创造优秀文艺作品为基础，形成有品位有市场的文化品牌。要积极推动文化城市、文化社区、文化乡村建设，形成城市文化、社区文化的良好氛围和形象。各艺术类院校和事业团体要为社区和乡村企业培训文艺骨干。要鼓励文化名人的成长，形成文化名人的群体。要大力倡导文化艺术消费，不断拓宽文艺市场。

文化事业和文化产业的发展，必须依靠深化文化体制改革。我国文化体制改革已经全面启动，收到了阶段性成效，增加了文化团体和文化队伍的活力，有的在国内外形成了相当的竞争力和影响力。继续转变观念、转换机制、转变发展方式，仍然是文化体制改革的任务。文艺界要不断总结已有经验，借鉴经济界的成功经验，坚定不移地把文化体制改革引向深入，加快文艺的市场化进程。

四、关于传统文化与现代文化

我们讲文化，包括传统文化和现代文化、中华文化与人类文化。一切有利于中华民族文明进步的文化，都是我们学习借鉴发展的文化。

中华文化博大精深，她由初始文化、传统文化、近现代文化构成，其中，以传统文化为基础，经过几千年的发展，形成了以方块字为特点的中华语言和文字风格，形成了完整的文化体系，充分体现了中华民族的民族属性、民族品格和民族精神，已经深深地融化在中华民族的血液里和记忆中，成为不可取代的促进民族发展的文明本体，成为中华民族发展的内生动力，在当代世界文化中表现出了强大的文化能量，是人类文化中最具活力的文化之一。

在中国近现代文化发展当中，始终处于中国传统文化与现代文化、中华文化与西方文化的融合与冲突之中，一直影响中国文化走势和社会发展，至今仍然是我国文化发展中要认真对待的重大问题。中国传统文化不仅有知识性、思想性、哲理性，也具有科学性，已经成为中华民族的文化基因，成为中国人独特的精神世界，中国传统文化经典至今仍然闪烁着智慧光芒。习近平总书记在国内外的重要讲话中引用了中国传统文化中的经典，在国内外引起了强烈反响。习近平总书记强调："中华优秀文化是中华民族的精神命脉，是涵养社会主义核心价值观的重要源泉，也是我们在世界文化激荡中站稳脚跟的坚实根基。"[1] 抛弃传统，丢掉根本，就等于割断了民族的精神命脉。我们对中国传统文化应予以应有的地位，应有的自信，应有的敬畏和尊重。现实生活中，往往对传统文化学习借鉴不够，传播不够，应用创新的更不够。文艺工作以及教育工作中应重视中华优秀文化的弘扬。目前，世界上已经设立了几百所孔子学院，表明中华传统文化对当代人类的积极作用。对于艺术工作者，特别是从事中国书画戏剧等传统文化艺术工作的人来说，更应该深入解读中华传统文化，弄清楚中国传统文艺的根脉，弄清楚中国传统艺术的本体与特征，在此基础上，对中华文化和艺术进行创新性转化和创新性发展。

长期以来，中华文化在与域外文化交流融合中发展。既有国内各民族间的交流融合，也有与国外文化的交流融合。中国的近现代文化是古今中外文化的复合体。一方面表现为中华文化积淀之深，能量之大，从而保持了中华文化的民族属性与民族特色。另一方面表明中华文化具有强大包容吸纳域外文化的文化品质和文化功能，从中提升了中华文化。改革开放以来，中外文化交流与合作日益扩大与发展，文化在对外开放中发挥了重要作用。我们一方面要继续积极借鉴吸纳国外的优质文化，一方面要扩大中华文化在国际的传播和影响力，把文化走出去与引进来很好地结合起来。在文化对外开放当中，我们要不断增强鉴别能力，选择能力，注重文化的先进性、科学性、适

---

〔1〕 习近平在京主持召开文艺工作座谈会上的讲话。2014 年 10 月 16 日，人民网—中国共产党新闻网。

应性，与发扬中华文化优势结合起来。信息时代中的传媒文化显示了强劲态势，传播之快、受众之广、变化之大，出乎人们的想象。这就需要各个方面和文艺工作者一道发挥中华文化的优势，释放中华文化的正能量，让人们在比较鉴别中乐于接受优秀文化。对于文艺工作者来说，弘扬中华文化、提升中华文化、传播中华文化的责任比以往任何时候都繁重，提升自己文化内涵的要求比以往任何时候都紧迫。

对外开放，为我们发展文化提供了良好机遇，这其中有许多事可做。我们要解放思想，放开视野，从国外文化看中国文化，立足于发展大文化，做大文化产业，创新设计文化发展思路和发展方式。在开放中加快文化体制改革和文化产业发展，让文化产业成为国内外两个市场的大产业。通过办学、演出、展览、出版等多种方式和渠道大力传播中华文化，展示中华文化的优秀品质，展示中华文化形象，让中国文化走向世界成为外交文化。

改革开放时期的文化发展，特别需要增强文化自觉和文化自信。中华文化有着独特的文化属性，为人类认识自然和人类社会提供了巧妙的思维方式，为调节人与人之间的关系提供了富有哲理和道义的心理安排，为人类追求文明和发展提供了善意善为的多种选择，为人性和人情的健康引导提供了让人们乐于接受的理念与方式，当代人类有充分理由愿意选择或认同。我国外交策略当中充分发挥了中华文化优势，赢得广泛接纳和欢迎。世界越来越多的国家开办孔子学院和中国文化交流中心，越来越多的外国人学习中国语言和文化，表明中华文化的强大魅力。在文艺界，往往有人用西方文艺理论和方法解读中国传统文艺。我们并不反对引进西方艺术理念，而是说，中国传统的民族文艺具有独特的文化本体，有其完整的思想体系和艺术体系，用中国本体的艺术理念才能把中国传统艺术予以恰当的解读和传承，文艺工作者要增强对中华文化的文化自觉和文化自信。

在文化艺术界，存在着对文化艺术传承和创新的不同见解。而这些不同见解与文艺工作者的价值观、艺术观、审美观相关。中国文化艺术的传承和创新，不论是主张文艺个性，还是强调文艺共性，不论是主张文艺的启发性，还是强调文艺的批判性，不论是看重文艺的写意性，还是看重文艺的概念性，都应遵循文艺为人民服务的方向。尽管有这样那样的主张，但对于中国文化艺术的传承和创新，一定要抓住中华民族的文化根脉，光大中华文化的民族属性；要注重中国文化的人文价值，发挥中国文艺优势；要传承中华民族善于创造文艺的优秀传统，推进中国文艺的多样性发展；要把握当代人类进步的心理需求，传播中国的文化精神，从而在中外文化的激荡中站稳立场，使传承和创新走向有利于中华文艺发展的轨道。

五、关于文化发展与经济和科技

当代文化已经渗透到各个领域，文化功能在各个方面都在发挥作用。因此，发展文化的着眼点就不只是文化、道德、精神方面，而是让文化整合到方方面面，在与其他方面的结合中发展文化。

我们党提出以经济建设为中心，经济在社会发展中具有基础性作用。围绕经济建设发展文化，这既是文化方面必须十分关注的重大问题，又是以经济建设为载体带动文化发展的重要途径。经济与文化之间相辅相成，谁也离不开谁。

当代中国经济发展对文化形成了内在需求。就经济要素的构成来看，经济当中不仅需要资源、资本、技术、人才，也包括文化要素。就企业来说，企业队伍建设需要好的道德规范，好的企业精神，好的企业文化。从企业的知识结构来看，不仅需要相关专业，也需要依靠优质文化提升企业的创新力和竞争力。就企业运营来说，企业市场营销、广告宣传和包装设计，都需要文化。文化既是企业竞争力的组成，也是文化、文化产品、文化产业借以发展的机会和空间。经济生活到处显示着对美的需求，消费品中的艺术性增加了商品的价值。内涵在商品中的文化和艺术，可以通过市场把文化艺术带进千家万户，让人们分享美。可通过商品出口，使中华文化借以走向世界，走进各个民族，使世界通过商品认同中华文化。就商品价值来说，商品中内涵文化艺术因素较高的，竞争力就要强，同样的商品，人们愿意选择更美一些的。文化应该与经济一道，以经济活动为载体，不断提高企业和产品的艺术水平，这方面更是文艺工作者可以大有作为的地方。

市场经济中，文化已经成为参与市场竞争的一个产业，而且是市场广阔、成长性很强的新兴产业。文化产业是文化行为和经济行为的内在结合。与我国经济的市场化相比，文化产业的市场化启动较晚，从事文艺的团体和文艺工作者对于市场化还不够适应。文艺界要借鉴经济界的先行经验，善于借助经济界的人才、资本、市场，加快对市场的适应能力。经济界有些企业已经进入文化领域，开发文化产业，开拓文化市场。希望有更多的经济界与文化界的融合，一道去发展壮大文化产业。从国内外经济发展的趋势来看，经济发展不仅依靠科技进步，也要依靠文化支撑，正在朝着经济、科技、文化三位一体的趋势发展，文化发展已经成为经济成长的动力性因素。

市场竞争也带来了人类思想裂变和行为扭曲，甚至出现与人性相悖等问题。当代经济社会矛盾当中不仅存在利益之争，也存在文化差异和信仰冲突。人类要构建和谐社会，形成新的生活秩序，需要法律和道德的共同作用，需要对良性文化的认同。中国以孔子为代表的儒家文化之所以受到越来越多国家和民族的选择，是中国的传统文化对当代人类有着教化引导的积极意义。我们一定要高度重视经济活动中的文化因素，以利于构建新的经济文明和市场秩序。

前面，我们谈到经济需要科技文化，那么发展文艺是否需要科学技术？文化艺术与科学技术之间是什么样的关系？需要引起文艺界深入思考。一般来说，艺术当中注重形象思维，科学当中注重逻辑思维。艺术、科学、哲学三者都是人类智慧最高层面。而把形象思维与逻辑思维结合起来，就会迸发出更多更强的智慧能量。我国著名科学家钱学森说："我觉得艺术上的修养对我后来的科学工作很重要，它开拓了科学创新的新思维。现在，我要宣传这个观点。"〔1〕艺术灵感和科学灵感的共鸣会产生巨大的创新能量和创新智慧。我国进入了科学发展的时代，文艺作品所要表现的是科学时代的人和事，需要文艺工作者从科学的角度观察理解人们的内心世界、精神风貌。这就需要文艺工作者相应地调整自己的知识结构和艺术理念。虽然你成不了科学家，但你可以成为有科学头脑的文艺家，从中改进自己的艺术思维方式，提升自己的文艺创新能力。

科技正在改变世界，也在改变文化艺术。在现代科学技术的影响下，艺

〔1〕核心素养研究：钱学森的核心素养观。2016 年 10 月 24 日，《观察与思考》。

术理念、艺术形态、艺术方式正在发生变化。一部电影大片，竟可以运用电子信息技术在室内制作。出版业从铅与火的时代，早已进入光与电的时代。一些艺术从手工艺术品进入了生产线生产。动画艺术更是艺术与电子信息技术巧妙结合的文艺创作。文艺的数字化、网络化，使信息网络逐步成为主流媒体。科技对文艺的巨大影响，在我国可以说是正在全面开启，其后的发展难以预料。我们不仅需要从文化艺术本身去思考文艺的发展，也需要从科学技术发展的角度积极思考和探索文艺的发展。文艺界应倡导形象思维与逻辑思维的结合，倡导文艺与科技的结合。

在这里需要特别提出的是，文艺界要高度重视和贯彻科学发展观。目前看，文艺界对科学发展观的认识和践行不如经济界。科学发展观不只是对科学的重视与应用，不只是经济界要走科学发展的轨道。科学发展观是中国共产党的执政理念，用科学发展观指导我国经济、社会、文化、国防各个方面走上科学发展的轨道。文艺工作要在科学发展观的指导下予以推进。文艺界要增强贯彻落实科学发展观的自觉性和主动性。广大文艺工作者要树立科学精神，增加科学知识、运用科学思维，做科学时代的文艺工作者。

六、关于发展文化与领导文化

中国共产党有重视文艺工作的传统。早在革命战争时期，毛泽东主席就在延安文艺座谈会上的讲话中提出了革命文艺的“二为”方向和“双百”方针，使文艺在革命战争时期发挥了巨大作用，时至今日仍然需要我们坚持和贯彻。习近平总书记主持召开了文艺工作座谈会，发表了重要讲话，在国内外特别是在文艺界引起了强烈反响。习近平总书记的重要讲话，是我们党在新的历史时期繁荣文艺的纲领和指南，标志着我国文艺发展进入一个新时代，进入了文化强国的新阶段，迈入了文艺大繁荣的新时代。

各级党委和政府对文艺工作要有新的思考，对文化发展要有新的谋划，对文化强国战略的实施要有新的理解和跃升，对已有的文化发展规划要有新的策划和调整，对文艺创新要有新的思路，对文化发展要进行再动员、再组织，要以更宏远的视野和更高的目标推进我国文艺的发展，把习近平总书记的重要讲话学习好、贯彻好、落实好。

深入学习贯彻习近平总书记的重要讲话，要联系实际，着重解决文艺的方向问题，文艺工作者与人民大众的关系问题，文化事业与文化产业协调发展问题，文艺创作的心态和价值取向问题，文艺传承和创新问题。要通过学习，推进文艺界形成新的精神状态、新的文艺理念、新的发展方式、新的创作氛围。要从无所作为的状态中走出来，从以自我为中心的行为方式中走出来，从无序地带有排他性的不良竞争中走出来，投入到人民大众的生活中去，投入到改革开放的社会现实中去，了解人民需求，了解市场需求，进入良性的文艺创作状态，多出人民大众欢迎的作品，多出社会影响大、有历史存留价值的精典作品。我国确有真实能力和水平的文艺家并不算多，能出文艺精品的文艺工作者并不算多，希望能有更多的文艺大家和艺术精品不断涌现。

习近平总书记在文艺工作座谈会上的讲话，不只是文艺界要学习贯彻，教育界和其他各界都应该学习贯彻。特别是教育界，要用习近平总书记的重要讲话提升教育理念，深入进行教育体制改革，调整教育体系，改进教学内容，为文艺发展提供良好的教育基础。有关文艺的学会、协会、商会等社团组织和机构，都要认真学习贯彻。相对来看，民间的文艺社团比较活跃，而官办的文艺社团没有发挥出应有的作用。官办文艺社团当中，有的精神不振、无所作为，有的风气不正、胡乱作为，没能为社团成员和社会公众提供应有的服务。要切实加强对文艺社团的指导，提出明确的要求，不能放任自流，不能拿着国家工资不干活，更不能成为少数人争名谋利的场所。文艺社团都要做出工作安排，为文艺工作者搭好舞台，为社会提供服务。对文艺社团的领导班子进行能力和业绩考核。

各级党政领导不仅应重视文艺工作，也要学会领导文艺工作。党政领导要懂得文艺，了解文艺，这是做好文艺工作的必要条件。一个地方文艺发展状况与这个地方领导的文化素质和文化意识相关。各级领导同志都要不断增强文化意识，累积起相应的文化素质，了解文艺工作的特殊性，理解文艺工作者的心理和发展要求，努力掌握领导文化的主动权，成为受到人民群众和广大文艺工作者欢迎的文艺工作的组织者和好朋友。全社会对文艺工作者要予以应有的尊重，增加文化产品的消费，提升文化水准和审美层次，形成专业文艺和大众文艺竞相发展的局面。

人民是文化的主体，是文艺的受益者、鉴赏者，也是文艺的发现者和创造者。发展文化的落脚点是使人民大众不断提高文化素质和道德素养。各级领导同志，特别是基层的领导同志，要把基层群众的文化工作做好，让广大人民群众广泛参与文艺、分享文艺，满足人民大众的文艺需求。各类各级媒体，不仅要为专业文艺工作者提供表现机会，也要为老百姓提供出彩的机会。我们要十分珍视我国地方性、民族性、民俗性民间文艺的传统和基础，大力倡导，进一步挖掘和发展，不断扩展范围，提高水准，推动民间文艺更加活跃，更加丰富多彩，进入千家万户。

习近平总书记在文艺工作座谈会上的重要讲话，是当代中国繁荣文艺的动员令，反映了人民的期待，反映了文艺工作者的期待。要抓住机会，大力推进文化大发展，艺术大发展。人民群众会看到一批又一批优秀文艺工作者和文艺作品的出现，会感受到文艺大发展带来的希望和快乐。

文艺工作者的艺术心态

劳淑芹

快速变革中的中国，文艺工作者的心态随之变化。有的以积极乐观的心态与时俱进，不断有所作为。有的物欲膨胀，追名逐利，脱离群众，心态扭曲，使文艺界出现种种“乱象”。因此，有必要讨论文艺工作者的心态。

一、文化艺术界有些人士，对于找回传统，显得有些沉重与沉闷；对于传统文化艺术与现代生活如何融合，显得有些浮躁与焦虑；对于当代文化艺术的发展，显得有些缺乏自信和自立。因此，文化艺术心态，是一个非常现实的值得深入探讨的话题

这里探讨的文化艺术心态，不是专门研究心理学，不是系统研究从古至今文艺界的心理历程，而是从文化艺术心态与效果、文化艺术心态与文化艺术价值的角度，探讨确立健康的乃至优质的艺术心态的必要性。

当你进入文化艺术领域的时候，你是否想过为什么而艺术？你是否想过为谁而从事文艺创作？

当你想在文化艺术方面有所发现、有所作为的时候，你想过自己是怎样的心理状态吗？

当人们对未来充满憧憬并为理想奋斗的时候，你能静下心来，回顾历史，

潜心研究文化艺术的真谛吗?

当你面对令人眼花缭乱的世界，你的艺术心态是那么从容、那么平和、那么自然吗?

文化艺术界的种种心态需要深入思考。

研究艺术心态，离不开对文化的理解，离不开对艺术的理解。文化艺术需要与文化对话，与艺术对话，与历史对话，在辨识和理解文化艺术当中拷问自己的心态。

思考艺术心态，离不开艺术这个主题。

那么，艺术是什么?

艺术是人类的精神价值，是人的存在价值，是人们的生活方式。

艺术是满足社会对优化人性的追求。

艺术是历史的描绘，也是现实的表达。

古人的艺术是历史的艺术，而今人的艺术，既是现时的，又将是历史的。艺术是永久的，艺术要走向未来。

艺术是欣赏的，也是批判的、选择的。

艺术是发自内心的，也是向外发散的，甚至是夸张的、虚拟的。

艺术在人们心目中是隐性的，又是显性的。有时埋在心底里，有时是外露的、迸发的、张扬的。

艺术是开放的，没有边界，没有终点，你永远走在艺术路上。

当你用心体悟艺术的时候，艺术就来到你的身边，进入你的内心，滋润你的心灵，你会产生艺术的萌发或冲动。

艺术有艺术的特质，有艺术的属性，你会由艺术而产生与艺术相关的特别心态。

艺术中有美感，也有情感。

艺术是美术的，也是美德的。

艺术是悟的妙语，也是灵感的符号。

艺术需要美化，也需要仁爱，把爱人类、爱自然作为艺术的使命，在大爱之中产生大美。

艺术中有艺术表现，也有人性显现。

艺术是私密的，也是共享的。

艺术不仅给人以视觉冲击，更对人有心灵震撼。

艺术不仅满足人类的好奇心和同情心，更是人类一种体验社会生活的精神需求。

艺术是人与美的对话，是人对美的体验过程，是社会关系的产物。

上面，我们简要地探讨了艺术，不是为艺术重新定义，而是在加深认识艺术当中引发对艺术心态的关注。

人类社会的发展，促使社会变得越来越复杂，人们的心态也随之更加复杂多变。

当今，中国已经从旧中国的农耕文明进入了现代的工业文明，产生于农耕文明的中华文化艺术如何融入工业文明？

文化艺术已成为产业和职业，艺术品已成为商品，越来越多的艺术家和艺术工作者走进市场，如何作出新的尝试和选择？

大开放使西方艺术理念再度进入中国，中西方的艺术理念正在碰撞与交融，中国文化艺术工作者如何站稳中华民族艺术立场？

进入科学发展的时代，需要找到传统艺术与时代精神的结点，中国文艺如何成为支撑现代中国科学发展的伟大力量？

关注文艺工作者的艺术心态，是因为艺术心态的实质是人们的艺术价值观，关系到中国文化艺术的走向，关系到文化艺术真正价值的实现。

艺术品，即便作为商品出现在市场，同其他物质商品的价值依然有所区别。人们的物质消费需求与文化艺术消费需求也有所区别。

艺术品，除艺术要素外，还有文化要素和人文精神。艺术品集精神和物质功能于一体，不可忽视艺术品的文化功能。

研究当代的艺术心态，研究艺术家的思维方式和价值取向，是个值得探讨的话题。如何确立健康的艺术心态，这个问题就摆在艺术家面前。

二、在文化艺术活动中，文艺工作者的艺术心态时常纠结，而艺术心态，是自然的、性情的、理性的，是人对艺术的能动反映。健康的艺术心态，拓展了艺术和人生的自由空间

首先说：艺术是自然的，需要自然的艺术心态。

自然造就了人类，也造就了人类的艺术。

人类在与自然的交流中生存和进化，经受了大自然的洗礼和熔炼，塑造了人性，塑造了人的生存能量，塑造了人的艺术智慧。

在生存中，人类不断地认识自然，适应自然，也发现了自然的美妙。

自然中存在自然美，而自然美是最美的，人工美只能趋近自然美。人类任何强加于自然的美，都不具备自然美。

从自然中发现美，才能分享自然美，感受自然美。而发现自然美，标志着一个人的审美能力，标志着一个民族的艺术智慧和成长能力。

中华民族的先人从自然的变化中捕捉到了文化和艺术的感觉，创造了文化艺术。比如象形文字。

象形，是自然现象，是有生命感的物象。

象形，是人的印象，是人的生命体对大自然的内化。

象形，是物象的抽象，是人的思维的升华。

象形，是记忆的表达，是意向的存留，是带有艺术基因的符号。既是初始文字，又是初始图画。

象形文字的出现，是大自然赠予中华大地的瑰宝。

我们的先人在感悟自然的时候，是一种纯净的自然心态的投入。在古时那种原始生态的天地之中，我们的先人不论是出于对天地崇拜的心态，还是出于对自身生存的坦诚诉求；也不论是蒙昧的状态，还是带有迷信的色彩，古人都以自然的心态真心体悟自然，以自然之心感应自然之美。

大自然是没有偏见的，她以本真的面貌向人类展示一切。她的千变万化引发人类无尽的想象，她的万紫千红引发人类无限的美感，让人类尽情地从自然中发现美，从自然中构想美。

当艺术天才而敏锐地描摹自然时，便可幻化出无尽的美妙。

当人们从自然中发现美、欣赏美进而创造美的时候，人类的文明得到了升华。

世界上一切艺术经典是与天地精神相往还的产物，中华艺术抽象的指向是天地精神。

在与大自然的融合中，中华民族培育出了众多艺术家，代表了中华民族的艺术想象力和艺术创造力。而甲骨文、金文以及在陶、帛、竹、石、碑文上的刻画与书写，虽没有留下古人的姓名，但都是中国书法艺术伟大的先行者。

中华民族的艺术，不仅是艺术家在与自然对话中提炼的，更是中华民族的精神觉醒、文化觉悟。

人类文明与天地自然是一体之性。从自然中撷取的艺术，是充满生命和活力的艺术。

人是自然的一部分，不是自然的主宰。

而对艺术的真诚，即是对大自然的真诚。

热爱自然，以感恩自然的心态贴近自然，以生态艺术观去融合自然，从自然中养成酿造艺术的自然心态。只有热爱大自然的人，才有资格谈论文化艺术的生命本体问题。

自然心态，不是指心理学的心态放松、心理调理，而是人们主动地融入自然，欣赏自然，接受大自然的陶冶，从自然中获取艺术。

人类从自然中走来，又回到自然中去，造就人与自然和谐的心态。

美在自然中，人在自然中美。

大自然的美，是生态的，真实的，至美至幻的存在。自然是时空的，自然中的美是无限的。

中国的传统艺术是从自然中分得的一杯美酒、一朵鲜花、一块宝石……

艺术要体现大自然深厚、滋润、勃发、浓郁、空灵之性。随着科学发达和人类文明，人类在享受“进步”的同时，逐渐失去了愈来愈多的天地自然本性。

有人发出感慨：近年来，艺术不断企尽人文之极，合天地自然之性渐少，难出大家，难出永久。

其次说：艺术是性情的，性情点燃了艺术的火花。

艺术是人的性情表达，是人性的载体。

在中国的书法艺术史上，曾有人在癫的状态狂书，有人在醉的状态疾书，有人在忘我的状态畅书。这种种神态都是人的生命状态，是人的性情外露，是笔墨在为生命流淌。这种种形象虽然不是每个书者所必需，但表明，书法艺术需要进入某种状态。

文艺创作往往不是常规的心态，需要激情，需要冲动，需要灵感，甚至是“灵魂出壳”，充分挖掘心底里的欲望。

看来，文化艺术工作者需要放飞心灵。

艺术需要性情，那么，性情是什么？

是性格，是情感。

是艺术信息的流动，是发自内心的独白。

是面对太阳在心中燃烧的火焰，是面对月亮在心中流淌的清泉。

是对高山的仰止，是对江河的依恋。

是与鸟儿的争鸣，是与小草的亲吻。

是恍兮惚兮的梦幻，

自然界的一切都会引发性情的涌动，让人见景生情。

人世间的一切都可能引发性情的四溢，让人有感动情。

而当人的性情与艺术产生共鸣，激起人们的艺术想象，艺术将在性情中萌生，在性情中孕育，艺术在运化人们的性情。

艺术的产生并不都是快乐的，有时是困惑的、痛苦的、迷惘的。找到艺术的感觉并不容易，进入艺术创作的状态更不容易。

在性情与艺术的交融中，性情将由此产生艺术性的演变。

性情，是人的直觉，可以直书其情。

性情，是人的意境，可以寄意于书。

性情，是人的幻觉，可以把想象幻化成文化艺术。

性情，是人的生活状态，因人因事因时因地而变化，在变化中产生艺术感觉。

如你能把握好性情，就比较容易进入艺术状态。

在《红楼梦》的大观园中，人们看到林黛玉的悲情，贾宝玉的痴情，王熙凤的恶情。大观园的游艺活动中，薛蟠的庸俗与众人的诗意格格不入，刘姥姥的举止言行与小姐们的诗情画意形成反差。大观园中的众多人物百感交集，产生了复杂的情感碰撞，上演了一部历史变迁的戏剧，展开了一张封建社会文化艺术的画卷。

人，是有情的。

天，亦是有情的。

地，也是有情的。

大自然中的一切都是有情的。

人以人的情感观察世界，感悟世界，大自然中的一切便成了有情世界。这种情感移植，使人的情感成为大自然的调色剂，成为生命艺术的细胞。

艺术是情感的对象化形式，特定的艺术美感反映出特定的审美形态，所有艺术都是人的情感世界。

不同的情感，出现不同的艺术风格和艺术效果。没有情感，也就没有真实的人类艺术。

再次说：艺术是理性的，需要理性地对待艺术。

艺术是一种客观存在，是一种理性存在。

人们的文艺创作，是对客观存在着的美的发现，人的审美差异并不能代替美的存在。

那么，什么是艺术理性？

中国的艺术理性，是中国哲学思辨和形象思维相结合的艺术思维体系，是中华民族艺术的本质属性，反映了艺术成长的内在规律性。

如中国书法艺术，讲究书道、书法、书艺，讲究法度、规范、秩序。形成了独特的艺术思维体系，形成了有民族特色的艺术构形体系，形成了毛笔、宣纸、墨交合运化的文字艺术体系，构成了完整的独特的艺术体系。

中华民族通过艺术实践，形成了艺术的理性。这种理性渗透了中华文化和民族精神，是中国的“专利”。

中国传统艺术的理性，揭示了艺术的特质和机理，而不是艺术表象。

艺术的理性，是一种文化自觉，标志着一个民族驾驭某种艺术的能力。

艺术的理性，表明了艺术的质的深度和高度，表明了艺术创作者的质的深度和高度。

艺术的理性，是艺术的生命力所在，主导了艺术的传承和发扬。

中国艺术理性，是中国文化、中国哲学与艺术的有机结合，超越了“纯艺术”的范畴。要站在哲学和文化的高度，去把握艺术的理性。

当把艺术上升到理性的时候，对艺术的审美就不只是雅俗之分，更不是停留在笔墨技巧的层面。

艺术理性，标志着艺术的成熟性。

中国艺术以其独特的艺术体系和艺术成就，在世界艺术之林高高屹立。

有了理性，可以理智。

对中国艺术理性的深刻认知，有利于传承和发扬中国艺术，有利于在中西方文化交流中站稳本民族的艺术立场。

一个文化艺术工作者，其理性思考能力，是其艺术功力的核心。

艺术是多样的，审美是多样的。当人们站在理性的旗帜下，就会做出理智的判断，做出理性的选择。

三、艺术心态，还包括如何对待艺术，如何对待自我，如何对待他人。虽然艺术家有自我选择的权利和空间，但艺术终归是人类的活动，个人的艺术行为与他人存在某种联系。虽然有些文艺工作是个体活动，但艺术当中几乎不存在纯属个人的世外桃源

艺术是人的精神寄托，艺术是人的文明需求，艺术是人的生活方式，艺术是关注生命的。

你可以是艺术爱好者。这无疑对你来说，是一种生活品位。要知道，能够产生对艺术欣赏行为，是值得令人钦佩的。因为，艺术会给你带来许多美好的东西。

你可以凭兴趣参与艺术。要知道，艺术往往在兴趣中产生，伟大的艺术成就往往始于对艺术的兴趣，兴趣成为步入艺术的第一道门槛。产生对艺术的兴趣，进而深入艺术，那么，你就可能走上了艺术轨道。

你可以将艺术当作职业。这无疑是一个充满美妙乐趣又变幻莫测的好职业。你将进入艺术殿堂，在艺海中拾贝，在大浪中淘沙，尽情寻找自己能为的艺术芳地。若将文艺创作作为职业，你可以选择公益性的，也可以选择商业性的，从而实现自己的人生价值和艺术价值。

你可以将艺术当作人生追求，努力进入高雅的艺术天地，让人生梦想在艺术园中实现，把优秀的作品献给伟大的中华民族，献给人类。但你要有一种心理准备，艺术家是可求的，但不是轻松的。

不管你以何种方式贴近艺术，都要善待艺术。

在艺术面前，人们需要真诚，来不得半点虚伪。

对艺术的真诚，是联系艺术的无形的纽带。

当文艺工作者从事艺术活动的时候，既面对艺术，同时又面对自己。

艺术作品是人生的一面镜子。你的影像，会在自己的艺术作品中有所显现。你对艺术的态度，会在自己的作品中有所透露。虽然作品不会说话，但作品会默默地告诉你一切，告诉品味你作品的人们，也告诉这个世界。

艺术所追求的是主观的真实、心理的真实，艺术的真实，是情感的真实。

对艺术的真诚，是对自己人生的真诚和对他人的真诚。

真诚，既是艺术境界，又是人生境界。

在伟大艺术家的作品面前，看上去好像是作者在向你倾诉什么。伟大的作品，展现出作者对艺术的真诚态度、执着的艺术追求、精心的设计和创作，可见作者倾心竭力地贯注于艺术创作当中，甚至经过了艺术与生命的置换，将艺术当作生命中不可分割的部分和生命的延伸。将内心的信仰倾注于艺术之中，这是一种神圣的艺术心态。

艺术家对艺术的至诚至爱，是以生命心血追寻人类文明的种子，这种文明更大程度上是一种意境的体现，这种境界包括了所有文化的精髓。

对艺术感兴趣，就好像在与艺术握手。而对艺术怀真诚之心，就是在与艺术倾心交流，将艺术融入生命当中。

对于一个伟大的艺术家来说，艺术是他心目中的崇拜物，一点也不亚于信徒对宗教的崇拜。在伟大的艺术家看来，对艺术的崇拜，是对人类神圣心灵的崇拜。

真正的艺术家都将对艺术的崇拜视同于对人类的尊重，视同于对大自然的尊重。

你尊重艺术，艺术也会尊重你。

当你以尊重艺术的心态投入艺术的时候，艺术的光芒会照亮你的胸膛，使你的内心升腾起艺术想象，艺术之花会在你心中绽放。

一个艺术家的艺术能力和成就，需要对艺术的执着追求和辛勤积累。中外许多艺术名家，倾其毕生精力投入艺术，甚至到了忘我的境地，有些人直到晚年才出精品大作，才攀登至艺术的高峰。

对艺术的真诚、崇拜、执着，是艺术家品格的修炼。当你进入角色，进入修炼的状态，你会一步一步地深入艺术当中。

这里，不能不提出一个问题：艺术是属于谁的？你参与了艺术活动，艺术就属于你吗？在艺术面前，你如何对待自己？

有一种非我的艺术心态。自我不过是个艺术参与者，或是欣赏艺术，或是在为了完成一项艺术活动，在艺术活动中是被动的，处于触摸艺术的状态，游离在艺术的边缘，自我与艺术是二元的。

有一种自我的艺术心态。在自我生存的空间寻找自我、表达自我、表现自我，自我意识试图驾驭艺术。看上去在投入艺术，但这种自我的艺术心态与艺术的属性相悖，实际上是对艺术的约束，妄图将艺术纳入主观判断，使自我与艺术处在矛盾之中，造成了人与人、人与艺术、人与自然的不和谐。

有一种忘我的艺术心态。以对艺术的真诚、崇拜和执着的忘我心态，以尊重艺术和艺术规律的精神，倾其自然地投入艺术，进入了自由和自在的艺术境界。这是一种纯真的艺术心态，回归到了艺术本真的世界。无比执着地热爱艺术、追求艺术，以致达到忘我的痴迷程度。他们追求的是心中的艺术，而不是猥琐的艺术中的我。

人们的艺术表现欲，必然将艺术推向舞台，向世人宣示。

而当艺术展现在人们面前的时候，艺术就不属于你一个人的艺术，而是与他人的精神对接，与人们的艺术分享。

艺术家的创作，面对的不限于艺术本身，同时，也在面对他人的欣赏和审美。对艺术的尊重，也包括了对艺术欣赏者和需求者的尊重。既包括对专业文艺工作的尊重，更要注重对大众文化艺术需求的尊重，艺术家要用心了解大众的需求。而出自对他人欣赏需求尊重的艺术心态，你会是一位值得受人尊重的艺术家。

艺术存在多样性，存在个性。对艺术个性的尊重尤为重要。在艺术面前，人人都有发现艺术的权利和自由。

对艺术的审美、批判、评论，要出自对创作者和欣赏者的尊重。相互尊重会产生优质的艺术场，让人们在艺术中获得自由，在自由中获得艺术。

处在转型时期的中国，有些文化艺术名人名家，产生了心态异变，人们称之为“心理变态”“艺术圈乱象”。这些以自我为中心的心态，付诸许多排他性的言行，往往超出了艺术行为，与理性和人性相背离。

对待艺术，求同的心态与求异的心态同时存在。一般来说，艺术的初始阶段往往需要在求同中学习，形成艺术的基本功力；艺术在比较成熟的阶段，要力争在求异中创新。

艺术上求异、求变、求新的心态，往往要在继承和学习中有所鉴别，往往要在多样性的比较中有所批判，往往要在相当的历史跨度上有所变革，往往要经历艰苦甚至脱胎换骨的过程，才能追求艺术的新生命、新生机。现时中国文化艺术需要求异的创新心态。求异求变的心理，往往能焕发出艺术创新的积极心态。

求同或求异的艺术取向都是艺术行为，不应持相互排斥的艺术心态，文化艺术应在相互包容中发展。

自我努力创新，并鼓励他人创新，才能形成良性的艺术氛围。

艺术是属于自己的，更是属于民族和人类的。当你站在民族文化、民族艺术的立场进行艺术活动，你才站在了艺术应有的高度，用艺术引发一个民族的心理联想。

四、艺术的市场价值、艺术价值、人性价值，更是检验艺术心态的试金石，市场价值不能置换人性价值和艺术价值。维系艺术的真正价值应是对现代艺术的追求。现代艺术在呼唤人性的回归

一场又一场的国内外艺术品拍卖会，将艺术品实现一次又一次的增值。而艺术精品、名品的增值是相当惊人的，有的在一年之内就成倍增值。

在争相参展、争相获取艺术称谓当中，某些人表现出了试图提升自己艺术品价值的强烈欲望。他们利用新闻媒体，极力推介作者和作品，商业性炒作丝毫不亚于物质产品。

提倡文化产业的大发展，极大地增强了文化艺术的商业化程度。文化艺术的市场化运作正在强势风行。

现代社会中的种种变化在困扰文化艺术界，产生种种艺术心理的异化。

市场上的艺术品价值是人类社会发展的必然产物。艺术精品物有所值，是对艺术创作的应有尊重和回报。文化产业的积极推动与发展，是当代艺术成长的动力之一。顺势而为，是当代艺术界的常规心态。

当代艺术已经成为行业和职业。行业和职业化的行为，不能不以市场价值作为取向。

鼓励文化消费、艺术消费，是推动民族进步的文明之举。

问题是，以什么样的心态和方式去谋求市场上的艺术品价值?

艺术品一旦成为商品，就与其他商品一样，接受市场法则。

市场法则的积极意义在于通过竞争实现优胜劣汰，在于满足人们日益提升的文化需求。

市场上出现的不正当行为和低劣艺术商品，是市场经济体制下不可避免的现象，会通过市场法则不断加以校正。市场机制会推动艺术品艺术价值和市场价值的提升。市场中的消极因素阻挡不住艺术向好的方向发展趋势。

面对市场，需要理性的艺术心态。

市场需求在一定程度上提供了艺术走向的信息。市场价值与艺术价值既有矛盾，又可统一。用艺术创新和艺术精品引领市场需求，艺术品的市场价值和艺术价值就可以一起实现。

面对市场，产生浮躁心态，面对市场价值扭曲的诱惑，产生迷惘，都是难免的，需要逐步调整。而文艺工作者要增强文化自觉和艺术自信，以积极向上的心态面对市场、面对艺术。

追求文艺作品的艺术价值，是艺术家的理想所在、价值所在、责任所在。

艺术，如果失去了艺术价值，也就必然失去市场价值，更失去其人文价值。

中国艺术名家名品之所以在市场上出现高价，恰恰是艺术价值所在。

而艺术价值，不是市场价值所能取代的。艺术价值，包含艺术形式和内容的质地，体现艺术本质和属性的程度，以及社会接受和认可的程度。

艺术价值有着艺术所特有的超越时空的生存价值，在于对人心理的积极调整，在于对人性的积极引导。

艺术价值，是一种社会响应。人们呼唤艺术，人们创造艺术，人们分享艺术，由此产生了民族生存当中人性的升华，造就了优质的民族。

在市场价值与艺术价值之间，人们更看重艺术价值。这不仅是艺术家的心态，更是一个优质民族的心态。

人们尊重艺术品的艺术价值，是尊重艺术中的人性价值，即人的自我尊重。

艺术离不开社会，离不开民族心理，离不开人们的艺术追求。艺术是顺着人的天性发展的。社会存在与艺术存在是没有固定界限的。无论艺术以何种内容和形式呈现，人的艺术与艺术的人性总是那样天衣无缝。无论艺术家以何种心态和情感创作，人性总是存在于艺术之中。

在中外艺术界，曾不乏所谓纯粹的艺术、纯粹的自我艺术。但是，不论其艺术形式或艺术内容，她都是作者某种艺术心态的产物，没有脱离人的本能。音乐大师贝多芬以惊人的意志战胜厄运，他向学生们说："人啊，自己解救自己吧。"崇高的心灵迸发出人性的光芒。

人是艺术活动中的主体，以艺术为精神载体，借艺术表现人，视艺术为生命。

艺术是文艺工作者的生命对象。对艺术的灵感，产生于对生命的敏感。

艺术家的作品，是将艺术家对某种艺术的理想追求，与个人的性情精神融合在一起，对艺术元素和人文元素做出和谐安排。

多彩多样的艺术安排，归根到底，是人的生命感的自主安排。把文艺工作者的生命意识移植到艺术当中，使艺术成为文艺工作者寄托性的生命表达，成为作者生命的精神表达。

现时世界搅动着人们的心态，但人性回归的艺术心理是人的本能，是艺术工作者的人生态度和文化觉悟。

文艺工作者的文化艺术活动，传递的不只是艺术信息，同时传递的是精神理念和生命信息。而文艺作品中的生命信息既反馈给作者，又传递给欣赏者，使艺术中的生命信息引起人们的心灵共鸣。

当代艺术，在呼唤人性的回归。

站在人性的立场，就站在了艺术审美的高端。

个人的生命是有限的，而优质的艺术生命是无限的。

艺术中的生命意义无限存在与延伸，这就是艺术中的人性价值和魅力。

每个艺术家都面临人性修炼。

艺术价值，既有历史性，又有时代性。

现实社会中的艺术价值，需要明晰新时代的艺术心态坐标。

把握民族根脉，光大中国艺术的民族性。艺术是民族的，也是世界的。中华民族是优秀的民族，创造出了具有中华民族鲜明特征的优质民族艺术。站在人类艺术的视角，以中国为代表的东方艺术已经成为人类的优秀艺术。我们应怀着对中国艺术的自信，站稳民族艺术立场，光大中华民族的艺术。一个民族，创造出民族艺术，举起了一面民族艺术的旗帜，就深深地打上了民族烙印。处于新时代的中国艺术家应更高地举起民族艺术旗帜，让艺术更加闪耀民族艺术的光芒。

掌握民族文化源流，突出中国艺术的文化属性。几千年的中华文化博大、精深、厚重，是世界上最优质的民族文化，是中华民族发展的底蕴，是民族艺术的源流，已贯注于文化艺术之中。高举中华民族文化的旗帜，以文化艺术的独立性捍卫民族的独立性，让中国艺术在传承中发扬。

弘扬中华民族善于创造艺术的伟大传统，倡导艺术的多样性。让文化艺术在比较中发展，在鉴别中创新，在共性中发扬个性，让中国艺术更加绚丽多彩，充满生机和活力。

明晰当代人类进步的心理，体现中国艺术的文化精神。艺术要主动适应和引领人类的现时和未来。科学、民主、文明、进步是当代人类发展的主流。艺术要适应和引导人类社会的主流精神和主流文化。要站在人类社会进步的角度和建设文化强国的高度，推动艺术走向世界，影响世界，激发人们对美好生活的追求。

艺术心态，是一种艺术精神。中国文艺界要以伟大的民族精神和时代精神，创造文化艺术的新境界、新形象、新高度，无愧于伟大的国家，无愧于伟大的时代，也无愧于自己。

（本文作者为东北师范大学　研究员）

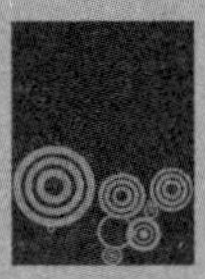

关注和发展中国民间文化

邱恩义

在中国的文化发展史上，常以代表性人物和作品作为中华文化的代表或标志，进入文字记载，进入人们的记忆，并要进行传承和发扬。而中华民间文化，常常处于被引导、被带动的从属地位，也常有一些称谓，如“下里巴人”“俗文化”“匠人制作”“卖艺的”“杂要”“巫术”等等。在古今中外的各种文化的冲突当中，中国民间文化常常处于弱势地位，或被冲击、或被淡化、或作为文化遗产而维持。在这里，有必要给中华民间文化以正名、以地位、以支持、以发展，进入振兴中华文化的发展序列，进入中华文化伟大复兴的应有范畴。

任何文化都不会像风那样来到人们中间，文化有她自身的母体，有她孕育的胚胎，有她固有的基因，有她的由来与发展。当人们欣赏历史和当代文化的时候，不可忘记某种文化的诞生、生存与发展的历史过程。

中华文化从哪里来？从中华民族的祖先那里来。我们的先人创造了中华的初始文化，从语言的出现到文字的发现，都是先人的文化智慧的积累。而中华民族初始文化的形成经历了上千年的漫长探索，往往出现在先人的个体行为和部族的行为当中，出现在人们的相互交流当中，这就产生了民间文化。因此，民间文化曾是中华文化的初始文化形态，是中华文化的根脉，后来的文化是初始文化形态的发展，是民间文化的发展。人类文化的发展，是一个历史过程，是文明的有序传承。某种文化的产生与存在，都是人类选择的结果。文化当中存在相对的先进与落后。总体上可以说，随着时代的发展，文化在发展，应历史地看待文化属性。有些文化不完全受社会变迁的影响而长期存在着。不能以文化的进步而否定已往文化存在的地位和作用。当人们对文化大家、文化名人产生敬畏心态的时候，也应对中华文化之根产生敬畏之心。当代中国正在倡导文化自觉和文化自信，这种自觉来自对中华文化根基的深刻认识和把握，这种自信来自对中华文化民族属性的优秀品格的认同。正是中华民族源远流长、博大精深的文化，使中国人民对中国发展以自觉和自信。当人们谈论中华文化标志的时候，常常提及中国书法、绘画、京剧、儒家文化等等。如果就文化民族性的角度而论，中华民间文化最具中华民族文化的代表性。

中国民间文化是中国老百姓的文化，是群众自己创造的文化，自己喜闻乐见的文化，是自娱自乐的文化，是深入百姓内心的文化，是最广泛的文化。民间文化反映了人民大众的期待、梦想、追求，是自然而然融入大众之中的文化，是大众化的文化。当我们倡导文艺为人民的时候，外在的文化引导和民间的自发，均统一在为人民大众需求服务的宗旨之下。而深入启动人民内在的文化欲望和文化追求，民间文化具有专业文化不可取代的功能。

从中国文化演进的历史来看，中华民族的民间文化是最具生命力的文化，是浸透在中华民族骨子里和血液中的文化基因。虽然中国经历几千年的社会变迁、政治更替、西方文化的强势进入，中华民间文化火种始终代代相传，生生不息，因为民间文化的支撑力在广大的中华民族之中。中华民间文化最具有民族属性，是中华民族文化的一面伟大的旗帜，向世界表明中华文化的力量和文化能量之所在。

中国民间文化的存在与发展，表明了中华民间文化具有强大的内生性的文化动力。中华民族繁衍的这块沃土养育了民族的生存品格，这山这土，这方风水，使中华民族在与自然的交往中产生了语言、文字、文化，产生了天人合一的生存观和生存文化。在人与人的交往中产生了具有人性价值的道德观和道德文化。在与域外文化交流中产生了包容的和谐文化观和文化心态。

这些民族文化心态和文化属性，必然为中华民族文化发展注入勃勃生机，永远走在发展的路上。

中国民间文化的突出特点是文化的多样性、民族性和地域性。中国是地域广阔民族众多的国家，民间文化种类繁多，形式多样，构成了一个文化百花园。比如民间戏剧、歌曲、舞蹈、曲艺等，人类各种文化在中华大地都能找到。这种民间文化的多样性反映了民间文化的发现力和创造力，是中华民族文化大发展的象征。而多样性文化的相互交流，又衍生提高了民族文化。这种文化多样性是繁荣中国文化的优势所在。中国拥有56个民族都有民族的文化和艺术，而且民族特点鲜明。在中国的文化舞台上，真可谓百花齐放、争芳斗艳。各民族文化同属中华文化，在相互交流中融合，在文化认同中分享与发展。中国的广大地域出现了具有明显地域的民间文化，语言南腔北调，服饰五颜六色，生活方式多样，文化样式繁多。中国民间文化的多样性、民族性、地域性是中华文化的宝贵财富，是世界上多数国家不具备的文化资源，是中国的文化优势。

存在于中国民间文化的民族文化精神是中华民族文化的原创性。中国大地上的民间文化是中华种族人民开创的，每一种民间文化都来自民间。这种文化原创性处于文化源头的地位，是中国文化的最先文化发现，因而是最伟大的文化创造。当人们一路从文化长河走来的时候，后人的文化创新均是原创文化的继承与发展。当今人们探讨文化创新的时候，不要忘记文化创新并非只在当下，民间文化的出现是古人的文化创新。不能因文化的发展而对民间文化原创地位忽视或贬低。不论称民间文化是原始文化，还是原生态文化，其中的“原”字极为可贵。

多年来，人们对中国民间文化重视不够、保护不够、挖掘不够、支持不够，使民间文化发展的机会不平等、权益不平等。民间文化不只是民间文化娱乐的方式，更为重要的是民众的文化权益。官方说人民是文化主体，但实际上文化主体的文化权并没有得到应有保障。文艺是人的情感世界的产物，人类的文化艺术本是人类共享的，每个公民都有用文化艺术表达自己的自由。人们的文化艺术水平差异不能作为权衡文化权益的条件。专业文化和业余民间文化享有同样的文化权益。实际上，文化艺术的审美因人而异，专业和民间文艺之间的界限有时也难以分清。

我国有些民间文化艺术的水平是很高的，有些专业人士也难以掌握。有些专业文化对民间文化的内涵理解不够、尊重不够、学习不够、挖掘整理提高的更不够。如中国少数民族歌曲有独特的发声方式和表现风格，是民间歌曲中的“专利”，是中华民族歌曲中的经典。而音乐界有的对韩日和欧美一时流行的音乐盲目追捧，有些媒体也盲目推崇。在一些文化人看来，民间文艺处在俗文化层面，不屑一顾，专业文化人只能去帮助民间文化提高水平。有的电视台举办的歌曲大赛，按美声、民族、通俗划分，有时把民间歌曲以“原生态”名目列入比赛，后又取消。何谓“原生态”，人们和音乐界有不同理解。“原生态”是来自民间创作的民族音乐。如换个角度去看，“原生态”不过是民间的歌唱，不在音乐界界定的音乐范畴。实际上音乐界有多少人真正懂得民间的“原生态”？电视台的音乐大赛中，“原生态”歌曲是其中最优秀的歌曲，中国音乐歌曲中的许多名曲名歌都借鉴吸收了民间“原生态”歌曲。有些文化人往往以专业自居，居高临下地看待民间文化，好像只能帮助民间文化提高，而根本没有想到向民间文化学习借鉴。文化界的这种“二元文化”现象，是对民间文化的排斥。民间文化与专业文化相比，民间文化的“出彩”机会很少，而媒体大肆连续地让文化艺术界的“名人”出彩。官方对民间文化的重视程度也较专业文化低。我国民间文化仍处在自发自创自娱自乐的状态，其发展和表现仍不够充分。

中国正在进行文化体制改革，提出文化事业与文化产业之分。文化艺术界的注意力更多地投入到自身的生存追求，以市场竞争者的姿态出现在文化舞台上。市场体制中的民间文化如何持续发展，是一大现实问题。人们都看到，党中央正在加强对文艺工作的正确引导，再次提出文化为什么人的问题，强调人民是文化主体，为人民服务是文艺工作者的主旨和方向，要求文艺工作者要摆正与人民的关系，要与人民同呼吸，共命运。党中央强调文艺为人民服务，一方面要求文艺工作要面向人民，服务人民，引导人民，提高人民。另一方面要求文艺工作者向人民学习，包括向民间文化学习。无论是文化的公益性，还是文化的产业性，都需要紧紧依靠人民大众。艺术家应反思文化特权意识，增强与社会公众文化平等意识。在艺术审美上增加对大众审美的尊重，甚至应抱有虚心学习的心理安排。在艺术和艺术发现面前，人类具有普遍的选择意识和发现能力，“大众文化”和“精英文化”没有明显的鸿沟。开明的艺术家在于广泛吸纳人类的艺术成果和文化资源。在文化艺术分享当中不存在等级概念，以体现文化公正的理性。

如何对待民间文化，检验着人们的文化观。应客观全面地看待中国的文化历史、文化构成、文化特色，摆正民间文化与“精英文化”、传统文化与现代文化、原创文化与文化创新之间的关系，从而激发全民族的文化精神。

文化有文化的发展方式。国家对文化事业和文化产业有明确的部署和要求。中国文化正处在传统文化向现代文化发展的过程之中，正在推动文化的公益性和文化的商业性交互发展之中，这就需要深入研究中国民间文化的发展。这其中，一是要坚持民间文化的民族属性，这是民间文化得以生存发展的根脉与源泉。二是要坚持民间文化的群众性，推动民间文化更加深入人心，更加吸引群众，更加广泛推广。三是要坚持民间文化自主创造的文化精神，让文化成为民间的自主行为和生活常态，深扎中国文化的根基。四是要坚持推动与高雅文化的结合，不断提高群众文化的水平，使民间文化可持续发展。与专业文化相比，民间文化有她自身的特点和生存方式，应适应民间文化的发展方式。民间文化具有个体和家庭的活动方式，具有部族和区域的成长特征，具有地域和民族的传统习惯和民俗风气，以及文化意识和审美取向。目前，我国民间文化的存在与发展进入了新的历史时期，民间文化需要向多元和优质的方向发展，向自娱自乐的文化分享与市场运作相结合的态势转变。可以预期，我国民间文化可以衍生出特色的优质的文化，可以衍生出具有群众基础的文化产品和文化产业，可以为中华文化复兴做出特别的贡献，可以成为人类文化当中的奇葩。

大众文化之所以成为最重要的文化，是因为在一个民主的时代，多数人对文化的认同与欣赏更为重要。中国人应该庆幸中国有民间文化的存在。民间文化，不只是群众对文化的分享，中国的民间文化是中国文化的人文基础和文化底蕴。在实施“文化强国”战略当中，民间文化的群众基础十分宝贵。民间文化反映了群众的文化追求，自然而然地形成了强大的文化响应，人们主动地选择文化、发现文化、创造文化。民间文化是民众的文化意识和文化精神的体现，广泛地参与到中华民族文化的发展之中，迎合现代文化、先进文化，促进中华文化的整体性成长。民间文化具有文化民主、艺术民主，民间文化的原创性是文化自主精神的体现。民间文化来自民间的文化自觉，是民间文化需求的激发与释放，而不是外在的强加于人的文化。民间的文化有她自己的文化场，是生活中的文化，是文化中的生活，让人们充分自由自在地寻求文化，存在着宽松的文化创新的空间，人们完全可以从民间文化中探求文化发展的方式和路径。

文化存在的价值在于文化的大众化，人类社会普遍性的文化成长，才是文化的真实意义。当一个大国兴起的时候，最需要的是国民的文化大觉醒。而中华民族历史性存在的民间文化，将成为文化大觉醒的民众基础。国家强有力的文化动员力和人民的文化响应力的密切结合，将形成一个伟大民族的文化觉醒，这正是中华民族的梦想所在，希望所在。

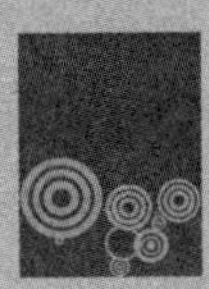

文化进步与经济发展的平衡

邱恩义

在发展中注重平衡，在平衡中追求发展。这在事物发展中普遍存在。

如果事物中出现可控范围内的某种失衡，可以通过调整保持大体的平衡。

如果事物中出现严重失衡，可能导致事物内部的矛盾激化，造成事物难以持续发展。

文化和经济，是一个国家发展的基本内容。文化与经济之间存在内在的关联，是一个国家相互影响的共同体，在经济发展中需要文化的支撑，在文化进步中需要经济的支持。文化和经济的相互依赖，需要保持文化进步与经济发展的平衡。如果出现文化与经济的失衡，或者是文化和经济均处在落后状态，这个国家的发展就可能陷入困境。追求文化进步和经济发展的协调与平衡，应成为一个国家发展的目标。我国的现代化建设当中，保持文化进步与经济发展的协调与平衡，应是当代中国发展的总体取向。

中国共产党人总结了中华人民共和国成立以来的经验教训、执政理念，执政文化实现了根本性的转变。其主要标志：一是从以阶级斗争为纲转变为以经济建设为中心；二是由计划经济体制转变为市场经济体制；三是由封闭转向对外开放；四是从传统发展方式转向科学发展方式；五是从以经济建设为中心向经济与文化相结合转变。这一系列的重大转变，是执政党的自我改革、自我转变，是执政党自觉解放思想、转变理念的结果。这些重大转变，归根到底是文化的作用，是执政党率先确立改革开放思想，率先转变执政理念和执政文化。

改革开放以来的中国经济取得了巨大发展，其因素是多方面的，但文化是重要因素。文化是中国发展的动力性因素，文化是中国发展的知识性因素，文化是中国发展的社会性因素。可以说，文化是中国现代化建设当中的基本因素。因此，国家提出“科教兴国”和“文化强国”战略，把文化发展放在了重要的战略地位。

那么，本文为什么要讨论文化进步与经济发展的平衡问题？因为文化能帮助人们除去认识上的误解，直接面对经济、政治和社会的文化根源。因为仅限于经济去分析经济，往往忽视非经济因素，而对经济产生误判。因为文化已经存在经济当中并产生作用，世界已不存在纯属经济的现象。当追求财富与追求精神之间失去平衡的时候，将更加突显文化的威力，文化是调节财富和精神的平衡力。

一、结构性失衡

现时的中国文化与经济发展存在结构性的不平衡。经过三十多年的高速增长，中国经济处于结构升级阶段，经济对文化的需求也在升级，中国经济发展特别需要高端文化的支撑和引领。我国经济结构中的高新技术产业尚处在初步发展阶段，对经济结构调整的作用亟待加强，现阶段的中国经济亟需先进文化的注入。而我国的文化结构中，能够引发经济结构做出战略性调整的先进文化因素并不强。中国是发展中的大国，大国的文化构成有必要并有可能充分发展多元文化，也有条件并有能力发展高端文化。而大国文化的升级，取决于先进文化的引领和带动。在加快经济结构调整的同时，中国也必须同时进行文化结构的战略性调整，把文化发展的重点转向先进文化。

文化对经济的支撑，不只是科学技术性的。在科技被人们十分崇尚的年代，人们的注意力往往在知识追求方面，特别是在与经济发展需要的科技领域。但在经济运行当中，经济对各类文化均成为需求。因此，文化与经济平衡，不只是一般性的文化结构与经济结构的对应性平衡，而是文化对人的素质提高和经济运行效果的提高提供全面支撑。文化与经济的结构性平衡过程中，中国的文化结构一直处于被动状态。中国的文化结构与经济结构的适应性要实行战略性转变，逐步走向主动性适应、引领性适应、动力性适应。中国要深入研究为什么高新文化发展得不够充分、不够迅速，为什么与经济结构调整的需求不够同步、不够协调。当中国经济由高速增长转向新常态的时期，对其经济发展的动力提出了新的挑战，特别是对文化动力提出挑战。与其说是从经济结构调整中保持经济发展的新常态，不如说从文化结构调整中培育经济发展的新动力。如果展望未来，我国文化结构性失衡的问题将更加突出。从文化结构中寻找经济结构优化的出路，恐怕是新常态下我国经济发展的上佳选择。而这种选择越早越好，越主动越好。

二、素质性失衡

从经济发展的需求来看，我国文化存在素质性的不平衡。从人口的文化构成来看，接受初等教育的仍占人口的主体，而受中等乃至高等教育的，占人口的比例很少。而直接与人们的就业相关的职业教育长期地被边缘化，使劳动者的素质普遍偏低。教育部门长期主张素质教育，但近几年每年近七百万左右的高校毕业生就业率仍然不高，而其中改行的甚多。“素质教育”的结果是中国人口的文化素质普遍偏低，与经济的高速增长形成反差。其中的原因是，经济增长中的文化因素并不占主体地位，而经济体制改革性因素是经济增长的主动力。随着市场经济体制的逐步完善，经济增长需要文化成为主体因素，文化素质问题更加突显出来。对此，中国提高人口的文化素质的任务更加紧迫。

人口素质，是一个国家、一个民族发展的根本。而现代社会，对人的素质提出了全新的要求。人的素质，既应对国内发展的要求，也应对国际间竞争的要求。既要应对现时发展的要求，也要应对未来发展的要求。全面提高人的素质，既具有现实性，也具有战略性。绝不能因素质性缺欠而影响一个民族，一个国家的发展。我们必须高度重视中国的人口素质问题。

中国人口素质问题与中国教育紧密相关。解决人口素质问题，必须从教育入手，全民教育、终身教育要进一步扩展。切实增强教育的竞争性，与经济市场的竞争性相协调，从而促进教育的体制性转变。教育内容、教育方式、教育结构要做出突破性的改革与调整，优化教育结构，为提高人口素质形成优质的教育基础。提高人口素质是全体国民的行动，是全体国民的投入，是中华民族的再学习、再教育。

三、思维性失衡

这里还不能不特别强调中国的文化思维的不平衡。所谓文化思维，是指人们学习掌握运用文化的思维方式，实际上是人们运用文化的智慧和能力。如果比较一下中国的传统文化思维与发达国家的文化思维，人们会发现，一个国家的发展与文化思维方式密切相关。西方一些较早进入工业化的国家，人们的思维方式比较科学，因而能比较早的取得科学发现和科技进步。中国虽然较早出现“四大发明”，但停留在经验和手艺上，没能形成物理、化学、数学的概念和理性分析，也没能形成产业。而近现代许多重大科学发现出自西方发达国家，这与西方发达国家人们的思维方式适应科学发现有关。当下中国经济亟待作出创新性发展，创新就需要科学和科学思维。而中国从传统农业社会走来，封建社会的农耕文化并不能促进生产力的发展，农业社会形成的小农经济的保守性思维习惯仍然存在。中华人民共和国以来的前三十年实行计划经济体制，形成了僵化的思维方式，人们的思维方式被固化。改革开放虽然冲破了计划体制下的思维模式，但其延续性影响依然存在。中华人民共和国以来的教育模式禁锢了人们的思维方式，规定性从属性的思维不利于科学发现和文化创新。再加上落后文化的束缚，中国文化思维不平衡的问题已经严重地约束了中国的科学发现和经济发展。突破一系列不利于科学思维的消极影响，形成文化创新的思维模式，是文化进步与经济发展平衡当中不可忽视的因素。

网络文化的出现，使知识和各种信息得以广泛传播，有关知识的信息非常丰富，人们可以从网络中获取大量的知识信息。但运用好网络文化信息，需要科学思维。在科学发现面前，人们的知识基础只能是条件，而真正做到有所发现、有所创新，同时需要运用科学思维方式。人们往往看重文化知识，而忽视文化思维方式。我们的教育也是侧重知识教化，而忽视文化思维方式培育。文化思维是社会成长过程中形成的。我们在借鉴各种文化的同时，有必要同时借鉴各种有效的思维方式。

四、国际性失衡

开放的中国文化与经济已经走向世界，对中国文化进步与经济发展平衡提出新的要求。在参与国际竞争当中，中国文化与经济的发展目标已经国际化。探讨文化进步与经济发展不能不注重国际性平衡。当今的中国文化发展要放眼世界，站在先进文化的高度，确立文化的进步。中国目前处于多元文化交融的国际氛围，中国的文化正在优化的过程之中，中国的文化选择空间广阔，提升中国文化的选择能力至关重要。中国有自己的文化优势，也存在某些文化劣势。中华文化要在中外文化的融合中发展。增强中华文化的先进性和选择性，有利于优化中华文化结构，也有利于中华文化走向世界。人类文化具有共享性，存在具有普遍意义的有利于人性成长的文化。人类文化具有互补性，在相互借鉴中成长。人类文化具有更替性，在淘汰落后文化中发展先进文化。聪明的发展善于吸纳其他民族的文化，从而不断积淀民族智慧。中华民族有创造灿烂文化的历史，在新的历史时期，更应该发挥出文化创造的能量，站在人类文化的前列。用世界的先进文化创造世界的先进经济，把经济的成长性建立在先进文化的基础上，使经济大国成为经济强国。

五、道德性失衡

文化能塑造一个国家的精神，文化能培育一个民族的道德。文化进步所带来的是一个国家的精神文明、社会文明、经济文明、生态文明。一个具有强大文化能量支撑的国家，就具有可持续发展的强大生命力。而当一个国家，或者一个民族失去文化支撑力的时候，就可能造成民族存亡的危机。人类历史不乏民族危机的事例，中国对此有过沉痛的历史教训。

虽然中国社会道德的基本面是好的，但是不能不关注道德失衡。比如，有些人对物质需求的关注程度往往超过精神需求。比如，在人际关系当中，有些人往往以自我为中心，缺少对他人和社会的关注。比如，人们的价值取向呈现多元化，不同的价值取向引发了社会矛盾。比如，有些人注重个性和个体的作用，而忽视集体和整体的作用。比如，在社会竞争的大环境中，人们注重竞争的一面，而忽视和谐的一面。比如，商业活动中有些人的信用欠缺。种种道德失衡的实质是文化的失衡。

社会经济的巨大发展也并不意味着以牺牲人类社会基本的道德价值观念作为必要的代价。当现代社会以现代科学技术为动力促进社会经济高速发展的同时，她给道德、伦理、价值观的讨论或思考留下了不少空间。当今中国面对的是市场体制下的道德构建，面对的是与世界文化交流中的道德培育，面对的是科学化高速发展的文化重构。当下中国用什么样的文化和运用什么样的方式构建中华民族的道德基础？一系列重大的文化课题需要深入体察和研究。比如，市场竞争中的负面道德效应问题，中外交流中的中华优质文化体系的建设问题，利用科学文化的发展提升中华文化的层次问题，中华民族传统文化经典对当代社会的作用问题，等等。特别是人们面对种种腐败问题，亟待中华民族优质道德的回归，期待文化在道德建设中发挥出更强有力的作用。

西方发达的工业化国家，在经历百年的市场经济运行过程之后，人们在反思市场经济给人们心理造成的负面影响，一些西方学者和文化人在探求西方社会的文化新变革。近十年来，世界举办了近五百所孔子文化学院或中华文化中心，西方世界的人们仍在孔子文化中寻求心理平衡。事实表明，中华文明具有构建人类道德文明的巨大功能。中华民族完全可以文化自信，将中华文化经典与当代先进文化结合起来，优化中华民族的道德。

六、机制性失衡

中国实行改革开放，首先从经济启动。中国经济实现了从计划体制到市场经济体制的过渡与转换，经济运行形成了市场性机制。而中国的文化改革比经济改革滞后，正处在新旧体制的转换过程之中。尽管有了经济改革的先例，但人们对文化体制改革的必要性思想准备不足，认识存在差异。当下中国文化运行的机制与经济运行的机制不够同步、不够协调、不够平衡，影响了文化与经济的内在融合，影响了文化对经济作用的发挥。

文化对经济的响应，不只是文化所具有的品质和功能，同时，需要文化运行机制与经济运行机制的响应。许多文化和科技成果的水平问题，在一定程度上是缺乏成果转化的机制。文化与经济的平衡，既需要经济运行中存在吸纳文化的机制，也需要文化运行中主动适应经济的机制，而且是文化机制和经济机制的平衡。任何一方的机制滞后，都会造成两者之间的不协调。

文化的机制性失衡，主要是文化自身的改革滞后。总体上看，某些文化心态不适应改革开放。从计划体制中走出来的中国文化显得对市场体制中的文化的陌生，对传统的文化成长方式的留恋心理仍然存在。既有对文化价值的追求，也有对文化价值的担忧；既有对文化纯洁性的理想，也有对文化腐败的恐惧；既有对文化公益、公平、公正的权衡，也有对某些文化责任的不敢于担当。由于人们对文化价值的认识存在差异，由于人们对文化功能的实现方式存在差异，由于人们对文化特殊性的看法存在差异，因而在对文化改革推进的方向和目标上不够统一，步调不够一致，文化改革的内生动力不够充分。

中国有丰富的文化资源，中国有文化进步的能力和动力，中国文化进步需要构建良性的运行机制，充分发挥出文化的优势。文化界的思想应更解放一些，改革的意识更强一些，改革的信心和勇气更大一些。文化进步的着眼点不只是文化的现实与将来，也应放眼经济社会对文化的需求，放眼文化的基础性、战略性作用的发挥，放眼对世界文化进步的贡献。

中国的经济体制改革为文化改革和机制构建提供了经验和思想基础，经济和社会发展为文化进步提出了比以前更有广度和深度的要求，为文化机制的构建创造了极为有利的条件。在文化进步过程中，文化机制既要在文化自身发展当中构建新机制，也要在与经济的深度融合中构建新机制。

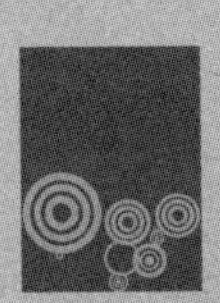

教育与国家创新发展

邱实

创新驱动是中国发展的重大战略。当全国上下深入思考如何实现创新发展的时候，人们的目光不能不转向教育。教育如何与国家创新驱动战略相协调？教育如何为国家创新发展奠定创新基础？一系列重大问题摆在教育界面前。

一、教育价值要突出创新

值得教育界深入思考的问题是，中国发展进入了什么样的阶段？中国教育应确立什么样的方向和目标？教育界的价值取向是什么？

教育到底要培养什么样的人才？向中国提供什么样的人才资源？需要重新思考教育的价值取向。毫无疑问，教育要服从国家整体发展战略，紧紧围绕国家发展确立教育的价值取向。中国的教育发展，首先要突破传统教育思想体系，站在国家创新驱动战略的高度，确立教育创新的价值取向，把创新放在教育的战略地位，作为新时期我国教育发展的总体导向，为国家创新发展培育创新型人才资源。

教育如果以创新作为发展战略定位，就需要重新设计教育体制，重新调整教育思想体系，重新构建一系列教育举措，把教育纳入国家创新驱动战略体系，使创新的战略性与教育的基础性相统一。

按照国家创新驱动战略，构建创新型的教育体系，是教育的全面改革。而要推进教育的全面改革，仅有教育内部运作是困难的，需要其他方面的积极参与。教育改革首先是改革各级政府对教育的管理方式，明确政府对教育管理的科学体制和科学方式，调动社会各方面力量参与配合教育改革的积极性，调动教育界内部改革的积极性，形成政府、社会力量、教育的合力。其次是改革各级教育领导或管理部门。仅由“教育家”办教育、管教育是不够的。因为教育为各方面培养人才，人才需求方具有教育发言权，而且是非常重要的发言权。再次是确立和尊重学校和学生的教育选择权。改变学校对政府的从属地位，改变学生对学校的从属地位。处于从属和服从地位的教育与创新型的教育体系相背离。只有当学校的自主权和学生的自主权真正确立的时候，才能有利于确立创新型人才资源的培育。

二、教育标准要注重社会实践

早在改革开放初期，邓小平同志就提出教育要面向现代化，面向世界，面向未来。这是指导中国教育发展具有全局意义的战略思想，是当代中国教育思想体系的核心内容，是中国教育改革与发展的根本方向，是教育实现现代化的根本目标。“三个面向”是不可分割的统一体。面向现代化指明了中国当代教育的现实性，面向世界指明了中国教育的国际性，面向未来指明了中国教育的前瞻性。中国教育要把当前与长远、国内与国际结合起来。

邓小平同志提出的“三个面向”，有明确的指向，指向了中国发展的实际需要，要根据中国现代化建设的实际需要办教育。这其中明确了教育的标准，而且是很高的标准，是受实践检验的标准，即教育的现代化标准，教育的国际化标准。一个是国内标准，一个是国际标准。

纵观改革开放以来中国的教育，从总体上看，教育标准仍然脱离中国的现代化建设的实际需要，仍然距国际先进标准有很大差距。教育界可能认为有标准——以发毕业文凭和升学考试为标准。但应看到，发毕业证、升学考试等等，这是教育的内部标准。学校自定教育内容，自定打分（或考级）标准，自行评定，自发文凭和升学许可认证。所有这些行为均是教育的内部标准。而社会有社会实践的用人标准。社会是以毕业生的实际水平和能力及做出贡献为标准，这是社会标准、问题是教育是坚持内部标准，还是围绕社会标准，实践标准，这是两种不同的标准。

在教育界，邓小平同志提出的“三个面向”的教育思想并没有得到贯彻落实。中国教育必须从“三个面向”出发，解决教育脱离实际的问题。教育界提出的“素质教育”值得研究。“素质教育”之说是教育的内部标准？还是社会标准？具体来说“素质教育”包含什么素质？从教育的运行情况看，教育的“知识素质”占据了主导地位，成为教育的指挥棒。如果以社会实践为标准，就需要对素质教育予以重新定义。如为了适应国家的创新驱动战略，在人才培养方向上考虑创新发展的需要，教育就需要强调能力和智力教育，培育人的知识识别和发现能力，培养人的创新能力，而不是一般的知识讲解和传授。如为了适应国家发展对人的创业和就业能力的需要，教育就要强调“能力教育”，而不仅仅是知识教育。如为了适应国家对人的全面发展的需要，教育就要注重德、智、体、美的全面协调教育，不能以升学为目的，而把德育、体育、美育边缘化。

我国教育必须从国家发展的实际需要出发，科学设计教育方向和标准，用实践检验教育，用实际效果考核教育，把注重实践作为教育发展的导向。

三、教育内容要增强科学思维

中国的创新发展，需要科学知识，但更需要科学思维，倡导和培育科学思维方式。

创新发展是打破常规的发展，是创造性发展，是科学思维促成的发展。创新发展对人的能力既提出了知识性的要求，也提出了智慧性的要求。从古至今人类的重大发现、科学发现，都是人类创造性思维的表现。在某些情况下起决定性作用的不只是人的知识拥有，而是人的智慧，是人的思维方式。因此，中国的教育不能停留在知识教育的层面，而要升华为科学思维能力的培育。

2009 年 11 月 17 日《人民日报》刊登了我国著名科学家钱学森的讲话，他指出：“今天，党和国家都很重视科技创新问题，投了不少钱搞什么‘创新工程'‘创新计划’等等，这是必要的。但我觉得更重要的是要培养具有创新思想的人才。问题在于，中国还没有一所大学能够按照培养科学技术发明创造人才的模式去办学，都是些人云亦云，一般化的，没有自己独特的创新的东西，受封建思想的影响，一直是这个样子。我看，这是中国当前的一个很大问题。”钱学森大师指出了中国教育普遍存在的大问题，至今还没有探索出培养科学技术发明人才的模式，没有摆脱封建思想的影响，仍然是人云亦云，一般化的教育。钱学森大师指出了我国现实教育落后的根本原因。

钱学森大师站在世界发展前沿角度，洞察了中西方教育，深刻指出了人类科技进步与教育模式的关系，与教育思想的关系。中国教育要改变“人云亦云，一般化的”的状态，必须树立科学教育观，把科学知识与科学思想的培育结合起来，并以科学思想运用科学知识。

中国有历史形成的思维方式，往往注重事物的整体、平衡、中庸，从伦理性出发分析事物和处理矛盾，求得事物变化中的稳定性。而近现代西方发达国家，往往注重事物的具体分析，客观验证，逻辑推理，求得科学解决事物的矛盾。比较中国与西方的思维方式，西方的科学发现走在前面，与西方的思维方式相关。而西方的科学思维方式是在西方的教育体系内培育的。我们不能不看到，中国缺少科学知识，但更缺少科学思想、科学精神、科学思维方式。尽管有些科学知识并不落后，但由于思维方式滞后，影响了科学知识的运用与发现。

人云亦云的教育，是跟随性的教育，使教育处于被动状态，因而使受教育者也人云亦云，处于跟随性状态。人云亦云的教育模式，是缺乏创造性的教育，是淹没人才个性成长的教育，是约束人才思维的教育。知识作为信息在师生间流动，而不是作为再思考的资源。知识教育在于知道了什么，而缺少对知识的再追问、再思考。人云亦云的教育根本不适应国家创新发展的要求。

科学思维方式的确立，与对人性尊重与人格独立性培养相关。中国的教育中更多地强调统一性，而很少鼓励个性。学生服从老师，学校服从政府。无形中形成了人们的从属感。个性和自由意志恰恰是创造性的前提条件和驱动力，而缺乏个性，不会有自由的想象力和创造力。钱学森说：“我觉得艺术上的修养对我后来的科学工作很重要，她开拓了科学创新思维。现在，我要宣传这个观点。”钱学森在美国参加了美国物理学会、美国航空学会和美国力学学会，还参加了艺术与科学协会。数十年后，回忆起这段往事，钱学森感慨万千。他说：“我们当时搞火箭时萌发的一些想法，就是在和艺术家交谈中产生的。”这些事例告诉人们，艺术思维对科学思维的全面确立有着重要作用，艺术灵感与科学灵感的共鸣，会产生巨大的创新能量和创新智慧。中国的教育必须走培育科学知识与培育科学思维相结合的道路。

四、教育要培养创新的人文精神

创新，既需要科学知识、科学思维、科学方法，同时，也需要人格基础、人文精神。偏废了“学理”，一切“技术”都将成为缺乏灵魂的“器”，没有正确的人文精神的导航，人们只能在改革大潮中触礁，“学理”和“学术”是不可分割的整体。

对于在校的青少年来说，对于创新的兴趣的培养至关重要。现时社会中一个普遍的现象是家长极力想让孩子学有特长，让孩子参加各种特长培训，让青少年补习课堂教育。这其中，能够让孩子感兴趣的不多，学成才的也不多，原因是如果孩子不感兴趣的事，很难让孩子学进去。从某种选择来看，培养孩子的学习兴趣和学习习惯更为重要。从国家创新发展的要求来说，教育当中要注重培育青少年对创新的兴趣，在教育内容和方式当中，增强青少年产生兴趣的学习态度。已往的许多事例表明，许多人后来的创新作为，与在青少年时期对某种事物的兴趣引发有关。一个人在青少年时期的梦想，往往影响了一生。

教育的品质在某种程度上决定着社会的文化气质。一个人的创新作为，与一个人的走向和抱负相关。一个想要有所作为的人，一个想要为人类做出贡献的人，一个立志爱国报国的人，在其内心深处积淀了创新的能量。世界上任何一项创新都来之不易，有的甚至对个人没有多少回报，有的甚至要付出生命的代价。没有坚强的意志、坚定的信念，难以实现创新。因此，对教育来说，对青少年人格的培育、品质的养成，形成创新的道德基础，显得十分重要。

中华人民共和国成立以来，以钱学森为代表的一批爱国科学家冒着风险回归祖国，对中国的“两弹一星”的成功和其他重大科学发现和创新作出了巨大贡献。中华人民共和国成立以来的受教育者当中，尽管遭受“文革”的打击，但奉献祖国的精神不变，为我国的巨大发展作出了贡献。改革开放以来，人们的改革创新意识，人们的科学进取精神，人们的竞争思想，形成了新时期的社会氛围。教育要与时俱进，培育青少年的时代精神，培育青少年的国际视野，培育爱国强国的心理，让“中国梦”成为人们出彩的强大动力。

教育的目的是培育健全的人。教育要把健全人格和心理当成第一要义，把人的品德培育放在对人的全面发展的首位。作为教育界，必须让学生们有起码的道义感和责任感。在当代人们普遍看重科学与技术的时代，如果偏离人文精神，一切技术和科学也将成为没有灵魂的“器”。世界科学大师爱因斯坦对人文科学的钟情与热爱也是无与伦比的，爱因斯坦甚至在陀思妥耶夫斯基的小说中吸取营养来丰富自己的科学理论体系。道德和人格的失落，只能是阻碍科学发展的绊脚石。中外许多大科学家的科学成就，都是与他们吸取人文精神的同时创造性地发展了科学技术分不开的。

人们不禁要问，中国清华、北大的尖子学生都到哪里去了？他们当中相当一些人去国外了，学成之后为外国做贡献了。这说明什么？说明教育过程中的人文精神教育的缺失。爱国精神教育是教育最起码的要求。请问，中国当代青少年的爱国心理怎么样？教育界能做出“可靠”的回答吗？中国的教育经费到底为哪个国家支出了？中国的教育在为谁培养人才？不应引起深思吗？

（本文作者为东北亚教育集团　董事长）

构建青少年教育的德育体系

马琳琳

习近平总书记指出："国无德不兴，人无德不立。"2014年5月1日，习近平总书记在北京大学共同纪念五四运动95周年的座谈会上强调指出："加强道德修养，注重道德实践。""道德之于个人、之于社会，都具有基础性意义，做人做事第一位的是崇德修身。"习近平总书记要求大学生青年一代人，"要立志报效祖国、服务人民，这是大德，养大德者方可成大业。"要求大学要"紧紧围绕立德树人的根本任务，加快构建充满活力、富有效率、更加开放、有利于学校科学发展的体制机制。"2014年5月30日在北京市海淀区民族小学向少年儿童祝贺六一儿童节时，习近平总书记指出："一个民族的文明进步，一个国家的发展壮大，需要一代又一代人接力努力。"

习近平总书记高度重视我国当代青少年儿童的道德培育，并深刻地指出儿童、少年、青年的德育在中华民族大业当中起着基础性作用，明确要求要把德育放在更加重要的位置。为了学习贯彻习近平总书记的重要讲话精神，我们在中小学德育方面进行了调研，对我国青少年德育逐步形成一个有中国特色的德育体系，作了一些初步思考。

一、德育的方位选择

德育在教育中的定位与教育的本体定位息息相关，要明确德育的定位，首先要明确教育的本体定位。现代教育是指人的生命过程教育，是人的健康成长，人的全面发展，人类的可持续发展教育。教育的指向是让人类发展过程中更加善于安排人与内心、人与人、人与自然的关系，不断完善人性的自我修炼，提升人性的价值。现代教育更加注重了教育的科学性，不仅是教育内容的科学性，包括教育体系、教育方式的科学性。

从幼儿到青年阶段，是人的基础性教育时期。从人的生活和生命过程来看，人的生命的最初阶段是最关键的时期。现代教育，更加注重人的早期教育，以利于形成人类发展的良好基础。

而基础教育，要明确到底形成什么样的基础。一是健康基础，这是人的生存基础，是基础中的基础。二是德育基础，是决定人的品质的基础，是人性成长的基础。三是智力基础，这里强调的是智力，而不是知识，是指教育要使人具备基本的生存和发展能力。四是审美基础，这里所说的审美不只是对艺术的识别，更是人们判断事物的能力，是人生选择的能力。

基础教育要讲究教育的整体性、系统性，人的德、智、体、美内在的统一，而不是仅仅注重智育。存在明显缺欠的教育是扭曲的教育，必然产生人的成长性的扭曲、人格的扭曲、人的品质的扭曲。因此，德育是教育的内在要求，是必须的教育内容，是教育逻辑的必然。

德育，通常是指对人的品德教育。包括幼儿在内的青少年教育（小学、中学、大学教育），是人的品德的基础教育时期。一般来说，德育是指人生观的培育，让人们从小时候就开始学做人，做好人，做对他人和社会有益的人，懂得为谁生活，为什么生活和怎样生活。我们在拜读现行的中小学品德教育教材的同时，也读了中小学的文化课教材。比较一下中小学的文化课和品德课的教材，可见文化课教材经过几十年的积累有了相当的系统性，从小学到高中的文化课的安排上有着内在的连续性，基本上遵循知识由浅入深的逻辑。而中小学的思想品德课，仍是试用教材，从小学到中学的品德教育尚没有像文化课那样成形的体系。这种情况说明，我们的教育对文化课和品德课的重视程度存在差异，重知识教育轻品德教育的问题非常明显。

为什么德育在教育中没有像文化知识教育那样受到人们的关注？这涉及教育的整体功能定位。教育到底要培育什么样的人？从教育运行的实际情况看，这一基本问题并没有真正弄清楚。教育的现实是，升学成为教育的基本指向，学校、学生、家庭、社会都被升学指向所吸引，中小学教育均纳入了以升学为基本目的的轨道，人们认为德育不如智育的直接作用大。这是中国教育的隐患所在。教育的现实在告诫人们需要思考中国需要选择一个什么样的教育体系？如果仅就德育与智育谁轻谁重的问题进行讨论是不够的，要站在教育要面向现代化、面向世界、面向未来的高度，明确我国教育的战略定位。要对中国的教育做出体系性的设计和整体性的安排，构建中国的现代教育体系。习近平总书记指出："德是首要、是方向。"[1] 德是构造人的本质的，智是构建人的能力的。品德是人的一种内在的力量，她的存在能直接发挥作用，而无须借助任何手段。在现代教育系统中，德育是培养在校生的人生观、价值观、审美观的，是培养人的道德和人性的，应以德育为本。美德能验证人生价值，是任何其他东西无法代替的。而人的知识水平和工作技能，要在人的品德支配下发挥作用。试问，一个不爱祖国的人，能为祖国承担责任和义务吗？一个不爱人的人，能与他人相处并关照他人吗？让受教育的人学会做人，才能使受教育者学会做事。中国的发展应坚持教育优先，德育为本。

二、德育的基本内容

我国现行的中小学德育教材内容涉及了很多方面，从教材中可以感觉到编者是想让青少年受到比较全面的品德教育。从人们的社会生活的实际情况看，人的品德需要多方面的培育。那么，在校学生的德育怎么做才符合中国的国情？什么样的德育方式才能收到实效？哪些德育内容显得更为重要，更为必要，更能有效带动德育？这些都是值得探讨的。如果德育的主体内容不突出，基本教育内容缺少整体性和关联性，德育的效果就很难说会怎么样。

---

〔1〕 习近平在北京大学师生座谈会上的讲话。2018 年 5 月 3 日，新华网。

因此，我们初步设想在校生的德育以“五爱教育”为基本内容。这五爱是：爱祖国，爱人民，爱科学，爱文明，爱自然。这五爱当中突出了“爱”，这是为什么？因为这是针对幼儿、小学生、中学生、大学生成长的阶段性提出来的，结合了幼儿和青少年成长的特殊需求，遵循了教育的基本规律。是让幼儿和青少年在一些基本问题上初步分清是非，种下基本道德的基因。人生成长往往从喜欢什么或者不喜欢什么开始，从兴趣开始，从第一印象开始，从人生之初的教育开始。人生是一个爱什么、不爱什么的不断选择的过程。爱与不爱是人生的基本感受，是人生活起码的道德选择。爱与被爱，使幼儿和青少年感受到人间的温暖，从中学会爱，学会爱自己、爱生命、爱亲人、爱他人、爱生活。把爱放大，进而爱国家、爱人民、爱科学、爱文明、爱自然。让幼儿和青少年充满爱的心理，培养起健康成长的心态。爱是无形的力量，爱是无形的财富，爱是人生的动力，从爱出发，可以激发人的成长性和创造力，让道德的能量大放异彩。

青少年的德育需求是多方面的，但为什么要选择了“五爱”作为德育的基础内容？

爱祖国。这是一个永恒的文化主题，当然是德育主题。爱祖国是一个国家公民最应该具备的品德。习近平总书记指出：“大力弘扬以爱国主义为核心的民族精神和以改革创新为核心的时代精神，深入挖掘和阐发中华优秀传统文化讲仁爱、重民本、守诚信、崇正义、尚和合、求大同的时代价值，使中华优秀传统文化成为涵养社会主义核心价值观的重要源泉。”[1] 在品德教育中，爱国是其中最具普遍性、永恒性的德育内容，是德育的核心内容，是国家利益与人民根本利益相统一所在，是每一个公民的基本道义和责任。尤其是在当今大开放的时代，对祖国的认同是最基本的认同。在中华民族奋斗的历史上，是爱国这面伟大的旗帜引导了中华民族前仆后继、奋斗向前。爱国精神是中华民族最基本的精神力量，没有任何力量比爱国的力量更强大。虽然中华人民共和国成立68年，成为世界第二大经济体，但中国面临着严重挑

〔1〕 习近平总书记在中共中央政治局第十三次集体学习时的讲话。2014年2月25日，中国政府网—新华社。

战，维护国家完整统一的任务仍然重大，为实现强国的梦想任重道远。而现实的中国青少年，特别需要强化国家意识，增强爱国心理。把爱国的旗帜一代接一代的高举下去，就必然能战胜任何困难和敌人。

爱人民。中国是一个民族众多、人口众多的大国。各民族之间的团结和睦，人民之间的互助友爱，人与人之间的和谐合作，是中国繁荣昌盛的根本力量所在。爱人民，是对人的尊重，是对人的权益和生命的尊重，是对各民族文化的尊重，生活的尊重。人的生活是人与人之间的生活，人与人之间的关系是人类生活中最基本的关系。所有社会矛盾都是人与人之间的矛盾，小到家庭矛盾，大到民族间矛盾，国家间矛盾。学会与人相处，是人生存的基本问题。市场机制中人们的注意力往往以利益为中心，以自我为中心，市场机制中更加强调竞争关系、交换关系。现实社会中的人际关系出现了种种变化，出现了道德扭曲、行为扭曲和人性扭曲，给处理和调节人际关系带来了困难。这就给教育提出了教育青少年如何处理人与人关系的品德教育需求。在开放的国际交往中，人与人的关系已经国际化了，如何处理好与外国人的关系，已经摆在青少年德育面前，要学会用美德参与国际社会交往。随着家庭结构的变化，独生子女的增加，家庭富裕程度的提高，新一代青少年的自我意识在增强，对他人关爱的心理在淡化，爱人、爱他人、爱人民、爱人类，不能不是德育的基本内容。

爱科学。人类社会进入了科学发展的新时代，科学成为当代发展的基本特征。生存在科学发展的时代，爱科学就成为当代人们崇尚的生活内容，现代生活的学校教育交织着科学，青少年对科学的接受环境与条件有了相当大的进步。信息社会的网络文化为科学知识的传播提供了极为便捷的条件。中国正在步入科学发展的轨道，中国正面临科学普及与提高的双重局面。对中国来讲，科学仍然是一个新的课题，全民族提高文化科学素质的历史任务相当严重。青少年将担负攀登科学高峰的伟大责任。现时的学校教育所传授的知识与科技发展不相适应，青少年的科技意识有待增强，是国家发展的动力所在。青少年走近科学的心理准备和学识准备仍不到位。现时教育方式使青少年缺乏科技创新的思维和能力。爱科学，是青少年德育教育的应有之意。

爱文明。追求文明是人类的共同目标。中国的文明进程正在加快。但中国的文明程度仍需要加快提高。从中国的历史看，我们正在从传统农业文明向工业文明转变，才刚刚步入科技文明时代。中国几千年的农业文明积淀很深，一直影响到今天。中国人群当中尚有相当多的人不适应工业文明和城市文明，不适应生态文明，更不适应国际化的文明。市场体制中的负面效应给当代人类文明产生了很多弊端，西方发达国家的人们也在进行文明反思，审视当代西方文化和文明，正在寻找适应当代西方人们心理平衡的文化。中国正处于中西方文化交汇的历史新时期，中国人对文明的选择当中，农业文明并没有完全摆脱，先进的文明并没有完全领悟，社会中的一些非理性文明往往模糊了人们的视线，走入文明的步履有些沉重。此种社会现实中的文明教育就显得格外重要和困难。文明是一种文化心理，又是一种道德行为。文明的成功实现需要教育，也需要社会机制。既需要科学知识，也需要法制治理。就在校教育的青少年来说，文明教育是德育的基本内容和方式。文明是一种养成性训练，是代际间的不断蜕变，必须从幼儿和青少年抓起。

爱自然。人类生活在自然之中，天天都在与自然交往，而自然力是强大的，人类只能适应自然。人类社会从工业革命开始，对自然造成了极大的破坏，现时的人们正经受大自然的惩罚，现时的世界和中国都把环境保护作为重大发展问题，正在采取措施让自然回归自然。这一过程是人们文化心理的自我校正，人类正在恢复对自然的尊重与保护的心态。但生态环境治理与保护是一个漫长的过程，在校的青少年必将担负起保护人类生态的重任。爱自然的教育，直接地看来是正确处理人与自然的关系。但爱自然的教育是人的文化、人的文明、人的科学生活，也是人生观的一种选择。人与自然的和谐，已经成为人类艰难的文化命题。让广大青少年从小就懂得热爱自然、尊重自然、学习自然，学会未来的生活态度，学会未来的生活方式，从传统的征服自然的心态中走出来，从单纯的经济行为中走出来，从传统的发展观念中走出来，科学地识别自然，科学地利用自然。

提出“爱祖国、爱人民、爱科学、爱文明、爱自然”为幼儿和青少年德育的基本内容，都以爱为核心，从爱出发，围绕爱构建德育。因为爱是构成道德的核心要素，是人的人生观的主要支撑，是做人的根本，人类生活，主要是处理好个人与国家、个人与他人、个人与自然的关系。因为爱是人性的立足点，爱能迸发出人性的光芒。因为爱是人生的最强动力，散发出人类成长的能量。一个心爱祖国、心爱人民、心爱科学、心爱文明、心爱自然的人，就有了做人做事的基本准则，并从爱心出发，培养个人的品德不断完善，进而处理好个人与国家、个人与他人、个人与自然的和谐关系，自觉地妥善地安排好个人的言行。

提出爱祖国、爱人民、爱科学、爱文明、爱自然的德育基本内容，不仅是从中国的现时和未来出发，也是从人类社会发展的趋势出发。不仅是从中国的特色发展，也是从人类共同愿望出发。既是德育的基本内容，也是德育的基本需求，反映了现时中国青少年德育的内在要求，也反映了社会的普遍性期盼。是否可以做这样的考虑，把爱祖国、爱人民，爱科学、爱文明、爱自然作为中华民族的主体道德观。这样考虑，是为了使青少年的德育有一个清晰结构和主体目标，比较容易形成中华民族的德育体系，使“五爱”起到支撑和带动德育的作用，也便于德育的长期坚持和普遍实施。

三、德育的机制和方式

对幼儿和在校生的德育，关系到每个家庭，关系到中华民族的现时和未来，关系到国家的前途和命运，是一项伟大的文化工程。需要党和政府、社会和家庭、教育部门和学校的共同努力。

一是要把青少年德育作为基本国策。人们都清楚，青少年是国家的未来，赢得青少年就赢得了未来。青少年的德育问题，不只是教育部门和学校的大事，而是全体国民的大事，是党和国家的大事。大事就需要大动作，仅由教育系统运作是不够的，应上升为基本国策，作为国家发展的重大的文化工程，纳入“科教兴国”和“文化强国”战略体系之中。党中央、国务院就中国教育改革做出决定，在全国引起了积极反响。对于青少年德育，更应作为基本国策，做出全局性的系统谋划和顶层设计。因此，建议党中央、国务院组织有关方面和社会力量，展开系统的调查研究，对中国的青少年德育问题作出重大决策，明确青少年德育的战略地位、德育方向、德育内容、德育要求，以及相应的对策和措施。调动全党全国的力量，把青少年的德育作为一项重大战略工程，长期系统深入地展开青少年德育教育。中国政府曾不止一次批评日本政府歪曲有关日军侵略中国和亚洲国家历史事实篡改历史教科书。对国民意识引导已经成为国家的政府行为，把政府倡导的价值观转化为民族的意志和行动，国家在文化价值和道德文明建设中的作用不可替代。中国共产党和中国政府已经提出了相应的文化战略和教育策略，不断强化对幼儿和青少年的德育，收到了相当大的成绩。中国作为有十三亿多人口的大国，有几亿的青少年，受教育的群体如此庞大，作为人口大国，理应对人类道德文明建设做出重大贡献。加强对中国青少年的德育，必将产生历史性影响，功在当代，利在千秋。

二是精心编制好德育教材。德育教材编写可以说是一项重大的文化工程，涉及诸多方面，要由教育系统行为上升为国家行为，由国家统一组织编写。恐怕要经过编写、试用、再编写、再试用的过程，逐步形成适应中国国情的，有时代特征和国际化的，社会、家庭、学生乐于接受的德育体系，彻底改变现时的德育被边缘化、碎片化、表面化的状态。

三是要形成有效的德育机制。要改变德育被弱化、被忽视的状况，形成有效的德育机制，保障德育的健康运行。从国家层面来说，除了战略、规划指导外，应该做出相应的规范和要求，纳入教育的常态运行。国家规范财政支出的一定比例用于教育经费，这就使教育经费问题得到一定程度的保证。要把德育作为“规定动作”，做出明确的规定。比如，把德育教师作为一门专业课，师范院校开设德育专业，德育纳入职称评审范围，德育研究成果作为教育成果和科研成果，把德育纳入对学校和学生考核，升学考试当中专设德育试卷或试题，等等。

德育是一项文化工程，是文化积累的结果。文化课是德育的组成部分，是与德育课共同组成的德育教育体系，德育要在各类文化培养中提升。要在教师队伍中形成教书和育人紧密结合机制，把德育纳入文化课教学之中。文化课教材要把知识性教育和品德性教育有机结合。比如，自然课中的爱自然教育，历史课中的爱国教育，语文课中的人文精神教育，数理化学科中的爱科学教育。

旧中国以人文文化为主，而当代文化是文理兼备的现代教育体系，为人的全面发展提供了条件。文化构成影响着人的品质和才能，德育是人的各类文化的再学习，是多种文化共同的作用。要采取相应举措，调动和引导人们对德育的关注，逐步形成良性的德育机制，使德育常态化。

四是要形成德育的社会氛围。有的学校老师说：在学校说得好好的，回到家里学生又变了。有的校长说：学校的能力比不上社会的影响力。青少年的德育不只是学校的责任，而是全社会的担当。社会治理结构中，要切实加强对青少年身心健康的保护。德育之事要成为每个家庭之事，形成家庭教育与学校教育互动的机制。国家应该专门制定出青少年身心健康保护条例，加强社会治理，让全社会在法律、义务和道义上做出相应的责任分担。社会是一所大学校，良好的社会氛围，是对青少年最好的教育。党和政府的示范，家长的示范，社会环境的种种示范，可以组合成强大的德育势力。全社会的良好道德构建，是对青少年德育的重要保障。因此，要把青少年的德育与全社会的德育结合起来。

五是要探索青少年德育的有效方式。道德的构建是文化秩序的重构。一方面，要把中国和人类的道德予以批判性地选择与传承，从中寻找有利于道德文明根脉的存在，从道德文明的由来中再构建道德。对于中国人来说，主要是中华民族精神的有效传承和光大，而不是对传统的简单重复，不是对历史经典的表面模仿，而是对传统精华作深入人心的转化与深化，成为人生的理念。另一方面，是对当代人文价值的再思考与再构建，在中外文化的交织中找准中华民族道德方向，从中确立主体道德观，使道德建立在新的视野和新的自觉的基础上。因此，对于当代中国青少年的道德建设，不能限于对传统道德与当代文明的比较，要从人类文明发展的共同点去把握，要从人类现时信仰的新觉醒去探索。应该看到，时代文明与时尚存在巨大的感召力，尤其是对当代的青少年来说，他们更倾向于现时的存在。不论是对现时的欣赏，还是对现代的反思，都被当代青少年所关注。对于当代青少年的德育，不能不面对他们的兴趣和生活感悟，人们不能不注意德育中的时代感。这其中，涉及中国当代青少年德育的内容和方式选择，适宜青少年的德育内容和方式，才容易被青少年所选择，所接纳。需要对时代内涵做出有文化意义的探讨，需要对青少年心态做出有文化意义的理解，把现时的社会形态和当代青少年的心态取向结合起来，切实抓住当代人和当代青少年的心理需求，让美德融化在青少年的心里。德育是文化积累和文化积淀，是人类代际间的传承与发展，不能采用政治动员或政治运动方式，不能作为社会样式的表面化存在。要在准确把握基本道德方向和主体道德内容的前提下，坚持德育的长期性、连贯性与普遍性。有关时势教育和观念性引导是必要的，但不能取代常规的德育，而是作为德育的新内容，融合到思想教育、道德教育之中，一并进行，以保持德育的整体性和统一性。具体到每个年龄段的德育内容和方式应该有所区别。相对来看，我国现阶段大学在校生的德育更为薄弱，而大学生年龄正处在青少年向成年人的转变，是人生观形成的关键阶段，对大学生的德育应予以特别的关注。

（本文作者为东北师范大学党委组织部　在读博士）

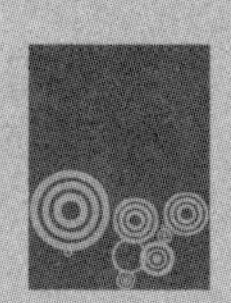

加强法治文化建设，推进国家治理体系和治理能力现代化

纪丰伟

法治建设是制度建设、机制建设、文化建设的有机统一。法治文化建设是全面依法治国的内生动力和重要支撑。党的十八大以来，法治文化建设不断推进，人民群众法治意识不断增强，法制观念逐渐深入人心。积极推进法治文化建设，推动全社会人人遵法、学法、守法、用法，应注重创新法治的社会氛围，夯实思想基础，健全社会主义法治体系。使法律为人民所掌握、所遵守、所运用，努力形成司法公平、公正、公开，执法严明，维护权益，安定团结、社会和谐稳定的政治局面。

坚持和发展中国特色社会主义，是改革开放以来我们党全部理论和实践的鲜明主题，也是习近平新时代中国特色社会主义思想的核心要义。习近平总书记在省部级主要领导干部学习贯彻党的十八届三中全会精神全面深化改革专题研讨班上的重要讲话中强调指出，必须适应国家现代化总进程，提高党科学执政、民主执政、依法执政水平，提高国家机构履职能力，提高人民群众依法管理国家事务、经济社会文化事务、自身事务的能力，实现党、国家、社会各项事务治理制度化、规范化、程序化，不断提高运用中国特色社会主义制度有效治理国家的能力。习近平总书记在党的十九大报告中强调指出："明确全面深化改革总目标是完善和发展中国特色社会主义制度、推进国家治理体系和治理能力现代化。"习近平总书记的重要讲话，为哲学社会科学理论工作者，在法学、哲学、社会学、政治学、经济学、环境学等方面的行业领域研究提出了新时代的要求和任务，指明了方向，确立了行动指南，坚持以习近平新时代社会主义思想为指导，加强国家治理体系和治理能力现代化理论研究，推进中国特色社会主义法治体系建设，作为国家与地方治理理论研究工作者，深感责任重大，使命崇高，任重道远。

为深入贯彻党的十九大精神，认真学习习近平总书记关于治国理政、加强国家治理现代化和国家治理体系建设的重要讲话精神，加强中国特色社会主义法律体系建设，积极开展政治治理、经济治理、文化治理、社会治理和生态治理理论研究，加强社会主义法治文化建设研究，推进国家与地方治理的学术理论研究，推动基层法治政府建设，具有理论创新意义和现实意义。

深入开展国家与地方治理理论研究，应积极拓展国家治理现代化、社会主义法制体系建设、法治文化建设等方面的理论探索，与相关部委及地方政府联合进行国家部委、地方政府委托司法、社会、政务等方面课题立项研究，加强国际交流与合作，开展全球治理，"一带一路"等宏观理论创新研究，为加强国家与地方治理现代化、国家治理体系建设理论研究建言献策，多出社会科学成果，为推动党的十九大提出的"两个一百年"奋斗目标的顺利实现做贡献。

中国特色社会主义进入新时代，我国社会矛盾已经转化为人民日益增长的美好生活需要和不平衡不充分的发展之间的矛盾。开阔创新，就是要理论先行。研究国家治理体系和治理能力现代化，就是要研究"五位一体"总体布局和"四个全面"战略布局，研究逐步完善中国特色社会主义制度，研究党的理论创新，加强对新时代矛盾纠纷多元化化解、社会治理应急处理问题、中国特色社会主义文化建设和核心价值观、基层法治政府建设、环境保护与生态文明建设等方面的理论研究，适应新时期、新特点、新常态，创新大数据等科研平台和拓宽研究途径，机遇与挑战同在，责任与使命共存，不断提高国家治理体系和治理能力现代化的研究水平。

一、坚持正确的法治文化和国家治理现代化理论研究方向

认真学习党的十九大精神，深入贯彻习近平总书记的系列重要讲话精神，坚持以习近平新时代中国特色社会主义思想为指导，认真贯彻党中央、国务院提出的“全面建成小康社会、全面深化改革、全面推进依法治国、全面从严治党”四个全面的战略布局，新时代社会主义经济建设、政治建设、文化建设、社会建设、生态文明建设和党的建设的发展理念，是以习近平同志为核心的党中央新时期治国理政的总体框架，是国家各项工作关键环节，具有内在的逻辑性和前瞻性，使我们的工作目标更加清晰。我们应正确运用马克思主义的观点和方法进行理论探讨和研究，为推动社会主义事业进步和发展，不断探索和研究新形势下中国特色社会主义制度建设的新理念、新规律、新境界。

二、坚持法治文化和国家治理现代化理论创新和学术探索

党的十九大提出：“明确全面深化改革总目标是完善和发展中国特色社会主义制度、推进国家治理体系和治理能力现代化。”国家治理体系和治理能力建设是一个国家制度和制度执行能力的集中体现。加强国家与地方治理现代化研究，是新形势下，党的十八届三中全会提出的深化改革的总体目标，党的十九大上又明确提出了“八个明确”，进一步明确提出了坚持全面深化改革的总目标。我们应以实际行动坚持理论创新，积极探索新形势下的国家治理现代化与治理能力体系建设的内涵、意义、规律、特点、辩证关系及理论保障，理论联系实际地研究中国特色社会主义制度下的经济治理、政治治理、文化治理、社会治理、生态治理、党的建设的新特点、新规律、新思路，运用马克思的历史唯物主义、辩证唯物主义的观点，分析社会发展中的新问题、新途径、新观点。国家治理研究机构应建成社会科学研究型的智库，将科研成果转化为推进国家治理能力现代化的动力，不断创新、不断探索、不断前行，建言献策，为国家和地方政府治理提供调研报告、决策参考等科研成果。

三、坚持基层法治文化研究和地方法治政府建设发展特色相结合

在国家治理现代化学术研究和科学实践中，应团结各行各业各领域的专家学者，组成各具特点的国家治理现代化理论研究专门精英团队，独辟蹊径，颇具特色，勇于创新。将国家治理现代化研究与地方法治政府建设研究相结合，可参与国家、部委课题、司法调研课题、重大审判理论课题等研究，积极参与地方政府经济与社会发展、文化创意、法治建设、社会治理等方面的规划、分析、应急处置、多元化矛盾化解研究，在行业内组织专家学者专题研究，参与实务部门的实践课题调研科学决策研究，为促进国家和地方经济、社会发展贡献才智。

四、坚持法治文化产学研一体化实践与国家治理现代化理论研究创新相结合

随着经济社会的不断发展进步，各行各业精细化分工不断增多，产学研一条龙为万众创新大众创业提供了有效的方式和经验。作为人们生活的基本元素——社区建设，呼唤各种行业、专业技术人才，以适应人们现代生活的需要，人们渴望学习适应新生活的新知识，加强法治文化建设，“互联网＋”的发展促使人们生活高效和快捷。现代化教育、文化、科技突飞猛进的发展需要我们不断充实新知识、新思想、新理念，不断扩展新视野。国家与地方治理理论研究应与社会地域发展特点相结合，与科研院所、大中专院校、社会团体、NGO 组织等实事求是地开展或联合开展调查研究，依据国情、省情、市情及县区实际，利用互联网、大数据平台及媒介、舆情，整合资源，精细分析，计量及大数据分析、归纳、总结事物发展规律，开展课题研究，使之早出成果，快出成果，多出成果，推广成果。

五、坚持法治文化国内探讨和国家治理现代化研究国际交流相结合

我国现在正处于社会转型期和经济新常态，党中央综合分析国际国内形势和我国发展条件，提出了“一带一路”发展战略，推进全球治理体系，构建人类命运共同体，建设持久和平、普遍安全、共同繁荣、开放包容、清洁

美丽的世界的奋斗目标。体现了以习近平同志为核心的党中央治国理政的新格局、新理念、新境界，以共商、共建、共享为原则，积极发展开放型经济，参与全球治理，推进大国协调和合作，构建总体平稳、均衡发展的大国关系框架，得到了国际社会积极地响应和广泛支持。我们应抓住机遇，乘势而上，加强对“一带一路”经济发展和参与全球治理的理论研究。随着我国人民生活水平的不断提高，社会生产力的极大发展与人民日益增长的对物质文化的需求具有一定的差距，社会矛盾纠纷日益凸显，国际风云变幻，世界多极化加剧。可不定期举办新时代国内、国际国家治理现代化主题研讨会，开阔视野，确定学术研究方向，确立研究主题，制定阶段性研究目标，探讨国家治理现代化和治理体系建设的内涵和时代意义。进行国际前沿理论交流与合作，虚心学习国外先进的国家治理经验，创新性地研究具有中国特色社会主义制度的发展之路，为探索新时期的国家治理现代化和治理能力体系建设贡献力量。

党的十九大提出，“综合分析国际国内形势和我国发展条件，从二〇二〇年到本世纪中叶可以分两个阶段来安排。第一个阶段，从二〇二〇年到二〇三五年，在全面建成小康社会的基础上，再奋斗十五年，基本实现社会主义现代化。到那时，我国经济实力、科技实力将大幅跃升，跻身创新型国家前列；人民平等参与、平等发展权利得到充分保障，法治国家、法治政府、法治社会基本建成，各方面制度更加完善，国家治理体系和治理能力现代化基本实现；……第二个阶段，从二〇三五年到本世纪中叶，在基本实现现代化的基础上，再奋斗十五年，把我国建成富强民主文明和谐美丽的社会主义现代化强国。到那时，我国物质文明、政治文明、精神文明、社会文明、生态文明将全面提升，实现国家治理体系和治理能力现代化，成为综合国力和国际影响力领先的国家，全体人民共同富裕基本实现，我国人民将享有更加幸福安康的生活，中华民族将以更加昂扬的姿态屹立于世界民族之林。”国家与地方治理学术研究领域的专家学者，应紧密团结在以习近平同志为核心的党中央周围，肩负重任，尽职尽责，不辱使命，将学术研究活动做实做好，为弘扬社会主义法治精神，推进中国特色社会主义制度建设，促进国家治理体系和治理能力现代化建设理论的提升做出更大的贡献。

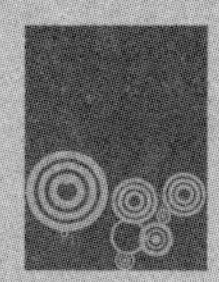

国防态势中的文化思考

赵大鹏

作为一个中国公民，很关注军队和国防建设。在探讨文化问题的过程中，联想到中国国防中的文化问题。

古往今来，在中国大地上发生的战争，恐怕是人类战争史上最多的。中国积淀了丰厚的军事理论，一些军事思想至今在世界上仍处于领先地位。以《孙子兵法》为代表的古典军事思想，成为人类军事思想的宝贵资源。近现代以毛泽东为代表的军事理论，在当代世界产生深刻影响。中国是世界军事思想的杰出国度，20 世纪，尽管中国的国防力量相当薄弱，仍能战胜强大的敌人，充分显示了中国军事思想的强大威力。

进入 21 世纪以来，世界格局发生了重大变化，给中国国防和军事变革带来了机遇与挑战。中国的国防理念和军事思想做出了重大调整，面对新的国防态势，采取了新的战略举措，不断强军，加强国家安全。

如今的世界，战争从未停止，战争因素多变复杂。利益集团多元化，力量对比大变动，争霸称雄之势未减，和平和谐之势日增，国防安全的形势比以往任何时期都复杂多变。其中，军事理论、军事思想、军事文化要有新的探索与创新。本文试想从文化的角度作点思考。

一、战争模糊论

战争像一个怪物，让人们捉摸不定；战争像一个幽灵，让人们难以认清。人类积累的智慧都曾用于战争。战争在制造灾难，战争也催发人们的奇思妙想。战争中的文化是人类文化中的畸形，往往超出了人们的想象，往往不以人们的意志为转移。当我们面对现实的国防安全和军事准备的时候，军事行为的背后，其军事文化不同于历史上的军事和战争，国防文化变得更加富有智慧，更加复杂多变，更让人难以把握。这恐怕是因为当代战争态势的模糊性。

以苏联解体为变故，世界军事战略格局发生了重大变化。世界的军事战略布局从未停下来，战争并没有停下来，新的战争的可能性依然存在。面对中国改革开放带来的巨大发展，中国的崛起已经引起世界的关注。中国的国防面临更加复杂的局面，中国被历史地推进到前所未有的变局之中。

人类的先进科技相当多地优先用于军事领域。当今世界先进科技大量地用于军事装备和技术，加快改变战争形态。比如，信息技术使战争形态变得让人难以确认，快速、精确、远程的军事打击使人们防不胜防，信息网络把军事要素越来越紧密而且整体协调，信息战已经展开，网络入侵随时引发。比如，战争已无清晰的边界可言，从陆地到海洋，从地球表面到太空，一国防卫的空间难以确定。战争的多国参与、跨地域行动、国内外因素交叉、信仰冲突、文化冲突、经济矛盾、边界争端，都可能引发战争，跨越国界战争的动员与组织，战争的引发因素和引发点都带有相当的不确定性。

战争是人类的相互残杀，是人性的大裂变。当人们观察现实社会围绕战争而出现的种种紊乱现象的时候，往往是在梦想状态，往往是在猜想状态，往往是在迷惘状态，往往是在无奈状态。如果要简单评述当代战争，好像自然科学的模糊论，数学当中的模糊数学。当代战争的复杂形态，给国防带来了新的挑战。如何认识当代战争，特别是未来战争的态势，是特别令当代人们颇费心机的。中国已经处在世界的焦点位置，战争的关联性在上升，中国的国防战略眼光不再是围绕中国的国土，而是全球性的。对未来战争形态及其对中国可能产生的关联性的判断，是研究制定国防策略的重要前提。

有人从战术的角度观察战争，有人从战略的层面分析战争，有人把战争与经济联系起来研究战争，有人把军事与政治混在一起判断战争。但从文化的角度分析战争，可能更加接近战争的真实性。战争是人的恶劣行为，是善与恶的较量，战争的真正动因取决于发动战争者的心态。策划战争的人在想什么？他们的思维方式是什么样的？他们选择战争对象的目的性是什么？这些可以归结为战争文化，或者称之为国防文化。

目前，世界的战争大体有两种形态，一种是传统的战争形态，一种是现代战争形态，我们的注意力应侧重现代战争。值得注意的是，西方发达国家的战争思想当中，将现代科学、现代管理、现代文化运用到军事领域，把工程技术性的思维引入军事，企图提升战争系统的可靠性。当前中国国防思维当中，应提升军事思想中的科学性，将中国传统军事经典与现代科学思维结合，使中国的国防理念站在当代世界战争思维的前沿，以利于有效应对现代战争的模糊性。

把当代战争形态特点概括为“战争模糊论”。这种提法不是说战争不可知，而是为了贴近现代战争的新构成。现代战争是现代思维的产物，是现代文化的演变。有的国家想在全球称霸，不愿意再有强国在地球上出现。有的国家企图重温历史上的旧梦，东山再起，再次称雄。有的为某种利益，有的为了某种信仰，种种战争动因的背后，存在着文化价值取向。从文化的角度分析战争，有利于把握战争的真谛和基本症结所在。

战争是人类的相互争夺，是残忍的争斗，也是充满智慧的争斗，充满文化的争斗。人们的文化选择，人们的价值取向，都浸透在战争行为当中。战争中的非理性最终被人类的理性战胜。当我们很好地把握文化，把握理性的时候，就能破解战争的模糊性，走出战争的迷雾，迎接人类晴朗的天空。

二、战争隐蔽论

战争，向来是充满血腥的，是对人类生命的挑战。

以往的战争，特别是二战以及二战以前的战争，真刀真枪，炮火连天，人们面对面的厮杀，人们深刻地感受到战争的残酷，也深深地留在人类的记忆当中。

从战争的基本形态来说，以往的战争是显形战争。人们粗暴地显示战争手段的力量，战争的征服者和被征服者都付出了血的代价。但战争并没有消灭战争，并没有结束战争，人类当中的战争欲望膨胀没有止境，显示威力的行为没有止境，显示实力的行为仍在继续。当人们还在回味和感受战争痛苦的时候，一种人们往往一时感受不到的战争悄悄地进入人们之间，在无形中取代着显性的有形战争。而人们对这些隐藏着的战争缺乏某种警觉，但人类已经成为隐蔽性很强的战争受害者。

战争的属性告诉人们，战争向来是不择手段的。进入21世纪，人们更加聪明起来，有人把聪明用于战争。比如，人类社会中培育了有害人类生存的菌类以及菌的变异。现代科学将有害菌纳入可控范围，定向使用于战争对手的人群，可让细菌随时爆发，可让细菌慢慢侵害某些人群的肌体，让某些人群逐渐衰危。比如，某种化工产品，人们利用有害的化工产品作为人类杀手，侵蚀人们的生态环境，不知不觉地侵害了人类。比如，某种生物，有人把她作为杀手，侵害其他生物，干扰破坏生物链条和生态环境，从而影响人类的生存和自然生态。比如，人类的科技已经有效进入太空，从太空领域争夺战争的主导权。地球的污染是人类自己破坏的，而有人可以利用科学技术手段继续扩展污染，达到制造灾难，战胜对手的目的。比如，气候局部的某种可控性，有人可以制造有害人类的气候（局部），让气候成为武器。有人利用互联网传播某种邪恶信息，使某些人产生反人类的恶劣行为，伤害人类。人类当中总有人企图发现新的战争武器和手段，一切可能用于战争的东西都可能被人利用，未来会有人们预想不到的战争手段。这些新的战争手段的共同特点，是战争的隐蔽性增强了。把这些战争形态概括称为“战争隐蔽论”。这不是说常规战争中不带有隐蔽性，而是说上述战争的形态与传统显性战争形态比较，其战争形态更加具有隐蔽性。

隐蔽型战争是更具有杀伤力的战争，是最可怕的战争。在我们捕捉未来战争态势中，必须有所警觉、有所发现、有所防备。在应对隐蔽型战争的对策中，当然要注重其中的科学技术因素，同时也需要重视文化因素。

从俗文化的角度来说，战争的隐蔽方式与小偷属同类。人们通常认为，公开叫抢，不公开叫偷，但目的是相同的。偷窃的文化心理是一种人的占有欲。人的占有欲带有普遍性，并且没有止境。当占有欲失去基本人性约束的时候，就必然要产生占有行为，这时占有行为带有侵略性、侵犯性，形成对侵犯对象的伤害。

从道德文化的层面来说，集中地展现为善性与恶性的较量。中国古人说“人之初，性本善”，是说人类当中存在善的一面，也存在恶的一面，在人们评价道德的时候，往往用“真善美”来说明。真、善、美之间，善是构建真和美的道德基础。中华民族历来主张与人为善。而发动战争的人恶性膨胀。进入现代社会，有些人以伪善的面貌出现，西方一些发达国家大讲人权，并以保护人权的名义发动战争，对侵略者来说，道德让位于野蛮，人权让位于霸权，国际法则让位于个别国家利益。对于发动战争的人来说，是非是颠倒的。唯一有效的办法是使正义力量强大。

从人性的角度来看，隐蔽型战争更是灭绝人性的战争。正常的人们很难想象一些隐蔽型的战争的策划者，正在进行反人类的战争行为。

为了应对隐蔽型的战争，中国应确立新的国家安全理念，新的国防策略。如果失去对隐蔽型战争的警觉，如果缺少有效的应对举措，我国的国家安全将存在巨大的潜在风险。将显性战争和隐性战争统筹应对，从而确立起全面的国家安全观。

三、战争控制论

中华人民共和国成立以来，中国遭受霸权政治的围阻，控制中国发展的企图从未间断。打破对中国的封锁和控制，一直是中国国家安全的首要问题。

从中华人民共和国成立到美国承认中华人民共和国政府是中国唯一合法政府，从中美建交到确立中美新型大国关系，尽管打破封锁和控制，尽管中美关系出现一些新的变化，但美国仍顽固坚持主导中美关系的思维，实施的是有限中美关系。如美国不允许高技术对中国出口，以美国的标准和规则约束中国。在控制与反控制的中美关系中，美国逐步失去了某些控制力。原因是，中国反控制的能力不断增强，中国在国家安全的运行当中有效地实施中国的控制力和影响力。

中国紧紧抓住当代世界和平与发展这个主题，实施了独立自主的和平外交政策。中国高举和平与发展这面旗帜，顺应了绝大多数国家的发展愿望和和平期待，在人心向背上，中国赢得了大多数国家和人民的欢迎和共鸣。中国提出了新的国际安全观，提出了和平共赢外交理念，有效地发展了与许多国家的友好关系。中国实施了多边的、周边的、双边的外交合作，提出了“一带一路”，实施了外交、经济、文化的统筹外交，积极化解了一些国家和地区的矛盾与冲突，掌握了中国外交的主动权。

国际社会的种种矛盾和冲突会长期存在，围绕中国的发展而构建和平发展的国际环境，是国防和外交的根本目的。中国不是消极的防御，而是积极的国防与外交。在反控制的斗争中，形成了一整套控制国际矛盾朝着有利于中国的方向发展，形成了中国的国防控制策略和方式，有效地缓解了战争的发生和发展。

人类战争是人的战争，存在不可控和可控的两种可能。中国被动挨打的历史已经过去，独立统一强大的中国正在崛起，已经形成了强大的防卫力和威慑力，中国具备了控制战争的能力和智慧。中国和国际的和平力量不断壮大，会抑制某些战争的发生或发展。

从国防文化的角度提出战争控制论，不是无中生有，而是中国共产党领导革命军队取得许多重大胜利的经验总结。如解放战争时期的三大战役，以毛泽东为核心的党中央把三大战役作为一盘棋，统筹运作，三大战役相互衔接呼应，使国民党的军队处于被动挨打的地位。三大战役是中国共产党控制解放战争的典型范例。抗美援朝战争，表面上军事实力强大的联合国军占有战争优势，但战局则操在中朝一方，打破了美国的种种企图，使美国不得不被迫停战。

战争控制论不是无条件的，不是一厢情愿的，是充分发挥我方的主观能动性、创造性系统运用军事智慧，积极创造有利于我方而不利于敌方的条件，使战争朝着有利于我方的格局发展，掌握战争的主动权。在对外防御的准备当中，有效化解矛盾，控制国际环境朝着有利于我国的方向发展。

四、战争整体论

现时的中国，国防建设进入了打现代战争的阶段。

现代战争，意味着战争形态与以往相比，出现了许多新的变化。

有了军队，不一定能打仗、会打仗。

军队的战斗力，不只是装备水平的高低，不只是军队数量的多少。习近平总书记提出，有灵魂、有本事、有血性、有品德，这就是培养新一代革命军人的新标准，有了这样的一支军队，就会永远立于不败之地。

军事素质，不只是简单数学，也不只是几何学，而是军事诸要素的组织化程度和系统整合能力。如一盘散沙，根本形不成真正的战争能力。

在近现代的自然科学和工程学当中，提出了许多科学理念和方法，如系统论、控制论、优选论、比较优势论等等。这些科学理论与方法是现代国防文化中的重要组成部分，成为当代军事思想的“升级版”。

中国军事军队建设朝着更加整体性，结构优化、整体协调、运行高效的方向发展。

军队建设要突出战斗力的形成，与军队直接形成战斗力的其他无关的配置一律精简，走出一条精兵强军之路，也使有限的军费更有效地利用。同时优化军队结构。

构建新型的国防保障体系。将军事和教育改革统筹安排，把初级军训纳入现代教育体系，使大学生、高中生接受一定程度的军训，以利于增强全民的国防意识和能力。

军队改革的各项举措，要有利于提高军队的整体战斗力，走精兵强军的路子。

上述构想，均出于整体论的国防文化。

“战争整体论”，是以形成战斗力为目的。军事资源同经济、文化资源一样，都存在资源的配置与结构问题，不是有了军事资源就有了战斗力。国防是一个大的系统，系统内的关联程度将决定系统的功能。资源的效率在于资源的配置方式和结构形成。如果像一袋土豆，放在秤上一称，有一定分量，但把土豆倒在地上，土豆独立分散存在。优化配置的结构，就不再是一加一等于二，而是大于二。中国的国防资源，在提升单元素质的同时，注重国防结构的系统优化，从中生成体系性战斗力。站在系统的高端，善于整合系统的运行，是当前中国国防建设中的重大决策，不能不予以高度重视。上述构想，实质是国防体制的重大改革与调整，是对已有军事文化的反思和新的军事思想的构建。目前是我国军事改革的有利时机，完全可以大有作为。

五、战争制胜论

俗话说，养兵千日，用兵一时。平时养兵是为了打仗。

清政府时期的北洋水师，在当时可称为一支有相当实力的海军，但在中日甲午战争中却一败涂地。这说明，如果养了一支不会打仗，不能打胜仗的军队，就失去军事存在的意义，

军事存在不是作为象征意义，不是作为形象标志。军事存在的价值，在于战时确实能担负起保卫国家安全的重任。

国防建设涉及方方面面，是一项复杂的系统工程。那么，什么是军事工作的价值，用什么样的指向统领全军的各项工作，用什么样的国防理念集中全军的奋斗方向？习近平总书记做出了重大战略决策，提出：“建设一支听党指挥、能打胜仗、作风优良的人民军队，是党在新形势下的强军目标。”[1]

国防建设是为了打仗。这是就军事存在的一般意义而论，是指养兵的基本目的。但养兵是有标准和指向的。习近平总书记提出的“听党指挥，能打胜仗，作风优良”的现代军事思想，是对中国军队建设提出了明确的方向、标准和能力的要求。这其中，提出了存在战争的可能性，中国军队必须准备打仗，向全党、全军、全国人民发出了国防动员令。能打仗是指军队要具有的军事意识和充分的战备。打胜仗是指军队的任务和建设标准。当代中国军队建设把“能打仗，打胜仗”突出出来，使中国军队建设方向更集中更明确，提出的建军标准更高更强。军队的各项工作都要紧紧围绕能打仗，打胜仗这个核心军事思想。

提出“能打仗，打胜仗”，使我军站在了当代军事斗争的前沿。面对先进的军事装备和技术，面对现代的军事理念，中国的军事准备必须具备相应的能力和条件，军队建设必须坚持更高的标准，着实提高军队人员和装备水平。

提出“能打仗，打胜仗”，向我军提出了军事变革的要求。这其中涉及军

---

〔1〕 习近平主席在出席十二届全国人大解放军代表团活动纪实。2017 年 3 月 13 日，新华网—新华社。

事理论、军事体制等相关变革。比如，国防新概念的确立，要从过去以陆地为主向海洋转变，要从航空向航天转变，要把国防边界延伸到远海和太空，按新的防卫空间确立军事准备，重新配置军事资源。比如，整体防御体系，要做出重大调整，改变过去的防御布局，调整和优化军事结构，使军队适应现代战争。

如果从国防文化的角度来看，能打仗，打胜仗，是强军梦，可称之为“战争制胜论”。现时的中国强大了，但战争的危险性也加大了，应对战争的难度也加大了。一般性的军事标准是不够的，必须从打胜仗的要求出发，来研究和开拓军事的新发展，把国家安全建立在自身强大的基础上。运用核心的军事理念统领整个军事工作，已经成为现时和未来我军建设的紧迫需要。军事理论和思想属于文化范畴，是中国优秀文化的重要组成部分，是中华民族文化经典在军事方面的体现。先进的军事文化是军事工作的灵魂，在军事工作中起到指导作用。现时中的军中文化工作虽然具有精神和娱乐的作用，但不是军事文化的主体。军事文化是事关军事整体建设的文化，并且是具有体系性的文化构成。习近平总书记提出的能打仗、打胜仗，既是战备层面的重大指导，也是军事文化的重大体现。

军事文化，既是文化的重要组成部分，也有军事文化的存在与发展方式。但军事文化必定是文化，具有文化的属性。当代军事文化，走向了综合运用文化的阶段，军事文化的范畴亦难以确定。传统的军事思维难以适应当代军事发展，军事文化建设是强军的内容之一。如何形成有中国特色的现代军事文化，中国正面临新的选择。中国军队人员构成当中，具有大中专以上学历的占有相当大的比重，特别是从事特殊军兵种和军事指挥人员学历普遍提高，已经奠定了发展现代军事文化的良好基础。发展军事文化，必将加快军队的现代化建设。

六、战争储备论

传统的战争储备，往往侧重于专业军事储备，由军队构建专用的军事储备体系。近现代以来，军事储备理念和策略发生了变化，模糊了军事储备的界限，军民融合，专用与通用结合。中国抗日战争以来逐步形成了预军于民、军民两用的军事储备方式。通常一个国家长期处于无战事状态，如果专用的国防储备消耗大量的人力物力，将成为一个国家的沉重负担，不利于这个国家的发展。

20世纪，美苏之间的军备竞赛，拖垮了苏联的经济，形成偏重军事的工业体系，而民用经济长期处于落后状态，至今都使俄罗斯背上了产业结构严重失衡的大包袱。同时，也给美国带来了沉重的债务负担，美国的全球军事布局，消耗了美国的大量财力、物力和人力。当代中国的国防军事储备走什么样的道路，选择什么样的运行模式和运行机制，值得深入研究和谨慎探索。就军队来说，平时为战时的军事储备，主要是专业军事人才储备，特别是指挥人才储备。其次是装备技术储备。现代战争迫使军事装备迅速升级，军备竞赛态势超过以往任何时期，西方等少数国家处于领先地位。而中国往往处于被动跟随状态。如果长期被动跟随，其国防储备的技术装备很快就将过时，浪费人力物力，因为过去中国的国防工业基础和科研能力薄弱，这方面有深刻的教训。而现实的中国具备了相当的现代工业科研基础，中国的国防储备有条件和能力走跨越式发展道路。就国防储备的格局来说，重在培养指挥人才和发展先进武器，而不是养过多的现役军人，占用许多的军事费用。在我国有限的军费当中，应尽可能用于骨干军事人才和先进装备的储备，尽量少养兵员。2015年9月3日，在纪念中国人民抗日战争暨世界反法西斯战争胜利70周年大会上，中共中央总书记、国家主席、中央军委主席习近平宣布：中国将裁减军队员额30万。这是非常英明的战略决策，也标志着中国的军事储备理念的重大发展，走上了一条精兵强军之路。

国防储备，除专门军事储备外，更大量的工作是军民一体化的国防储备体系建设。抗日战争时期，毛泽东提出了人民战争思想："军民团结如一人，试看天下谁能敌?"[1] 战争的伟力在于民众之中。当代中国应坚持人民战争的思想。首要的是以经济建设为中心，以强大的经济实力形成国防的坚强后盾，这是最大的国防储备。除经济储备外，其次就是文化储备，从军到民，

---

〔1〕 毛泽东,《杂言诗·八连颂》(1963年8月1日)。2017年4月24日,"党史博览"2017年第4期刊载。

加强爱国文化教育，加强军事和经济的文化科技能力建设。三是构建军民两用的现代化国防体系。这条路中国走了几十年，积累了经验和教训。国防工业的特殊性，需要工业企业的承受和支撑能力必须足够强大。美国等国家的军事工业是大财团大集团的支撑，有相当的能力和实力从事军事装备技术的研制和生产，其军事储备是国家行为和企业行为的结合，形成了军工商业化模式，军事装备技术的开发和试制由企业承担。而我国需要培养大型工业企业和企业集团，在国家引导下，形成配套的国防工业体系，形成核心企业和企业群相结合的模式，形成科研和生产紧密结合的模式，形成军事科研成果向民用产品有效转化的模式，形成军用和商用结合的模式。四是国民的准军事储备，构建起新时期的国防动员模式。如在民间组织航天俱乐部、射击俱乐部、航海俱乐部，组织民间国防运动会，民间国防文化交流等。如果民间有几十万人能驾驶飞机，战时就可能转为军用飞行。如大学和中学的教育结构中设国防培训课程，纳入教育常规，使中国的青少年普遍得到国防的初级军事训练。或建立军事职业培训学校，未来征兵入伍从职业军校中选拔，经军事基本技能考核合格后，方可取得入伍资格。这应是国防储备中的常规方式。人民爱国防，人民懂国防，人民参与国防，那么，中国就成为了强民强军的国度。

当代的中国国防储备，要以体系性国防储备为目标，形成体系性国防能力。军队建设要形成体系性的作战能力，形成多兵种、多手段、多方式的系统集成能力，综合协调运作能力，随机应对的动员组织能力。而军队和民众之间还要联合形成体系性的国防能力。这个体系性能力，不只是组织形态，而是能力的存在。不只是战时的动员能力，而是常规性的储备实力存在，使国防储备常态化。要将国防储备要求纳入国家建设当中，如民用机场建设可作为战时军用，公路建设可起降飞机，城市公用国防设施配套。中国要实施积极的国防储备，使国防储备不仅是必要的人力物力储备，而且能够促进经济社会的发展，促进全民社会素质的提高，促进军民的有机融合，形成向挑战对手昭示中国实力的态势，为中国赢得更多的和平发展机会。

（本文作者为陆军装甲兵学院士官学校军事教研室　副主任）

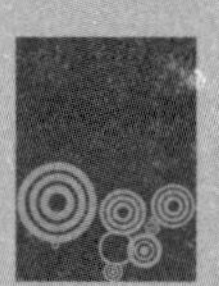

五一国际劳动节的文化思考

吴茗

五一节很特别，与“劳动”一词连在一起。

劳动是人类生存最基本的活动。后来，社会上出现了劳动者一词，似乎有劳动者和非劳动者之分。

劳动有分工，这本是社会发展的进步。

劳动就应有所获，这本是人世间的通理。但把劳动作为节日，并且是国际性的节日，这就成了全球性的大问题。

现时中的年轻人可能要追问，为什么把劳动作为国际性的节日？这是美国工人举行大罢工，要求提高工资和社会福利，是在五月一日这一天举行的，这一举动得到了国际社会的声援。

经济学家、社会学家、历史学家都对五一节做过许多解析，听起来都有一些道理。其实，这是人类对公平正义的呐喊和呼唤。对于社会财富的分配，引发出种种学说。就人们通过劳动获取生存与发展条件和可能来说，比较贴近人类的本质属性。

我们人类生存的地球上，除人类之外，尚有无数的生命体，几乎同人类一样，在为生存而忙碌、而挣扎、而争斗。从纯粹生存的角度看，人和动物（包括地球上的一切生命体）没有什么区别，都在为生命体的存在而活动着，生存是一切生命体的共同追求。而人与动物的区别，在于生存活动的复杂性、理智性，在于人不只是为了自身生存，还存在理智、存在精神、存在文化、存在创造能力，并没有停留在生存这个层面。如果从这个角度来看“五一节”，那么，“五一节”所提示的不过是人类生存活动中物质和精神需求的满足感。

在党的十八大召开之前，中央电视台曾采访民众，追问你幸福吗？你的幸福感是什么？在中央电视台我们所见到的采访当中，这是最经典的话题，是中国老百姓最普遍关注的话题，是最能触动人们心灵深度的话题。追问人们的幸福感的新闻活动，反映了当代中国人的自信，反映了中国社会中存在着一种内存的凝聚力，反映了中华民族在世界上生存与发展的底蕴。既告诉我们自己，也告诉世界，中国人有自己的活法，中国选择了自己的生存之路，发展之路。

幸福感是检测一个国家，一个社会的体温计。当人们对幸福感找不到的时候，对劳动就失去了耐心，对生存就失去了信心。

通常说，劳动创造幸福。但是，“五一节”所发生的是劳动者对所做的劳动产生怀疑，因为当时的人们认为劳动并没有给自己带来幸福。劳动，不只是人们的个体行为，而是社会行为。是人与人，人与社会的关系密不可分的。人们的社会存在，决定着劳动的效果。人们为获得幸福感而劳动。当劳动过后找不到人们理想的幸福感的时候，就存在着矛盾。经过改革开放三十多年的中国，人们公认，现时比过去幸福很多。但是，要十分注意，社会在发展着，矛盾也存在着，因为社会在发展的同时，人们的幸福追求也在提升。有矛盾并不都是坏事，解决矛盾是发展的动力。一个民族的兴旺，一个国家的发展，取决于民族内部自我调节的能力。一个让劳动者心存梦想、看到希望的民族，是任何入侵者都不可战胜的。

今天的劳动内涵，不只是传统理念中的劳动概念。劳动者的智能和体能在劳动中的作用，人们已经有了新的体验。今天的劳动，要讲有益劳动，有效劳动。劳动的效果，劳动的价值，既是利己的，又是利他的；既有现时性，又有长远性。如果劳动产生了对他人、对人类生存环境的不利影响，人们就有理由、有权利对某些不当劳动产生怀疑。人们在劳动中要接受法律和环境的约束，劳动意识和劳动行为应是健康的、有益的。

今天的劳动，更加突出了劳动的社会性。劳动中的人际关系是劳动效果的重要因素。中华民族的许多美德是在劳动中形成的。在团结、合作、和谐、融洽的氛围中的劳动，毫无疑问会增强劳动中的幸福感。

今天的劳动，人们的劳动内容和形态有了新的进步。中国人民是勤劳的民族大家庭，勤劳加上智慧，是现代劳动者的新形象。今天的劳动融合在科学的时代之中，发生在激烈的竞争当中。但是，不要忘记，今天人们对劳动的追求，与“五一”劳动节诞生时代劳动者的追求，从人的本质属性上讲，并没有什么区别。幸福感是人类没有休止符号的长歌，是一个永远做不完的梦。

今天的劳动，增添了越来越多的文化色彩，文化因素越来越成为劳动者的素质。文化既是娱乐因素，又是能力因素。劳动者在追求当中不断增加对文化知识的渴望。今天的劳动社会，已具有知识社会、文化社会的特征。现代社会，文化上升为国家战略，提高劳动者素质视为社会进步的根本性举措。人们不仅把文化作为能力，也作为精神分享，作为生活质量和品位。做有文化能力的人，做有生活情趣的人，对文化持有越来越高的期待和追求。

今天，人们对劳动的理解，早已超越了脑力劳动和体力劳动的传统理念，劳动的要领趋于模糊。劳动自觉、劳动兴趣，成为新的劳动文明。人们对劳动选择有很大的自主性，劳动权益受到尊重与保护。对越来越多的人来说，劳动不只是养家糊口，劳动不只是谋生手段，劳动不只是物质的满足。劳动者的理想和胸怀超出了个人的范畴，劳动者的社会责任被越来越多人承担起来，成为构成社会的新文明。

劳动能力向来有高低之分。每个国度都存在劳动能力的弱者。社会的公平不能不向弱者倾斜。这是一种社会调节功能的实现，也是人类中普遍存在善良人性的表达。在政府行为的同时，社会上向弱者伸出援手，用爱心呵护劳动者中的弱者。人们并没有陷入竞争而丧失人情味。人们在努力构建新的劳动文明，营造人们乐于接受的生活环境和方式，共享劳动的幸福。

劳动并非只追求既得利益，还存在劳动的公益性，劳动的社会性，社会进步在呼唤劳动者共同创造社会财富和文明。社会要为劳动者创造出彩的机会，要构建有利于人们发挥出积极性、主动性和创造性的社会形态，有效释放劳动者的正能量。中国改革开放以来的巨大进步与发展，是改革开放营造了人们乐于适应的体制和机制，把国家的共同发展目标与劳动者的梦想紧密地联系在一起，使劳动者成为社会进步的主体，体现出了中国发展的人民性。当劳动者以社会主人的身份出现在劳动舞台的时候，会迸发出巨大的活力。中国实现的巨大发展，基本经验也在于此。

（本书作者为《吉林日报社》　记者）

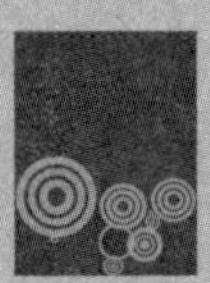

关注长白山生态文化

邱恩义

长白山具有丰富的自然资源和文化资源，其自然资源为文化提供了多样的艺术资源，其生态状况变迁反映了人们的不同生存理念和文化痕迹。重新构建长白山生态系统，首要的还是文化建设，也就是以科学的理念和文化作指导，积极调整人们的发展理念和发展思路

一、长白山生态系统具有丰厚的科学内涵，展现出了长白山生态文化的多样性

长白山具有丰富的自然资源和文化资源，其自然资源为文化提供了多样的艺术资源，其生态状况变迁反映了人们的不同生存理念和文化痕迹。

长白山地貌复杂多样，有山地、台地、丘陵、河谷盆地和火山群。长白山天池平均水深204米，蓄水量是天山天池的14倍，是国内最大的高山湖泊。熔岩高原外缘分布大量熔岩台地，海拔高度600米至1000米以上，面积占整个山区的70%，是观察研究火山的典型地质地貌。

长白山独特的地理位置，形成了雪地洼地、雪蚀糟谷、石海、石川、石环、多边形的融冻泥流。长白山火山锥体上，从山脚到山顶，气候随海拔高度垂直变化，可以划分为温带、寒带和高山亚寒带三个气候带，是观测和研究吉林省以及东北亚气象的典型地域。

长白山有完整的“野生植物社会”，各类植物2424种，隶属73目、243科、733属。其植物系具有古老性和多样性。这里有第三纪子遗物，如胡桃秋、黄菠萝、水曲柳、北五味子。这里有亚热带华北植物系分布，如大果榆、小花木兰、长山瑞杉等。这里有亚寒带植物系分布，如沙冷杉、具冷杉、东北红豆杉等。这里有长白山特有的植物，如美人松、长白卷耳、山楂、海棠等100多种。有世界稀有的品种，如狭叶并瓦尔小草。有天然林517万公顷，立木蓄积量约7亿立方米。其中保护区近7000万立方米原始森林。长白山区的22个市县的森林覆盖率达62%以上。这里是中国少有的植物基因库，以森林为母体的生态系统具有巨大的科学价值，是研究森林生态系统的典型区域。

长白山基本上保存了原始自然面貌的“野生植物社会”。脊椎动物近500种，无脊椎动物达千种以上，其中，珍贵、特有和特产动物较多，国家规定保护的150种动物当中，长白山区有45种。这里是研究开发动物资源的巨大宝库。

原始的长白山天然生态系统具有较强的稳定性和自我维持性，具有完整的生态结构和生态链。生态群落多样，群落结构复杂，存在生态因子的替代补偿性和生态位均质性。长白山生态系统在一定的海拔高度和气候影响下，与一定的生物群有机结合在一起，形成有规律的带状分布，自下而上形成四个自然生态带，即针阔混交林带、针叶林带、岳桦林带、高山苔原带。

长白山独特的生态系统有相当高的科学价值和经济价值，出现了大批长白山科学研究队伍。同时，长白山独特的景物为文化艺术提供丰厚的创作资源，创作出绘画、摄影、诗词、文学、歌舞、书法等系列生态文化艺术，如长白山诗词，从古至今有成千上万的人进行创作。目前，吉林省已有大量的以长白山为创作题材的文化艺术作品，形成了长白山艺术家群体。

二、长白山生态系统严重失衡，需要运用先进文化予以科学辨识

长白山是以森林为母体的生态系统，维系着长白山区以至东北亚地区大系统本体内及本体外的诸多方面的生态平衡。长白山的生态变化，主要是随着长白山森林面积减少和林象结构破坏而失衡的变化。

在汉、魏时期，松花江、图们江、鸭绿江三江河谷已有开垦，唐朝时期得到进一步开发，明朝末期出现“无野不耕”的景象。长白山森林的采伐，主要是在渤海国时期。清朝初期 对长白山实行封禁，1895 年省政府开禁放垦。1902 年之后，日、俄相继取得森林采伐经营权。1931 年日本侵占东北，疯狂采伐森林，1940 年至 1945 年年均采伐量近 200 万立方米。据《满洲帝国概览》一书记载，1896 年至 1945 年的近 50 年间，长白山森林的积蓄量由 10 亿立方米减为 6 亿立方米。其中日伪时期就有 1 亿多立方米被消耗。1949 年至 1988 年，长白山采伐累计 1. 2 亿立方米，长白山区森林覆盖率由 1949 年的 80% 降到目前的 62% 。

森林生态的破坏，导致气候变化。长白山降水量呈现逐渐减少的趋势。同期相比，日本降水量年均增加 0. 35 毫米，辽宁年均增加 0. 277 毫米，而吉林省年均减少 1. 03 毫米。同时，长白山区水蒸发量呈逐渐增加趋势，风速也呈增大趋势。据有关部门测定平均风速，由 20 年前的 1. 17 米/秒，上升到 1. 37 米/秒。长白山的鸭绿江、松花江、图们江这“三江”流域的年均水流量，1950 年至 1960 年为 408. 9 亿立方米，1971 年至 1979 年降为 307. 6 亿立方米。

森林生态的破坏，导致水土流失加剧。由于过量采伐和垦植，森林的含水量下降，河流枯水期流量明显减少，灌水流量急剧增加，造成水土流失加剧，地力逐年下降。到 20 世纪 90 年代初，长白山区耕地面积比 1949 年减少 11. 9% 。据安图、和龙县采样调查，坡耕地表土层流失年均达 0. 2—0. 96 厘米，年流失量每平方公里达 2700 吨至 9600 吨。集水区采伐面积从占总面积的 5. 7% 增加到 10. 83% ，河水流沙量从 0. 15 公斤/秒提升到 0. 49 公斤/秒。据 1982 年松花江湖区水土流失报告，松花湖建库初期泥沙淤积量为 145 万吨，1981 年测得淤积量为 525. 49 万吨，是建库初期的 3. 6 倍。长白山区 22 个县、市土地侵蚀面积达到 13924 平方公里，占土地面积的 14. 5% 。

森林生态的破坏，导致野生动植物资源减少。由于优越的原始生态环境的破坏，东北虎罕见，梅花鹿减少，野山参难以采到，著名的刺秋基本采空，珍稀树种赤柏松濒临绝迹，成龄大径红松难见成片。长白山生态系统，不仅维持长白山区的生态平衡，同时也影响到吉林省的生态系统，威胁中西部地区粮食安全和人们的生活环境。

长白山生态系统的严重失衡，是一个长期的历史过程，正在从量变向质变转变。原因是多方面的，其中与人们的生存观念和文化品质息息相关。如日、俄帝国主义野蛮掠夺的殖民文化，闯关东的移民文化，长白山区的人们长期以来“靠山吃山，靠水吃水”的传统生存观念，中华人民共和国成立以来国家的发展理念的种种误导等，违背了自然规律和经济规律。构建长白山生态文化，建设长白山生态文明，仍是长白山生态建设的重要内容。

三、长白山生态系统的可持续性，需要依靠科学理念和理性文化予以系统整体重构

重新构建长白山生态系统，首要的还是文化建设，也就是以科学的理念和文化作指导，积极调整人们的发展理念和发展思路。

人类社会发展到今天，生态文明已成为人类文明的重大课题。生态文化建设是生态文明的基础，长白山生态系统建设需要从生态文化着手。

当今社会，一个普遍的矛盾是发展与生态的关系，各级政府和民众都要对此做出选择。党中央提出的科学发展观，从根本上确立了国家和民众的科学发展理念，而不再是一般地讲发展，而是讲发展的科学性、规律性。这就需要人们懂得生态文化，懂得自然规律性，从而自觉地贯彻落实科学发展观。

科学发展观批判了以牺牲生态环境为代价的传统发展理念，是人类社会自觉谋求发展的一次大觉醒，使人们在发展与生态的矛盾中找到了生态与发展相互和谐的发展方式，从而，既指明了发展方向，也明确了发展方式。在巴西召开的世界环境发展大会，发展绿色经济成为国际社会共识，争取可持续发展成为基本的发展理念。长白山应进一步确立发展绿色经济，在生态平衡的基础上谋求新的发展。

伴随长白山生态建设的进程，要把科学发展观予以大力宣扬，要把长白山生态建设当中需要的科学文化予以大力宣扬，以科学的文化底蕴积极引导人们的生存理念和行为。

长白山是一个庞大的生态系统，有自己独特的生物种群和生态结构，如果失去了特有的生态属性，也就失去了长白山的特色和特有面貌。长白山生

态系统的整体性，决定生态建设需要整体融合。过去的大量森林采伐，以粮为纲的毁林种田、毁林种参等经验教训告诫人们，系统中任何一个子系统的失衡，都会造成系统整体的生态失衡，需要科学把握长白山生态系统的结构性和整体性。

长白山自然生态系统具有种群多样性的特点，各物种之间及其他要素之间都有着直接或间接的生态关联和相互作用、相互制约的关系。既要注意物种群的多样性，以保持系统的自我维持性，又要优势选择，以保持系统的高效性。选择自然再生产、经济再生产的优质物种，实行科学组装，提高系统的抗逆性，增强系统的稳定性。科学选择粮、草、牧、经济作物以及林的合理配置模式，建设良性的绿色经济体系，结合流域的自然资源和地理特点，采取自然与人工的合理组合，实行人为的科学诱导。

森林是长白山区系统的母体，处于系统整体的核心，涵养动植物等诸多子系统，制约系统内外的诸多方面。失去森林，不仅众多物种灭绝，而气象、土地等生活和生产条件也会随之恶化，长白山区经济乃至全省经济将受到极大影响。所以，我们要着力保护建设长白山森林生态系统。

在长白山生态建设中注重发挥文化艺术的功能。以长白山为题材的文化艺术，以讴歌长白山来激发人们热爱长白山的情感，增强人们保护长白山的意识。以先进的文化深入揭示长白山的生态内涵，使人们科学地认识长白山，保护长白山，建设长白山，科学地利用长白山。以系列的长白山文化工程，向国内外大力宣扬长白山，使长白山文化与长白山生态能够更加紧密地融合。

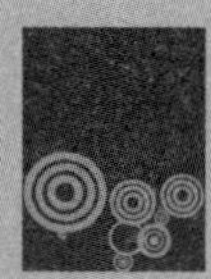

中国书法审美的艰难选择

邱恩义

市场像一面镜子，显示着文艺界的面孔。

市场价值的诱惑力真是强大，吸引了人们的视线。

追求市场价值引发了文艺界的种种行为和价值取向，出现了人们称之为的“文艺界乱象”。

媒体曾曝某某省选出几十个书协副主席。如今，身份认证具有了市场价值，当上了书协的主席、副主席，让人们觉得其人的书法作品有相当的水平和价值。书画界举办的各类展览，也非常吸引书画界人士，把争取展览获奖作为进入书画竞争的敲门砖，而争取获奖也各出奇招。一些书画界人士挤上名人的车，大肆宣扬师承关系，借以提高自己的书画价值和影响力。借助媒体，炒作其人其作。一些书画界“名人”常常被媒体上镜，而且是反复出现，无形中名人成了名人终身制。其实，中国已有许多人的实际艺术水平超越了老“名人”，继续用这些老“名人”出场，其负面效应已经产生。一些“名人”被称作“大家”“大师”“名家”后，从中获益很多。追逐名利行为在扭曲艺术导向，使艺术审美也随之混乱，让世人难以辨别，只好盲目跟随“名人”，甚至高价获取作品。

艺术消费本是一件好事，但艺术品作为商品，就带有了商品属性。造假之事，以次充好行为，不可避免地经常发生，艺术品消费也存在陷阱。

那么，市场上的艺术品价值，是不是衡量艺术品的主要价值？说白了，高价的是不是就是高水平。就书法作品来说，从古到今，每个人只能写自己的字，写不了别人的字，史上一些名人临《兰亭序》，也只是接近而已。书法艺术的多样性既有艺术上的比较，也有人的生理约束。一般来说，对书法作品作特点评价较为适宜，很难说谁最好。而对书法艺术的审美，人们各有各的理解。如有人并不会书法艺术，但可以把其书法作品解读为“朴拙”“返朴归真”“信手拈来”等等。而书法艺术审美当中，一些“权威”人士也是各有自己心目中的审美标准，也存在情感和个人偏好，因此，也很难说“权威”评价的客观性。一些考古“权威”也有看走眼的时候。往往受骗的是大众层面的审美导向。一般来说，非专业的大众人士的审美往往是喜欢、好看、别人说好，从众心理，谁的名气大、价格高，就认为好。善良的大众，有时花了大价钱。

人们会觉得，大众有大众的审美，在艺术圈总可动真的讲究审美吧？其实不然。在市场竞争当中，艺术圈的内斗一点也不亚于物质商品市场。某些所谓“名人”“大家”担心自己的既得名誉和利益，并没有在艺术上有什么新的进展，而是把心思用在维护既得利益上，并附带有排他性的行为。如一些书画界活动不让水平高的人出场。一些书协、美协成了某些利益团体的领地，把方便和好处让圈子内人享用，在参展、评奖、选主席等事项中尤为暴露这些人的价值取向和艺术心态。艺术圈中也不乏腐败之风，只是和当权者的腐败方式有些差异而已。在风气不正的氛围之中，怎么能谈正常的审美选择呢？

在传统中国书画艺术评价当中，常常有人引用西方艺术理念审美中国传统书画。不反对中西方文化交流与互鉴，而是说，中国传统书画艺术是中华民族最有代表性的民族艺术，带有鲜明的民族文化属性，经过了上千年的持续发展，使中国书画艺术形成了中国特色的艺术体系，有本民族的艺术根脉，并作为中华文化的组成部分已经深深地扎根在中华大地上。中国的书画艺术是写意性的情感艺术，有她独特的思维和表达方式，与西方的艺术理念是不同的艺术体系和艺术思维方式，生搬硬套西方艺术理念来解读中国传统书画艺术，必然是“水土不服”。这种盲目借助西方艺术理念的审美方式表明，评论者对中国书画艺术体系和艺术理念缺乏深入研究，对中国书画缺乏自信。中国出现的书法审美的混乱，主要是对中国传统书画艺术体系和理论研究的不到位。有位在中国书法界颇具权威性的人士提出“形式即内容”的书法理念，也有些人响应。

一般认为，艺术内容和艺术形式是内在联系的但又是不同的概念。按照“形式即内容”的逻辑，中国书法内容和书法形式没有区别，或者说中国书法没有特别需要强调的内容，仅有形式而已。追逐艺术形式，这不是新的理念，而是西方艺术的一种流行艺术形式，西方艺术家通过某种艺术形式表达某种内心感觉和意向，因而侧重于形式表达。而中国书法艺术是文字艺术，而不是符号艺术，中国文字有思想内涵和人文意义。而最初的书写作为工具的时候，书写主要是表达内容。当书写转化为艺术的时候，文字内容仍然是书写的艺术价值。人们欣赏的不只是书法的笔墨技巧，也欣赏品味书法作品中的文字内容。日常生活当中，人们往往提出自己喜欢的文字内容请人书写，可见中国书法具有艺术、文化、知识的传递功能，书法既是艺术作品，也是文化载体，人的情感世界的寄托。而“形式即内容”之说，抽去了中国书法的人文精神，抽去了中国书法的民族属性，也抽去了书法艺术的核心价值。仅用“形式”去审美中国书法艺术，中国书法艺术将走向西方符号艺术的道路，失去中国的艺术特色。

在书画艺术评论当中，常常出现一种评论方式，说某某作品有“出处”，说某某作品来自历史上的某个名家，说“很像”“有根”。有的“批评家”不论对谁的作品评价，都出自自己的某个理念。这些评论方式和审美标准值得讨论。中国书法艺术从有据可查的代表性人物和作品的出现，到近现代中国书法艺术的演变，其共同的趋势是围绕中国文字特有的结构，不论是名人，还是普通人，只要书写中国汉字，都应遵循汉字的基本结构，再变形也离不开汉字的基本构成。说“传承”，说“有根”，根在哪里？根在中国汉字的构成。

如果说中国书法是中国文字艺术，那么，书法艺术就是中国文字的艺术表达。作为书法艺术表达的规定动作是汉字的基本架构，而自选动作是艺术加工。文字书写走上艺术轨道，就成为中华民族的一大艺术发现、艺术创造。创造性是艺术发展的必然属性。而创造性本身就意味着对未来的发展，从这个角度去看，“出处”是有的，是存在的。但从另一个角度去看，对于书法艺术，不管是名家，还是书法爱好者，都只能是自己的书写方式和样式，书法的个性化本能地实现了，并不排斥个人的追求。实际上，用“出处”权衡书法艺术，与书者的个性特征难以衔接。人们说，连王羲之都难以重写出原本的《兰亭序》，我们常人能写吗？如果说出处，是引导人们学习好中国书法的传统，积淀书法艺术根基和基本功，是有其道理的，也是可行的。但把出处作为审美标准，这在一定程度上会约束人们的艺术想象和个性发挥，也与艺术的自由属性不符。现代社会的书法艺术，名人名家书法不能作为唯一的参照系，发展才是硬道理。

在当今书画界，有一种名人效应，一些人成为“名人”粉丝。细看“名人”，书画界的名人大都在六七十岁以上，他们之中，大都在“文革”后书画艺术重新兴起时入围。当某些书画协会刚成立时，他们有了机会，抢先入会，有的当了书协领导，这种机遇使他们有了在书画界较先出头的机会。如果把某些“名人”的作品放在大堆中，让人们去挑挑选选，也可能被放在一边，也可能被评为“一般”。而目前从小学生到社会上的许多人都投入书法，大批优秀书法人才和作品不断涌现，相当多的超过了所谓“名人”的水准。新人当中往往经过系统培训，理论水平和动手能力是兼备的。而有些“名家”连一篇书法论文都不能写，其言论和作品的文化含量低下，让人们看不出“名家”的高度。那么，什么是书法家？什么是著名书法家？什么是书法“大家”“书法大师”？这涉及中国书法艺术的审美标准和审美导向。

在自然科学和社会科学当中，技术业务职称的评定是分层级的，是有标准的，有的要通过检验和考核后认定的。比如，工程技术系列，有技术员、助理工程师、工程师、高级工程师、教授级高工、院士，教育界有教师、助教、讲师、副教授、教授之称。而在书法界，加入了书协，就是“书法家”。这个行业的评价就应如此吗？就“书法大家”“书法大师”的称谓来说，根据什么条件去评定，谁来评定？“出处”在哪？就书法艺术来说，有两条书法艺术路线，一条是以一种书法者独特风格作为艺术表达，不论写什么内容，不论用途是什么，也不管求书者的喜好，就用一种书写方式应对。而另一条书法艺术路线，能够按书写内容、求书者要求、使用的形式，选择书写艺术方式，用不同的艺术样式以自由应对。这样的书法艺术路线，使文字内容和书法形式和谐，使书法艺术为文字内容服务，使书法艺术形式贴近文字内容，充分体现文字内容。这样做，才是体现中国书法艺术本体的意义。如果能达到这样的艺术境界，才具备书法“大师”的条件。“书法大师”“书法大家”既应是书法艺术的大家，也应是书法艺术理论的大家。

接下来，谈谈“书法家”这个称谓。因为这个称谓也与书法艺术审美相关。前面说过，自然科学和社会科学的职称是分层级的，逐级进步的。而书法艺术是不是也可以细分呢？是可以的。因为存在艺术水平的差异。

就大众参与和初学者来说，书法活动属“书写”这个层面。这在旧社会，私塾先生和账房先生都会写，有的写得很工整，书写是属工具层的活动。这在现时社会来说，是从硬笔向软笔工具的一次转换，学会使用毛笔就很不容易。不管是写好写差，参与书法活动就应“点赞”。这是进入书法艺术的第一道门槛，是必经的初级阶段。

在书写的基础上，追求艺术味道，逐步地使一般书写进入艺术的层面，可称此阶段为“书艺”，即有了一定的艺术表现力。

在有了一些艺术表现力的基础上，真正进入到书法的艺术境界，能够驾驭书写方式，能动地选择书法样式，逐步形成某种书法风格，使书法艺术进入书法的艺术规范，从中理解了书法艺术的特点，有了书法审美选择的能力，此阶段是进入了“书法”阶段。这时，可为进入书法家序列创造条件了。

当书法进入文化表达、哲理表达的阶段，称其为“书道”阶段。这个阶段的书法艺术造诣和文化积淀有了雄厚的基础，具有对书法的更深感悟和理论阐述能力。能够从中国书法的文化根脉和艺术体系上做出自己的判断，书法的艺术水平和理论兼备并具较高水平，处于引领和指导书法艺术的地位。现时中国恰恰需要书道层面的书家。

书法审美当中，涉及书法审美的价值取向。市场交易价格就能体现书法价值吗？“名家”“大家”的作品标准能体现书法作品的真实价值吗？现在连“名人”“名家”的出场费也有了高价。不可否认，文艺作品作为商品理应有市场价值。正常的文化商品交易无可厚非，以书法为职业的艺术品作价属商业行为。问题是，作为艺术审美，不能以市场交易价格作为审美标准。艺术属人类精神文明的范畴，艺术有人文价值、社会价值、自然价值。而人文价值、社会价值、自然价值是更为重要的价值。书法作品传递的不只是艺术信息，同时存在人文信息、知识信息，其艺术价值和人文价值同在。而书法是以文字为基础的艺术，其文辞内容更有其社会价值。人们既看重书法的艺术表现力，同时也在选择文字内容的影响力。比如，中国人过年贴对联，老百姓喜欢喜庆的文字内容。相当多的中老年人选择修身养性的文字，青年人乐于选择励志向前的文字内容。不同行业、不同职业都有自己的文字内容要求。而书法艺术的文字内容更应该体现艺术的人民性。书法家追求的市场价值，取决于消费者的选择。适应大众的需求才有市场，也才有作品价值的实现。从艺术的人民性这个基本立场去看，文艺作品的市场价值、人文价值、社会价值是可以统一的，书法艺术形式和内容均上乘的，肯定会有其价值的存在。

中国的书法艺术重在写意。那么，什么是写意？人们通常认为书法写意是书写者之意。但中国书法与其他艺术的区别是文字的艺术表达。中国书法的意境仅有书写者之意是不够的，还应有对文字本身内涵之意的表达，其书法艺术形式要体现文辞之意，不同的文辞内容用不同的书法艺术形式去表达，使书法形式与内容相和谐，这才是中国书法艺术的真谛，才是书法艺术的最高审美。书法艺术应贴近求书者和大众的需求，按着人们需求进行书法艺术安排，这既是书法者的艺术功力表现，也是文艺工作者的良知心态。请称谓“大家”“名家”“大师”的人想一想，上述三种意境你能做到吗？

追求书法艺术的价值，在于追求书法艺术的生命力。历史上中国出现了许多代表性的书法名家和名品，至今仍受到人们的尊重和欣赏，体现了其艺术价值的存在。面对市场的浮躁，不可能出名家、大家，也难以出经典作品。书法审美的误导也会扭曲书法艺术的发展方式和发展方向。书法艺术审美不但是艺术取向，也是文化取向，是艺术家价值观的取向。审美是为了更美，审美是为了提升人们的审美能力，审美是为一个民族的文化艺术品质的提升，审美是人性的选择。古人提出的“真善美”是中华民族的传统美德。因此，审美是美育的，更是美德的。站在民族文化根脉的立场上，站在人民选择的立场上，站在发展大文化的立场上，才能从根本上确立艺术审美的正确导向。文化艺术界要修炼自己的艺术心态，回归到人民一边，回归到自然一边，回归到艺术的真实意义一边，对艺术做出有良知的审美选择。

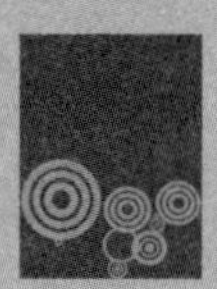

评“形式即内容”

邱恩义

《书法导报》曾载当代中国书法界颇有名气的书法大家之言论：“形式即内容”。对此，有人称赞，也有人提出批评。

中国书法艺术的“形式即内容”，出此言论者在报上没有展开，也许另有细论。在此，只能就“形式即内容”的书法论谈做出评说。

按一般艺术之论，既讲艺术内容和形式的各自内涵，也讲内容和形式的内在联系。

就形式与内容的逻辑而论，“形式即内容”的命题混淆了二者的区别。如果“形式即内容”，那就是说，形式等于内容，或者理解为内容等于形式。

而就书法艺术来说，到底什么是书法内容，什么是书法艺术形式？难道书法没有可相对独立的内容存在，而纯属艺术形式吗？

“形式即内容”论，不仅涉及书法艺术，也涉及中国的其他艺术理念。就艺术来说，中国的艺术形式和艺术内容也是“形式即内容”吗？作为艺术理念，其合理性何在？根据是什么？

一、中国书法是构形艺术，并形成了构形艺术体系，不同于西方艺术理念中的“形式”

中国书法艺术是以文字为内容（或为载体）的艺术，即文字的艺术化。这是人类社会独到的艺术。要研究书法艺术的形式和内容，离不开中国文字，离不开由文字衍生的艺术的独特内涵。这也是文字艺术与其他艺术的区别。

以象形文字为代表的古文字，奠定了中国文字的构形基础。中国文字经历了实形（原形）—象形—简形—线形—体形这样漫长的演变。最初的文字是实形描绘，其后是象形表现，进一步简约之后成为简形，到了篆书出现，明显规范的线条形态，经历了具象—形象—抽象的演进。而其他书体的出现表现为书体的变化，但都是以形表意，构形是中国文字的基本特征，也是文字艺术化过程，其字体的变化是字形的变化。此后，中国文字不论如何变化，都遵循了古人设计的汉字的基本架构，进而形成了中国书法艺术的构形艺术体系，构建出了中国书法艺术的本体结构。史上各个时期书法名家辈出，出现了各种体例和风格，但都是中国书法构形艺术的表现。书法艺术的各种变化是为了构形审美和意韵追求。至于用笔的细节，都是书法构形艺术的具体体现，最终要体现在字的艺术形态的效果上。与外国的字母和符号文字相比，中国古人创造的汉字结构的形象性就孕育了艺术性。中国文字的构形特征，表现了古人的形象思维。点线是构成字的元素，各种书体是书法艺术构成的表现方式，字的组合当中的点线安排要符合字的构形需要。虽然字的构形从点线的具体结构做起，但还不能把书法艺术简单地表达为“线条艺术”。如果要说中国书法艺术的“形式”，构形是中国书法艺术的形式。与西方的符号艺术不同，中国书法艺术不是点画的简单搭建，而是以画意来构建形象，以写意来展示书法形式的结构美、形态美、寓意美。其形式构成重在写意，而不纯属笔墨的线条构成。构形当中充分体现写意精神，其中的意包含文化、艺术、哲理和人的情感因素等。中国书法的构形之象，不是几何式的具象，也不完全等同于绘画的构图，而是人对事物的意向反映，是内涵具象与抽象的混元之体，似像非像，是表意之形，抒情之象。

中国书法是一种构形美，是古人利用形象思维的构形，使文字结构不是扁平的组合，而是空间与时间上的布局，为书者提供了想象空间和自由发挥的天地。天地间的一切皆可被借用，将其形其意纳入书法艺术当中，成形成像。可以将自然界万物动态过程中体现出的形象或迹象特征，凝聚在笔端，将人的意、情、理融合到书法当中，并体现在形的美感上。

中国书法构形是一种动态美，是形感与势感的结合，以势造型，使形态中带有生命性的活力感。一张宣纸在书者面前就是一个大千世界，其中的字就是一个个的生命体，将字作为活跃在纸上的生灵。笔墨在纸上的流动，看作生灵的生存流动。书法笔画的动感不是机械运动，而是生命力的表现，将字的形象当成有生命力的事物来表现。这样的书法形式不是符号再现，不是一般文字书写，也不是西方艺术理念中的“意味”，而是书者情怀的表达，是中国书画艺术的写意精神再现。

中国书法艺术是力的表现形态，体现出力和势的美感。书法艺术是以力依势的构形。形是相对静止的状态，势是相对运动的状态，字的形势是书者的意象心态，表现了书法在动态中生势造势的艺术理念，使看上去静态的字在时间空间轴上展现出生动势力，因势而动，动中生势，反映出中国书法构形艺术的造美能量，反映出书者艺术理念的渗透性，营造出书法构形艺术的立体感和生命力，形成动态美的空间姿态的能量的聚集与发散，彰显了构形的动态美。

本来，中国书法艺术存在着本体的艺术体系，有人却企图用西方的艺术理念企图重构中国书法艺术体系。中国书法的构形艺术体系是中国书法的艺术特征，表现出了鲜明的民族艺术属性，是书法艺术的独特魅力所在，其他艺术和艺术理念无法替代。如果强用西方艺术的“形式”来说明，那就会“水土不服”，中国人也难以接受。中国的传统艺术离不开中国的文化根基，用构形理论才能解释中国书法艺术。构形一说反映了中国书法的本来面貌，说明了中国文字和书法的由来与发展，是我们先人的一大艺术发现和艺术创造，充满中华民族的文化智慧和艺术能量。艺术向来有别于自然科学，不像物理公式和化学反应定律那样放之四海而皆用。假借和套用外来艺术思维，既表现出了对西方文化艺术的粗浅，也表现了对本国文化艺术的贫困。如果站在书法艺术大家的高度，与其大家身份不符，其对书法界的误导也应反思。

二、中国书法艺术体现的是中国的文化精神，其中的文字内容更是中华民族情感的艺术表达，任何书法艺术形式都不能取代文字内容的表现力

中国书法艺术，首先是中华民族的文字发现和艺术创造。最初的文字创造和书写，基本目的在于文字和语言表达。文字升华为艺术，也没有因艺术而脱离或失去文字内容的表达，而恰恰是用艺术形式来更充分地表达文字内容。中国的书法艺术是个艺术宝库，更是一个巨大的文化信息宝库，其中文字的价值是书法艺术的灵魂所在。中国汉字的构成当中体现了中华民族的情感和生活方式，体现了中华民族的传统价值观，这是与符号或拼音文字最本质的区别。古人通过书法的艺术形式表达书者的文化心理，表达汉字的文化内涵。因此，写什么内容和用什么样的艺术形式书写，本是两回事。而有人认为“人们往往不懂得书法是‘有意味’的形式（贝尔语）这个道理。‘有意味’接近‘有内涵’，书法作品如果一定要讲‘内容’，可以说形式具有某种内涵（并非书写的文辞），否则失去了书法本体”。

关于“本体”之说，早在佛经中就有论说，虽然是从佛教的角度而论。鲁迅先生也曾提出文艺的本体问题。不论从何种信念出发谈论“本体”，都是关于对事物和艺术的本质和本源的探求。而就书法“本体”来说，需要从书法文字内容和书法形式的整体构成而论。因为书法是文字特有的艺术形式，具有文辞内容和艺术形式的双重内涵，而不能就书法形式而论书法“本体”。艺术是人的才能表达，人的才能朝着某一方向发展，艺术也朝着同一方向发展。艺术是影子，而人的才能是“本体”，艺术始终跟着人的才能的诞生、成长、衰落，艺术的各个部分和整体都以人的才能为转移。仅就书法艺术形式而论书法本体的说法，淡化了中国书法的文辞内容，失去了中华民族通过书法所要表现的人文才能和精神，失去了传统文化的支撑，失去了书法艺术中的人格魅力。问题是，中国书法已经具备了完整的艺术体系，具有迹象特征和构形特点，其“形式”的“内涵”非常清楚。中国书法艺术的“写意”也不同于西方艺术的“意味”。如果把中国书法的形式作为书法的本体，中国书法特有的人文属性就被放弃了，走入了西方艺术的概念。

中国书法追求的是形式之美，还是艺术形式和文字内容的和谐之美。书

法中的文辞内容有人的理念和人的情感，其文辞内容所表达的，包括了中国人生存活动所涉及的所有范畴，是人性的自我表达。当我们赏读颜真卿的《祭侄稿》、王羲之的《兰亭序》、岳飞的《满江红》、怀素的《自叙贴》时，可感知字里行间渗透了书家的情感，人们既为书写的艺术性所吸引，也为书写的内容所感染。这些传世经典是书法形式与书法内容的完美结合体。人们欣赏书法艺术作品时，既欣赏艺术形式，又品味文词内容，从中受到书法形式和内容的共同感悟。书法不只是文字的艺术表达，其深层的内容是中国人把握世界的一种方式，书法艺术亦不仅仅是艺术及其形式所能涵盖的。文字是书法之本，其艺术应放在文化的高度，应彰显文化的价值。当书者以富有文化内涵作为书法对象时，当书者以富有诗意的韵味书写时，书者会受到内容的感染，进而激发出创作的灵感。当一幅体现人们精神追求的书法展现在人们面前的时候，其书法艺术的影响力更加积极向上。社会对书法文辞内容和艺术形式有着双重需求，书者不能不考虑书法内容的重要性。

值得考虑的是，什么样的书写内容应以什么样的书法艺术形式去表现。以文字为内容的文化艺术，不止书法，如歌曲创作，要围绕歌词内容而谱曲，使曲谱与文字内容相和谐。书法艺术也应采取按文辞内容来选择书法形式（即书法艺术风格）。应以文辞内容选择形式，而不只是以一种形式应对丰富多彩的书写内容。用不同的形式表达不同的文字内容，使书法作品艺术形式与文字内容产生和谐之美，如颜真卿的《祭侄稿》。人们常常会见到一些书法家，甚至是人们口中的书法大家，始终以一种书写形式应对多样的书写内容、多样需求。在当代书法界，实际上存在两种书法艺术路线，一种是以一种书法形式应对多样的文辞内容。另一种是以多样化的艺术形式应对多样化的文辞内容和人们需求。前一种方式存在着艺术表现力的局限，显示出书者的艺术能力的局限。看一幅书法作品，不能不看其艺术形式与书写内容的内在和谐程度，不能不看其书法作品的艺术表现力、精神感染力和知识传播力。评价书法作品时，其内容的文明程度与艺术美的感染程度，以及上述二者之间的和谐程度，应作统筹考量，单纯的艺术评论是不够的，单纯的“形式”评价也是不应该的。有的大家由于理论和能力所限而空谈“形式”，其实人们看到，其大家的“形式”也很一般。

三、中国文字和书法是人们感悟自然界和人类自身的产物，是人性的展现，任何形式都不能脱离书法艺术的人性本体

为什么对形式即内容之说有不同意见？是因为中国文字的起源与发展具有特别的人文价值。可以说，中国文字是有血有肉的，是富有生命力的，不是任何艺术形式能够代替的。

从中国文字的起源看，中国古文字表达了中国先民生存与发展的原始本能与艺术感悟的结合，从比较原始状态的生存活动中寻找艺术的发现，应从艺术发生的内在原因上认识艺术的起源。人们分析汉字的结构不难发现，汉字取自人的自我发现、自我识别。汉字中的许多偏旁部首取自人体结构，用以表现人的行为和事物。如人、首、目、牙、骨、肉、皮、足、心等，衍生出成千上万的文字，以单立人为偏旁的文字，在《辞海》中多达 553 个字。而每一个字的形成都是人意的表达和对美的感悟。而凡是与“人”部相关的字都跟人性和人本体有关，表明了汉字在造字之初带有人性的本源。与纯字母和符号化的文字工具相比，中国文字不只是人意的表达，更是人性的表达，中国汉字是有生命的。中国书法艺术既要书其形，又要达其意。深刻领会汉字是有血有肉的生命体，才能把书法艺术表现得有血有肉、有情有神，把字的人性内涵体现在字里行间，中国书法艺术是人的生命参悟。

一个民族生存的智慧必然表现为从自然背景中感悟到生命的美妙，感悟到生活的美妙，进而深化为文化艺术行为。能够发现美的民族是优秀的民族，能够发现艺术的民族是优质的民族。任何艺术发现都是人性光芒的闪耀。中国古文字的形和意当中，体现出人与自然之间的亲密关系，在生活当中既发现了自然美，又发现了自身美。但无论美的外在表现形式是什么状态，她都是人的造化，人性的显现，人的内心世界的表达，美和美感是人性得以发展的动力之一。古文字中透露出古人的审美，表现出古人对自身力量的感悟和欣赏，以及掌握自身命运的信心和欲望，预示着对明天坚持的理想与渴望。古文字也表明，中国古人由生存能力开始的本能形态转化为意识升华的文化形态。

与其他艺术不同的是，文字既是人的交流工具，又是中国人的艺术。由

于书法艺术具有文字的书写、表意、抒情、交流等功能，当人们把文字作为艺术的时候，书法艺术更是具有人性的自我表现。书法当中伴随着人的主观意向，既是一门艺术，又是人的写意表意，带有人的情感世界的抒发与显现。通常有“字如其人”之说，是说每个人都有自己的审美和书写方式，都内含自己的人性和人生理念，都有自己的生理条件。一个人写一个样的字，自己写自己的字，而且只能写自己的字。书法艺术中的人性和个性紧密地融合在一起，体现在书法作品之中，使书法艺术呈现出多样性。

人的审美刻有人的生存环境的印痕。中国古文字表现了先人所处时代中人与自然之间的亲近、平和、纯洁，古文字中显示当时人的生活状态和顺其自然的生活态度，把自己的生命融入文字当中。古文字是当时人性的艺术性物化，是人对美的自我欣赏与解读，把文字的构形美、结构美、寓意美作为人性的流露。

中国书法艺术要从古文字中探索书法艺术的渊源，从古文字的内涵中寻找中国书法的真谛，才能把中国书法的字写活。汉字之美已深深地印在中国人的血液里，书法艺术的表现力和生命力是书法内容与形式的统一。按书写内容选择书写的艺术形式，用不同的字体表达不同的文字内容，以相应的书法形式与文字内容形成和谐之美，这才是中国书法艺术真正的高境界，也才是书法家的真本事。

艺术是人性升华的产物，中国书法是人性的艺术表现。有人从艺术中探索纯艺术的本体，有人从书法中探索纯书法的本质，从书法形式中探求书法的本体。如果离开人性，或者抽去人性，书法和艺术都将失去灵魂，也就从根本上脱离了书法艺术的本体。关怀人性的艺术是艺术的终极关怀。

四、“形式即内容”论的出现，表明文化艺术界一些人士对中华艺术经典的轻视，缺乏对中华民族文化的自信

在西方世界，英国美术家克莱夫·贝尔有关“形式”的艺术理念成为西方现代美术界的权威论谈，成为西方现代艺术理论的基础。有人引用贝尔提出的“有意味的形式”的命题，用以解读中国书法艺术。当引用贝尔的艺术理念的时候，应弄清楚贝尔艺术理念产生的背景和内涵，并弄清楚中国书法

艺术的背景与内涵，经过比较研究，才能做出适当的评论。西方文艺经过模仿或再现客观物体的自然主义的创作方法，特别是近现代，西方艺术受近现代科学的影响，如解剖学、建筑学、光学、几何学、机械学等，对其科学理论和方法在艺术中加以运用，并认为是现代艺术创新。到了近现代，西方艺术界才发现，艺术要经过抽象性的艺术创作，某种程度上要脱离对客观物体的简单描绘或写实性造型，企图用模糊的概念表现艺术的形式，借以表达某种“意味”，追求西方认为的更高境界和概念。这是西方很有代表性的审美取向。

当我们从中国文字起源开始，深入到中国文字及其艺术化的过程之中，中华民族早已发现了“抽象”，不是西方的艺术专利，而是早已存在于中国古文字及其文字艺术化的过程当中，是中华民族的一大艺术发现，早于西方几千年。而且，中国先人的抽象性思辨，不只是体现在古文字当中，在古代陶器、壁画、岩画当中也已运用，是几千年前中国文化起源或启蒙阶段的一种文化现象。在将古文字通过规范化和艺术化过程，进入以“抽象”为特征的时候，在其抽象表达当中仍然传承着中华民族的艺术根脉。中国书法是形象、具象、迹象、抽象的混元之体。书法艺术当中的“线条”不同于西方的纯粹的“线条艺术”，而是内涵生命活力和人文价值的艺术。中华民族从来没有把书法艺术作为纯艺术抽象，从来没有把书法艺术作为纯“形式”，从来没有把文字内容作为书法艺术“形式”的附属物，也从来没有放弃文字内容而追求纯粹书法。西方艺术从物象进入抽象，自以为是一大艺术发现，是西方艺术理念的一大创新。但从历史的事实中比较，中华民族的抽象性的艺术思维能力远比西方来得早而且深刻。西方的抽象艺术论是对近现代西方艺术的反思，而中国的书法艺术中的抽象是从远古中走来。这不仅是时间差，而是民族艺术发现能力之差。

西方艺术理念当中把“形式”推向了西方审美的最高层面，甚至将形式命题推向极端，成为西方艺术当中的审美取向。那么，什么是形式？什么是艺术形式？中国书法界的权威人士认为“形式即内容”。那就是说中国书法除了“形式”外，不存在其他内容，进一步而论，书法只有形式（因为形式即内容），书法是形式的艺术，或者是说形式即书法艺术的全部意义。这在艺术理念上完全承接了西方的形式概念，认为西方的“有意味的形式”是对中国书法艺术理论的最佳说明。我们不能不在此讨论，什么是中国书法的形式，这个“形式”能作为“内容”吗？人们都知道，中国的书法艺术是文字艺术，是中华民族特有的艺术，是世界上唯一的艺术。书法艺术与其他艺术的显著区别在于以文字为载体，是表现文字及文字内容的艺术。书法艺术必然体现在所书写的汉语的语境与语意相关性，体现汉语的文化、哲学、科学精神，维护汉语的尊严。这其中所包含中华民族书画艺术的“写意”，与西方的“意味”也不是一个概念。中国书画艺术的写意精神具有鲜明的中华民族属性，是区别于西方艺术的显著特征。如果按照“形式即内容”这个命题，中国书法艺术可以忽视文字内容，或者说可以不在意文字内容，只追求书法的艺术“形式”即可。这样看来，书法可以完全是书者的主观意识，不受文字内容约束，把书法作为一种“形式”，一种“线条”处理，从纯艺术的概念出发进行“形式”表现。这样，就涉及两个不可回避的问题。一个是书法文字内容在书法艺术中的地位问题。另一个是中国书法艺术有没有独立的艺术体系。按“形式即内容”论者的逻辑，中国书法艺术好像不存在独立的艺术体系，只好用西方的“有意味的形式”命题去解释。在此，我们暂不谈书法文字内容的地位，而就中国书法的艺术“形式”而论。中国书法有独立的艺术体系，而且是人类艺术中先行先进的艺术体系。在《中国书法问题》（中国发展出版社 2013 年 2 月版）一书中，曾详细论述了中国书法的艺术体系，中国古文字以象形文字为标志，开拓了文字构形艺术的先河，构建了中国书法构形艺术体系的基础。提出中国书法不能简单地概括为“造形”艺术或“线条艺术”，而是构形艺术。中国古文字是古人对自然和人自身的感悟，开拓了中国书法艺术以人为本的先河，构建了中国书法及其他艺术的人本艺术体系的基础。中国文字外在地展示了古人的形象性思维，蕴含了中国古典哲学，构建了中国书法道形合一艺术思维体系的基础。中国书法的审美早已进入了哲学的层面，是艺术的哲学，亦是哲学的艺术。用西方的“形式”取代中国书法的艺术体系，是对中国书法艺术理念的釜底抽薪，是对中国书法根本特征的自我否定。如果西方人用西方的“形式”理念解释中国书法，那一点也不奇怪。而奇怪的是中国书法界的权威人士引用西方形式理念来取代中国书法艺术理论，取代中国书法艺术的民族文化属性。

西方“有意味的形式”中的“意味”，是中国的那位“形式即内容”倡导者极力让人们体味的。请问，西方的“意味”与中国的“写意”是一个样的吗？意味能比“写意”更有味道吗？“意味”能够取代“写意”吗？中国的“意”是什么？是“情动形言风骚意”。西方的“意味”主要是体现主观意念。而中国的“写意”或“意境”一方面是体现作者的情感，另一方面体现文辞的内容。而且中国书法中的一些文辞，如诗、词、歌、赋、对联、牌匾、碑文、经典等，是有原作者情感的。这就使中国书法中的“写意”既包括书者之意，也包括原文作者之意，是意中有意，某种程度是书者对文辞内容的倾向与欣赏，借以表达自己的“意境”和情感。中国的书法家和社会大众，不只是欣赏书法的艺术风格或形式，也欣赏书写的文辞内容。这就是中国书法艺术的特殊性，是用“形式”一词永远无法解释清楚的，用“意味”永远不能代替“写意”的。中国书法艺术所倡导的写意精神，是中国书法艺术的灵之所在。如果把书法定义在形式这个层面，那是把文字作为工具或载体，作为文字符号的传递，其所谓“书法”也是处于书写这个层面，而根本谈不上艺术。

从古至今，中国人称中国书画艺术是写意性的。这其中的“意境”，一般认为是指书法者在书法过程中渗透在书法艺术中的书者之意、书者之境，主要是指书者的艺术状态和精神境界。

而要使书法艺术体现出书者的意境，是不容易做到的，不是参与书法的人都能进入某种意境。参与书法艺术的人当中，大多为“书写者”，即能把汉字用毛笔书写出来，在此基础上，部分书写者进入“书艺”状态，即使书写具有一定的艺术性。而能进入“书法”状态是少数人，因为书法是书法艺术的较高境界，是艺术、文化、意境的综合运用能力。而能进入“书道”状态的更是少数人，此时的“书道”是书法艺术、文化、意境、哲学的综合运用能力，这是中国书法史上少有的书法艺术水平。

中国书法史上的大家、名家，都在自己的书法艺术中充分表现了某种意境。比如颜真卿草书的《祭侄稿》，其所书文辞与意境达到了完美的统一，人们既为其书法艺术水平而赞赏，也为其所写的文辞内容所感染，从中感到颜真卿书品和人品的统一，从《祭侄稿》中人们感受到颜真卿的悲愤之情，其书法完全受其当时的处境所影响。王羲之所书的《兰亭序》完全是即兴之作，把当时的情景完全融合到书法艺术当中，更是文辞内容与书法艺术的完美结合。据传说，王羲之曾重写《兰亭序》，但都感到不如原作。其中不能不是书的意境因素的作用。史上的书法大家大都是诗、书、画融为一体的文人，其书法艺术建立在高度的文化境界。可见，书法艺术要体现文辞的意境，是体现书法艺术的应有之意。

中国书法有别于其他艺术的突出特点，是在文字基础上形成的艺术，是文字的艺术化。此种艺术与文字之形、文字之意紧密相关。当人们欣赏书法作品时，既欣赏其艺术形式，也欣赏文字内容。如岳飞所书的《满江红》，人们深受岳飞所书的《满江红》的爱国英雄气概感染。有位书法教授说，看书法就是看艺术，与内容无关。他举例说，你从书法展览馆出来，能记得文辞吗？该教授举的这个例子未免有所极端。如果展览中有不道德不健康的文辞内容出现时，请问这位教授也不在意吗？这位教授在自己的书法创作时可以不在意书写的文辞内容而随便写吗？参加书法展览的人对所书文辞内容没有经过有意的选择吗？

中国书法艺术是中华文化信息库，而不是单纯的艺术“形式”，也不是纯属笔墨技巧。只有站在中华文化的高度，才能把握书法艺术的本质。中国书法艺术以中国文字为载体，而中国文字表达的是中华文化。书法艺术的文化意义首先是所书写的文字本身。其次是书法艺术性的形成与发展，是中华文化的养成。基于上述两点因素，对书法艺术工作者必然提出了相应的文化要求。只有相当的文化高度才能掌握中国书法艺术。因此，一位中国书法名家深有体会地说，书法艺术是靠文化修养出来的。书法艺术要书写出文化味来，才是真正的书法艺术。

提出中国书法艺术的意境，是指文辞的意境与书者的意境的结合，而不仅仅是书者的意境。当书者对文辞意境有了深入体会，深得其意，深领其境，使书者之意境与文辞意境产生共鸣，才能真正体现出中国书法的写意精神，体现出中国书法艺术的本质。

中国书法艺术大体有两种艺术路线。一种是用一种书体或风格书写文辞，尽管可以体现书者的意境，但难以体现文辞的意境。另一种是按文辞的不同意境配以不同的书法艺术形式或风格，尽可能使书法艺术形式与内容产生和谐之美。如能达到这个程度，才是中国书法的至高境界。

谈到书法艺术的意境，涉及中国书法审美标准问题。通常人们更多地关注书法的艺术形式，习惯于笔墨技巧评价，习惯于用传统经典作参照。往往忽略了书法艺术的写意精神。而中国书画的写意精神恰恰是中国书画有别于西方艺术的显著特点。中国书法的写意精神是中国书法艺术本质和艺术体系的体现。因此，写意或意境，是中国书法审美的主要标准。如果仅就技艺这个层面评价书法作品，就脱离了书法艺术的文化意义，就脱离了书法艺术的民族属性和人文精神。大众对书法审美的选择，是大众的文化生活安排。而书法的专业评价，应是艺术、文化、意境、哲学的综合运用。一些展览、报刊的书法艺术导向，往往还停留在艺术或“形式”的角度。这可能是当代书法难出经典，难出真正大家的原因之一。

当代人们正试图对中国书法艺术进行创新。相当多的人仍在书法结构上下功夫，尚缺少从文化和意境的角度思考书法艺术创新的方向和路径。一些所谓“大家”“名家”仍在“传统”中徘徊，没能从“传统”艺术思维方式中走出来。尽管有的“名家”“大家”掌握了某种字体，但总体上来说，仍是众多书法人中的一种风格而已，并没有达到书法艺术应有的意境。一个艺术的创新，首要的是艺术理念和艺术方向的创新，在艺术发展的总体导向上做出清晰的选择。

中国书法之所以有浓厚的人文价值，是因为中国书法艺术是中华文化信息库，展示的是中华文化，是中华美学精神，任何“形式”都不能完全包含或取代书法艺术中的文化价值，任何“意味”都不能代替中国书法的“写意”精神。中国书法具有千年历史，至今不衰，具有强大的艺术生命力，其艺术理念完全可以自圆其说。但有人却要从西方的艺术理念中提取。作为文化艺术大家，本应带头挖掘中华民族艺术的文化内涵，本应引导中国人把本民族特有的艺术领域更加发扬光大，本应站在民族文化立场上向世界展示中华艺术的特色和能量，这是中国人应有的文化自信。看来，有的艺术家的中华文化底气不足。

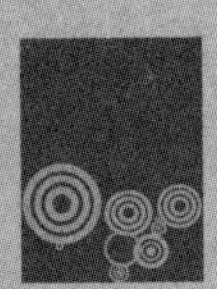

笔墨为生命流淌

邱恩义

在一次朋友的聚会上，有幸结识了王驰涛先生。在朋友间相互交流中，感到王驰涛先生对艺术有着独到的深刻的见解，是一位有较深造诣的书画艺术家。当欣赏了他的书画作品之后，深为他运用书画艺术表达对人类生命和自然状态的关注所震撼。在此后的交往中，大都围绕艺术与人类命运这个话题进行探讨。王驰涛先生不仅是位书画家，更是一位思想者，是位文艺评论家。在他的艺术活动中，渗透了一个艺术家的社会责任感。在他的书画作品中，表达了对自然生态和艺术本体的深刻思考。

20 世纪 90 年代初，笔者曾对长白山生态做过研究，并提出建设长白山生态经济区。深深感到，王驰涛先生的艺术理念和创作取向，可依托长白山自然和人文资源发展他的书画创作。于是，在 2009 年国庆节前，与王驰涛先生去了长白山。站在长白山上的天池边，放眼苍茫宇宙，俯视天地之间，大自然的运势何往？人类的命运何去？王驰涛先生久久地站在长白山上的天池边沉思。在他看来，这山，这水，这林木花草，这其中的动植物，这天地间的万物，都是鲜活的生命体。他拿起笔，一笔一画地写生。在他看来，画在纸上的不只是点和线，而是大自然生命体的跳动，是生存抗争的音符，是世界生命体的呐喊，是书者人生理念的舒展。回到住地，他就铺开纸，一张接一张地画起来。我在一旁观看他的创作状态。这是一位把自己融入自然，融入人类社会的书画大家的形象。他的内心世界懂得手中的笔在为谁书写，在为谁绘画，进入了高尚而又执着的创作境界。

在王驰涛的画作中，昔日的林中之王老虎，如今因森林的毁坏而失去生气。深藏在丛林中的梅花鹿，正渴望人类的呵护。看王驰涛把鱼画在半空中，而不是水中。问他为什么要这样安排？王驰涛说："鱼在天地之间。"我理解之意，鱼在问天，鱼在问地，鱼在呐喊："我的家园在哪里？"在王驰涛看来，画中的每一笔都在为生命流淌。正是因为他对生命充满关注和深刻理解，画里画外都播撒着大爱。正是因为心存大爱，画中的生灵都饱含生存的渴望，让观者从中受到冲击和震撼，顿生仁爱之意。

人们常说，书画是笔墨的艺术。但王驰涛却把笔墨置于天地之间，把人类和自然界的万象浓缩在画纸上。他画的鱼，在天地之间游动。他画的鸟，在向残者争鸣。咫尺当中闪烁着生命的色彩，一点一线都是对生命力的体现。驰涛认为，艺术的生命力在于对人类命运的关爱。他把艺术与人类文明倾心融合，把绿色艺术与绿色文明紧密结合，让手中的笔墨为绿色涂抹，为人类文明着色，为人类命运描绘美好的憧憬，点亮生命的阳光，让美成为生命的激发状态。

在市场经济的大潮中，艺术在经受洗礼，艺术理念在经受洗礼，艺术家在经受洗礼。大浪淘沙，敢立潮头做出明智抉择的，其人其作必然会闪耀出时代的光芒。驰涛的画作让我感受到一位画者心灵的友善与正直。他接受宇宙的信息，接受自然的能量。既有对自然的陶醉，也有对人生的判断，用爱燃烧起创作的激情。当我请教驰涛的画意时，驰涛说，书画之意在道法自然。要从自然中领悟笔墨之道，要在自然状态中进行创作，要顺其自然地舒展手中的笔墨。古人曰："道成而上，艺成而下"，驰涛先生真是得其道而行其艺。观驰涛画作，既有阴包阳，也有阳包阴；既有墨外留白，也有墨中漏空；既有静中动，也有动中静；重墨中点划分层，淡墨中水墨相映，阴柔之美与阳刚之美融为一体，既分明又和谐。常在恍兮惚兮、似与不似、尊法与变法之间走笔，画外有其势，画内有其质，势之动人动情，质之含意含理。远看其势尽显，令人夺目。近观其韵深沉，令人寻味。人工天趣，天人合一。艺术不只是留给人类美感，也留给人们思索，引发心灵的善变。

在人们分享现代生活的时候，人类生存的地球早已失去了原来的自然美。在重建美好家园的时候，人类需要艺术家的创意描绘，给人们以良知、智慧、勇气，让人们科学善行，驰涛先生已经加入了这个行列。他面对人类对大自然的破坏，站在维护人类和自然界生命的崇高立场，运用艺术作品向社会展示了一面人性的旗帜，呼唤人性的回归，履行文化艺术工作者本应行使的神圣使命。这反映了王驰涛同志的文艺创作的价值取向。每一个文艺工作者，在人与人，人与社会，人与自然之间有意无意地去做出选择，时刻在考量文艺工作者的良知。一个围绕自我而从事文化艺术工作的人，一个只追求自我价值的文艺工作者，他与人类社会、与大自然不可能和谐。而王驰涛先生心存的大爱，超越了地域，超越了民族，超越了国界，是对大自然整体的爱，这种爱，成为王驰涛先生书画创作的境界和创作的动力。

为什么要把关爱生命作为艺术创作的主题？就此，与王驰涛同志进行过深入的交谈。在王驰涛看来，艺术是人类文明的精神表述，是人类的一种生命状态，是人类个体对自然与生命的一种态度。人类与一切动物的区别在于人类具有动物性本能需求的同时，还有强烈超动物性本能的需求，正是在这一点上，或者说仅仅在这一点上，人才能称为人，因此艺术的基本功能是"让人成为人"。所以，艺术不是一种"产业"，也不是一种"商品样式"，对于多样艺术载体来说，她的基本特征是艺术家本人的生存态度及其作品所蕴含的关于自然与生命的存在意识。艺术家的这种意识的产生只能源于民族文化的积淀与"时代空气"给予他的生命体验。而这正是中国书画艺术的写意精神。这种"写意"不是低俗的个人情趣，而是对生命和自然的深情厚谊。把艺术放在了生命的高度，才使艺术存在生命的活力。一个把自身与自然紧密联系起来的文艺工作者，一个把艺术创作与社会责任紧密联系起来的文艺工作者，才能切实地把握艺术的真谛，才能从中把握文艺工作者自身的命运。

王驰涛先生书画创作中的自然情结、生命情结，是那样的浓厚，源于他对中国文化艺术的理解。他认为中国山水画中的山水精神，是中华民族所特有的天人合一的自然观，是中华民族特有的"江山""国土""乡土"的生命观，是中华民族特有的"仁者乐山""智者乐水"与"上善若水""水近于道”的道德观。文艺工作者对江山及生命的态度，是对自己的生存态度。中国书画主张的“书以载道”“进技于道”。其中的“道”即为自然观、生命观、道德观，是中国书画艺术的精神内核。中国史上一些艺术大家主张“道成为上”“艺成为下”，这正是中国传统的文化精神。掌握了中国的文化精神，才抓住了中国文化的命脉。近百年来，一波又一波的西方“主意”“主义”进入中国，改变着中国人的文化构成和价值取向，冲淡了中国的文化精神。使人们失去对中国传统文化中哪些是精华哪些是糟粕的辨别能力，造成了中国书画艺术中写意精神的缺失。中国书画界有些人不是深入探求中国书画艺术的渊源，不是深入研究中国书画的思想体系和艺术体系，而是盲目引用西方艺术理念，解释中国的书画艺术，背离了中国书画的写意精神。当代中国书画界，应深入探讨笔墨文化的本质特征，及其与中国传统文化的内在关系，不能只见艺术程式不见文化的外相之行，笔墨程式必须以中国传统文化再予化之，才能显示出中国书画的生命之象。中国画的大美，是因为用美展现了生命状态，而表现生命状态的美是真美、大美，是美的最高境界。

市场经济大潮正在涌动，中国文艺界的人生观、价值观正在经受洗礼，处于再选择的过程之中。王驰涛先生做出了自己的选择。在王驰涛看来，笔墨要体现出绘画主体的性情，体现绘画主体的宇宙观，体现绘画主体的生命观。他说：“古人对易的解释是‘生生之为易’。”头一个“生”字是动词，后一个“生”字是名词，即“生命”。生命之生存，在于“气”，“断气”即为死。所以，笔墨运动节奏形成的点、线、面，都必须有“气”蕴含其中，呈现出一种“气象”和“气韵”。这一点，仍然要以笔墨的阴阳玄化体现出来，正是在这种文化所呈现的虚实关系中得见气的涌动。这种气的涌动，是生命之象的笔墨再现，故称“笔墨气韵”，也就是古人说的“风气至远”、无穷无尽、永无尽头。绘画主体的这种生命观可以使书画家对笔墨具有自觉的把握，最后形成“下意识”而进入“随意”的感觉，进而克服那种程式化的盲目。一个书画家的境界，当他把自己融入自然的怀抱之中，当他把自己的生命和天地间生灵融合之中，当他把自己的笔墨当作生命体现的状态之中，才是进入了中国书画的本体，真切领悟中国书画的“语境”，切实把握中国书画的“写意精神”。

那么，中国书画“意”在何方?“意”从何来?中国当代美术教育中主张“写生”，到大自然去观察，去写生。而这些大都是对自然现象的描写。而王驰涛先生却把大自然看作一个生命体，她在不停地运动着，变化着，生气勃勃，气象万千。他把自然现象看作艺术性的迹象。他对自然“存在”的态度与认识，一是“玄”，认为自然之道的本质特征是“运动”，笔墨的点、线、面都在运动之中，在纸上呈现的便是点、线、面的阴阳玄化。二是“力”，宇宙运动是因力的相互作用，笔墨既要实中具虚力，又要虚中具实力，形成阴阳玄动的平衡之象，表现出力与力的来龙去脉和相互间均衡，如太极一般。三是“象”，是落在纸上的迹象。体现出自然万象深层的运动感觉，把绘画主体的“意会”含在其中，并以笔墨的运动痕迹予以体现。

笔者曾与王驰涛先生一起去长白山写生，他静静地细细地观察，久久地凝视某一个角度。他说他从不用照相机，而是把自然之像装在自己的头脑之中，形成印象。回到住地，他再把长白山的印象落在纸上。而此时在纸上的笔墨之迹，是王驰涛先生经过运化而生的山水迹象。他把他的生命化成为人格化的“大山之象”，把俗眼中的山山水水、大木大林，简化为东方大山的“神迹”之像。这时落在纸上的墨迹似存似无、朦朦胧胧、恍兮惚兮，悄然地流露着他对自然存在的体悟与崇敬，给人以一种天地大藏的神秘之感和无边无际的空灵之感。王驰涛说，画的像还不能称得上是艺术创作。在他看来，长白山大雪的冷寒和洁净寂静，长白山高木大林的拂天之势与雄强的写意，深藏了神气和神韵，这种神秘而倾情的自然之像，促使他产生独有情怀，成为画者与之神通的一个绘画对象，他体会到了长白山之玄动，天池水之流形，使他产生了一展大山之美的创作激情。此后，他进行了长白山绘画系列作品的创作。他将以坦诚的心怀向人们展示一个画者对大自然的至爱，对人生命的至爱，表达他对自然的尊重，对生命的尊重，对艺术创作的尊重。可见画者为人之道与为艺之道的统一，可见其文化道德的坚实与厚重。

欣赏王驰涛书画创作，使我感到艺术中潜藏着生命的奥秘，艺术是在探索人类灵魂的奥秘。人与自然的分离，已经成为人类灾难性的文化命题。而这些似乎都是人们习以为常的问题。而只有热爱大自然的人，才有资格谈论文字与艺术和人的生命本体问题。艺术往往代表一个人或一个民族的人格，艺术的魅力在于对人性的关怀。中国书画艺术更能直接而深刻地显示人格和人性。书画艺术从来就不是单纯“艺术”或单纯“形式”，或“形式即内容”。一个民族，只要能在自然背景中感觉到生命的美妙，就不难辨别产生美妙之所在，就会把生命贯彻到艺术作品之中。生命，永远是艺术的基本命题。站在生命的高山之巅，才能站在艺术的高峰。生命在呼唤艺术，艺术应关注生命。

生活化的真实　本源化的艺术

邱恩义

中国农民摄影艺术展在吉林省展出之后，吉林省摄影家协会举办了吉林省社会主义新农村优秀摄影作品展，这是中华人民共和国成立以来，我国摄影界少见的摄影展。

农民摄影艺术展示的是改革开放以来我国农村、农业、农民所发生的变化，是我国广大农村发生重大变革的一个缩影，反映了中国农村和农民文化艺术能力的普遍提高和文化需求的普遍增多，是我国文化构成当中正在发生跨越的标志之一。表明了我国当代农民完全可以登上艺术殿堂，完全可以成为我国文化再发展的生力军，表明了农民不仅是发展经济的主体，也是繁荣文化的主体，文化艺术已经成为农民生活的一部分。

如果将农民摄影艺术展同其他摄影展相比，这些农民摄影艺术作品更有其独特性风格和特色，他们的镜头对准的是农民、农村、农业，他们的作品内容注重反映农村的发展和变化，展示的是真实的生活，追求的是艺术本源，宣扬的是时代的旋律，让人们感到亲切可爱，为摄影界提供了富有价值的信息，足以引发关于摄影艺术的理性思考。

一、摄影：既是艺术，更是生活

农民摄影艺术展的突出特点是生动深刻地展示新时期的农村生活，农民摄影爱好者以他们的独特视角观察和体悟农村中的现实生活。从家庭到社会，从生产到生活，从自然景观到社会现象，从儿童到老年，都是农民摄影家镜头里的景象。每一个作品都是农村生活中的一个故事。如果把每一幅摄影作品看作一个微型电视剧，那么，农民摄影艺术展就相当于一部多彩的反映农村生活的电视连续剧。农民的梦想与追求，用镜头记录下来，丰富多彩地展现在观众面前。我们可以说，农民摄影艺术展是影像信息，也可以说是田园牧歌，是农村画卷，是写给大地的诗，是记录农村、农业、农民发展的报告文学，具有独特的文化艺术内涵，不同于一般摄影展的艺术范畴。

人们也许看到过一些有着农村题材的摄影作品，但其真实性和生活化方面难与农民摄影艺术展的作品相比。这难道是某些农民摄影家水平不如专业摄影家吗？其基本原因是农民摄影家长期生活在农村，他们熟悉农村的生活，了解农村的变化，切身感受到改革开放给农村带来的深刻变化。与其他摄影家相比，他们对农民更亲，对农村更爱，对农村的发展更渴望，对文化需求的感受更深刻。他们更需要通过摄影艺术解读农村的现实，引发全社会的关注，寄希望得到更多的关爱和支持，为农村发展助力。所有这些，是我们理解和解读农民摄影艺术的基本落脚点。从中可以看到，热爱人民，热爱生活，是艺术创作的根本动力。深入群众，深入生活，是艺术创作的基本途径。摄影家可以自问一下，你与农民谁更热爱农村生活，谁最了解农村和农民。而生活不只是艺术创作的需要，更是艺术家情感和情操的修炼。诚然，农民的文化艺术水平不如某些专业人员，但在农民看来，摄影是他们的生活，通过摄影来展示自己的生活，既是在分享生活中的艺术，又是在艺术活动中提升生活。农民的生活底蕴酿成了农民对农村摄影艺术的敏感性和表现力。

农民摄影艺术展中虽然反映的是农村、农民、农业，但把农民作为摄影艺术的主体，把农民在经济、社会、自然中的种种表现和心态表现得淋漓尽致。如果缺少与农民一起生活的深刻体验，缺少对农民心理的深刻理解，缺少对农民的真心同情和真诚关注的情感，就很难捕捉到那些有价值的摄影信息。农民摄影艺术作品反映的是发生在自己身边的人和事，存在于自己生活环境中的景象，是农民的自我表达和自我表现，因而真实地再现了农民生活，再现了农民真实的情感。因此，不能不说，真实性和生活化恰是摄影家所应做出的选择。

二、摄影：既要追求视觉冲击力，更要重视心灵震撼力

通常，摄影工作者都很看重景象的视觉冲击力，在艺术处理上，非常看重光线、角度、色彩、空间、对象表现等要素。这是无可厚非的。但是，当人们观看农民摄影艺术作品时，在其具备视觉冲击力的同时，更有一种强烈的心灵震撼力，使人们为之感动，为之思索。作品中有农村欣欣向荣的生活面，也有反映农民和农村中困难和不够文明的景象信息，特别是反映了弱势群体中的真实生活景象，从中使人们感受到农村发展变化中的社会变迁，也从农民和农村需要改善生活的一幅幅摄影作品中产生同情心理和关爱心态，人们被农民摄影作品所吸引，像是走进了农民中间，想要和他们拉起手来做点什么。

农民的摄影艺术作品为什么既吸引了你的目光，又震撼了你的心灵。这要从作品中的表现力去寻找。你既会看到农民在幸福生活中的真实笑脸，也会看到农民为了摆脱生活困境而操劳和进取的品格和精神。既会看到留守儿童的渴望，也会看到农民工的梦想。既会看到希望的田野，也会看到失去生态平衡后的环境。一幅幅画面真实地再现了农民和农村生活。农民摄影家的真情实感展现了真实的生活，使我们看到了市场经济竞争中农民的心底里尚存一方净土，与虚伪、虚无、掩饰、装饰等影像作品形成巨大反差。真实成为农民摄影作品具有心灵震撼力的根本原因所在。

这里涉及了艺术心态。专业摄影家们应问一问自己，你有农民摄影家那样的真实的艺术心态吗？你对艺术真诚吗？一个对艺术缺乏真诚的摄影家，一个缺乏真实地对待生活的摄影家，一个对观众缺少诚实态度的摄影家，你能拍出真实的艺术作品吗？一幅缺乏真实的摄影作品，会引起人们的震撼吗？虽然摄影艺术需要艺术性的再创造，但这是为了强化作品真实性的表现力和感染力。以艺术或技术手段弄虚作假，可称作为不道德的艺术。如果仅从个

人兴趣偏好，或从名利和商业价值出发的艺术选择，很难谈得上是真心的艺术追求。

这里还涉及了摄影艺术的审美取向。一个对人们产生心灵震撼的影像，留下的不只是瞬间，而是历史印象，埋在了人们的心底。在追求视觉冲击力的同时，绝不可忽视影像对人们的心灵震撼力。在这里议论农民摄影作品，并没有因为农民的文化艺术能力有限而产生某种同情。而从另一个角度看，业余和专业之间并没有明晰的界限，在艺术领域，谁能发现美，谁能创造美，才是重要的。

三、摄影：既是影像要素，又是迹象艺术

照相，从清朝晚期进入中国。把物理意义的成像技术转换成照相机，照相首先是技术性的事情。而把照相升华为摄影艺术，是人类艺术活动的一次创新。

从照相到摄影，把成像技术进行了艺术升华，使物理过程和艺术加工同时进行。长期以来，人们在追求摄影艺术的过程中逐步提升了成像要素的处理能力，对光线、空间、动感、审美要素展开艺术化设计，形成了摄影艺术的基本理论和艺术路线，形成了摄影的审美理念。

观看了农民摄影艺术作品，觉得在农民创作作品之前，存在一个对拍摄对象的寻迹行为。在寻找拍摄对象的过程中，又同时存在一个悟像行为。这就使摄影成为一种迹象艺术。

摄影对象有人眼看得见的因素，也存在人眼看不见的因素。有人们感觉到的状态，也有人们感受不到的状态。如一般人们认为山是静态的，当把山放在宇宙当中，山是动态的。如人的表情可以定格在某一瞬间，在照片中看是静态的，但表情背后的心理是动态的。不论是静态的还是动态的，都是客观世界显现出的某种迹象。人们对拍摄对象的辨识，实质是一种寻迹悟像行为，是一个艺术再加工的过程。在一些农民摄影作品的背后，存在一个发现对象、识别对象、加工对象、再现对象的过程。在作品的背后，存在一个审美过程。这个过程突破了传统的摄影理念，在摄影创作当中，经过了迹象的选择。

象分为两大类：一是自然自存之象，人类社会现象也基于此类。二是这些自然自在之像被人们感知后，留在人们心上的“印象”，第一类称为“原象”，或“存在之象”。第二类称为“心象”或“生命中的象”。摄影艺术过程是把存在之像经过人文的判断，加入文化艺术因素，称为摄影艺术，可称其为“迹象艺术”。

迹象的象既是表象的，又是隐象的，其中需要“心象”的悟化。迹象是一个时间过程，具有暂时性的特征，需要艺术家对美感的灵敏性。迹象是运动的，需要善于捕捉物的代表性动态特征，离不开艺术家的主体判断。摄影艺术不光是技术性的过程，而是摄影主体与拍摄对象的审美选择和转换过程。经过拍摄主体的审美选择，可以视拍摄对象为动态的，亦可以是虚像的。可以是具象的，也可以是印象的。使画面带有想象空间和美好意境。如拍摄山，既可以是实景实现，也可以是实景虚现，不限于把山当做山去理解，而是作为艺术化的山的寻迹，从而使作品渗透了作者的写意精神和写意行为，既可以像中国的工笔画，也可以像写意画。

农民摄影艺术展的另一个突出特点是自然地展示了自然的美，以自然状态表现了摄影艺术的真实。中国的某些民族传统艺术是追求本源的，即以自然的心态表现艺术的自然状态。追求自然之美，可以从自然之中获取美感，又以自然美感去表达自然之美。这种天人合一的理念完全可以用以指导中国摄影艺术。如果运用好我国传统文化经典理念和民族美学精神，展开中国摄影的理念和艺术创新，定会出现新的影像，创造出中国特色的摄影艺术，与西方的摄影艺术媲美。

四、摄影：既要展示时代特征，也要提示人性变化

农民摄影艺术展突出了当代中国的变革，特别是农民和农村的巨大变化，作品的时代特征非常明显。

改革开放的中国农民、农村、农业，正在经历从传统体制向市场体制的转变，从传统农业向现代农业的转变，从传统农业文明向现代文明的转变。广大农村正在接受工业化、城镇化、信息化的带动。这是中国几千年以来从未有过的历史性的深刻变革，是根本性的变革。从农民摄影展中人们体会到

这些重大变革的存在。

身处巨大变革中的农民摄影家，无论从物质层面，还是从精神层面，都从时代变革中得到提高和发展。他们由衷地热爱这个时代，由衷地欢迎祖国的进步，由衷地珍惜自己的生活。因而他们由衷地举起镜头，表现这个时代，表现自己的生活。可以看出，农民的摄影艺术创作的激情，不只是个人偏好和兴趣，同时带有使命感和责任感。由此使人想到，一个艺术家的创作不能不着眼于这个时代，不能不从这个时代中获取创作激情和灵感。一个改革大潮涌起的中国，一个经济繁荣的中国，应该是一个文化艺术大潮涌起和繁荣的中国。要像农民摄影那样，自觉地站在火热的生活之中，用艺术表现这个时代的中国，而不能是一个观潮者。

农民的摄影作品，是以反映当代农民为主体的，一个个鲜活的生命展现在作品之中。人物的形象是那样的真实，那样的自然，那样的感人。从一幅幅作品中会看到，当代的中国农民是那样的热爱生活，是那样的吃苦耐劳，是那样的善良友好。小到为了家庭幸福，大到为了国家建设，他们真诚地投入和献身，作品中的人物让人觉得可爱可敬可亲，真想为农村发展做点什么。

从农民摄影艺术作品中看到，现实的中国农民正在同时代一并前行，作品中的人物正在随着时代的发展而进步。中国的改革开放大潮陶冶了农民的精神和性情，把中国农民带入了新的文明，从中表征了中国农村人的人性变化。而作品中的人物状态，实际上是作者心态的再现。中国农民正以新的目光注视和理解中国的发展，正在不断地融入这个时代之中。

不论哪个层面的艺术追求，都不同程度地体现人性。而艺术的最高境界，是感受人的命运与时间结合起来的表现力和生命力。当人们把自己的生存和生活方式纳入艺术轨道的时候，会通过艺术做出人性的表达，让艺术闪耀着人性的光芒。中国当代摄影艺术需要回归人的本性的立场，回归到对自然尊重的立场，回归到发挥中华民族文化特征的立场，使摄影艺术成为表现人的主体品格的艺术。

艺术的根本功能在于发现人，发现人的心理，发现人的状态，培养优质人性。从农民摄影作品中会看到，中国农村人的进步，中国农村人的文明程度有了显著提高。一幅幅表现优质人性的作品，是一面面鲜艳的旗帜，是一个个响亮的号角，起到了呼唤人、引导人、鼓励人的巨大作用，人们不能不为农民的优秀摄影作品而点赞。摄影家不能不审视一下自身的人性修炼，解剖自己对当今时代的解析能力，在审视摄影对象的同时，控制一下内心的情绪，用纯粹的技术和艺术眼光不一定出好作品。

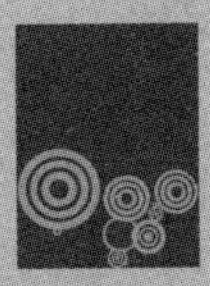

走向文化强国

邱恩义

一

习近平总书记在党的十九大报告中指出：“文化是一个国家、一个民族的灵魂。文化兴国运兴，文化强民族强。没有高度的文化自信，没有文化的繁荣兴盛，就没有中华民族伟大复兴。要坚持中国特色社会主义文化发展道路，激发全民族文化创新创造活力，建设社会主义文化强国。”

中国发展步入了新时代，深入实施文化强国战略，建设社会主义文化强国，是中国发展的战略目标。走进21世纪的中国踏上了建设文化强国的新征程。

“文化强国”伟大战略的制定和实施，是中华民族迎接新世纪的兴国宣言。向全世界宣告，中国在经济腾飞的同时，正在展开文化的腾飞。

文化强国，完全反映了中华民族实现伟大复兴的民族宏愿，有着雄厚的民意基础。中国人民清醒地认识到，文化兴则国兴，文化兴则民族旺。中国的发展越快越好，越需要文化力量。文化是中国人民的精神力量，文化是中国人民的道德基础，文化是经济发展的强大动力，文化是中华文明的强力构建，中国比以往任何时期都迫切地需要文化。如果从人民的日常生活来说，中国人民对文化的消费需求是一个巨大的市场，并且需求的文化品位在逐步提升。中国人民发展中的文化心理日益强烈，文化已经成为人们的生活和生命，是人们对中国发展的文化认同，是各民族人民的愿望和梦想。文化强国的梦已深入民心，成为强国梦的巨大能量。

文化强国，是中国文化发展的内在需求，有雄厚的文化根基和多元丰富的文化构成。中国的执政党和中国人民都清醒地认识到，中国曾经是世界的文明国度，是缔造人类文化的发源地，是开创人类文明的原始国家之一，曾以中华民族的优秀文化和文明吸引世界，强有力地影响东西方文化和人类文明进步，在人类文明的进程中发挥了重大作用，中华文化的影响力至今犹存。中华文化有着历史性深厚积淀，中国有着众多民族的多元文化的交融，有着灿烂的文化经典，有着代代传承的文化人物，有着大量的表征文化水准的珍贵文化遗存。中国人民有理由为中华文化而骄傲和自豪，对开创中华文化的现时和未来充满文化自信。中华民族创造的伟大文化表明，中华民族具有开创文化的能力和智慧，已有的中华文化已经成为宝贵的文化信息资源，成为中华文化力再创新的坚实基础。中国人民依托优质的中华文化资源，完全可以展开中华文化的新画卷，谱写出中华文化的新篇章。

文化强国，是中国现代化建设实现经济、社会、文化、生态协调发展的战略选择，与时俱进地把文化大发展摆在了强国的大平台，把中国发展推进到了新的时代。中国执政党和中国人民清醒地认识到，文化是覆盖中国全面发展的基础性因素，成为知识性因素、智慧性因素、道德性因素、动力性因素。文化已经渗透和整合到各个领域。中国人民懂得，中国必须走文化与经济、社会 、生态协调发展的轨道，在相互融合中形成发展的内生性动力。中国人民看到，中国的发展进入了提升发展质量和能量的新阶段，文化因素是其中的关键。强力的文化支撑，对中国未来的发展更具有根本性和长期性。同时，中国人民也意识到，文化教育与经济社会发展不够紧密、不够协调所带来的负面影响。因此，文化强国战略是文化对中国全面发展的指向，而不仅仅是讲文化自身的发展，文化强国是全局性的战略。

文化强国，是中国参与国际发展的战略举措，是中华民族继续为人类文明做出新的贡献。自改革开放以来，中国的发展已整合到国际社会。在与国际社会既合作又竞争的关系中，中国文化所形成的价值观正在得到国际社会的接纳和认可。以习近平同志为核心的党中央在国际上积极倡导和平发展的外交理念，对维护世界和平发展产生了强有力的作用。孔子文化学院在世界各地纷纷兴办，表明了中华文化的价值。当今世界，诸多矛盾的背后是文化冲突和矛盾，多元文化之间相互影响。中华文化在当今世界的各种文化当中，显示了优秀的人文价值。世界人们在文化比较中选择有益的文化、和谐的文化、文明的文化，中华文化正在成为当代人类的选择。我们既不排斥其他民族对中国有益的文化，也欢迎其他民族对中华民族文化的选择。中国作为大国，在开展政治、经济、军事、外交的同时，也非常有必要进行文化外交，发挥出中华文化的价值，确立大国高超外交的智慧和形象。

文化强国，其更深刻的意义在于构建更加优质的中华民族。文化的知识作用是巨大的，文化的精神力量、道德力量更是巨大的。人类文化的共同点在于构建优质的人性。中国现代化要依托现代人，提高全民族的文化科学素质是文化强国的根本方向和目的。现时的中国更需要强化中华民族精神，提升全民族的道德文明水平。种种社会问题表明，精神和道德的作用绝不可忽视。财富增加和道德文明之间不存在必然的联系，不是有了钱就必然文明起来。市场经济中倡导的竞争，有她负面的效应，往往形成以利益为导向、以自我为中心的价值取向。市场经济需要法律制度规范，也需要文明道德培育，需要良好的道德和秩序。从现实情况来看，中国的道德文明建设的任务不是轻了，而是更重了。中国人正以理性的态度客观看待人类普遍实行的市场经济，正以文化的正能量促进市场经济健康发展。

二

中华人民共和国成立以来，中国首次提出了“文化强国”战略。这是人民共和国的伟大进程中的壮举。文化强国战略的确立，标志着中华人民共和国进入了新的时代，在大力推进经济现代化的同时，把文化大发展大繁荣摆上了战略地位，要由文化大国向文化强国转变。对于中国发展来说，这是具有决定性意义的转变，是带动中华民族走向新的时代、新的文明的重大转变，是受到各民族响应和世界瞩目的转变，在中国的发展史上将产生重大历史影响的转变。一个东方大国的文化崛起，不仅在改变着中国，也在改变着世界。作为中国公民，我们完全有理由为文化强国而自信。

进入21世纪的中国确立文化强国的战略，标志着中华人民共和国确立了具有现代意义的发展观。站在新的历史起点上，中国朝着什么样的方向发展？朝着什么样的目标前进？中国共产党人和中国人民做出了最为明智的选择，坚定地选择了文化，选择了文化强国。中国人清醒地认识到，文化是中国发展中的决定性因素。不论是反思中国的历史，还是总结改革开放以来的经验，以及展望未来，文化在发展中的地位和作用都是决定性的。中国革命和建设当中的经验教训，都可归结到文化的作用。在决定中国发展的各类因素中，文化是核心要素。中国共产党的理论、信仰、价值取向，以及革命和建设的路线、方针、政策，其中的文化是决定性因素。改革开放以来的高速发展，解放了思想，解放了生产力；改革开放以来的思想理念转变，并由此确定的发展战略，发展体制和机制，发展的政策和策略，以及各种发展举措，都源于中国共产党率先倡导解放思想，转变观念，其中的文化是决定性因素。随着形势的发展，文化的作用越来越突出。文化强国战略体现了科学发展观。当代中国的发展，是以文化为核心要素的科学发展观，是经济、社会、文化一体化的协调发展观，是以人的文化构成为根本基础的可持续发展观，是中华人民共和国成立以来发展观的一次重大转变。因此，仅就文化发展这个层面去理解文化强国是不够的，要站在中国发展的全局来看待文化强国的重大意义，要依托文化而强国。

文化强国的根本着眼点在于人民，在于人的素质的全面提高，在于加快人的文明进步，在于提升中国人民的创造力和发展力，在于人的全面发展，人民的根本利益是文化强国的出发点和落脚点。历史和现实，国内和国外，人都是决定性因素。而人的决定性因素是文化，是文化构成，是文化构成所成就的人的能力和智慧，是人的文化构成所形成的文明道德基础。

这里所强调的文化构成，是指人类文化，包括古今中外的文化。而人类文化当中，存在先进与落后，健康与腐败，积极与消极等差异。这就使实施文化强国的战略的过程中必然存在建设性和选择性。中国的文化强国是有选择的，我们要选择具有正能量的文化，能够促进中国人民身心健康的文化，增强智慧和能力的文化。中国的文化强国是建设性的，一方面学习古今中外的文化经典，一方面要创新文化。可以这样理解，文化强国的实质是强民。文化是属于人民的，人民是文化的建设主体、受益主体。要从文化的人民性出发，深入理解文化强国的深刻内涵。人民的伟大力量源于人民的文化能量。一个具有高文化素质的民族，必然是一个强大的民族。要以人民的文化需求为导向，来发展文化，应用文化。而人民的文化能量是衡量文化强国的根本标志，文化在人民内心的存在和理解才能实现文化的价值。

现代社会，对文化要有新的理解。文化是覆盖全社会的，文化是具有全局性的。其中有政治文化、经济文化、知识文化、军事文化、法治文化、生活文化等文化形态。文化与人类的各个领域密不可分，只要有人类的活动就有文化的存在。人类社会的各种矛盾，都可以从文化中找到相关性因素。人类种种冲突的背后是文化冲突。有必要从文化的相对独立性和与其他事物的相关性认识文化。而不能就文化来论文化。比如，就现代经济形态来看，经济是文化，文化是经济，经济与文化是分不开的。就文化本身来看，文化既有传统意义的纯文化形态，也有产业化的商业文化存在。文化既有文化价值、社会价值，也有市场价值、生活价值。人们对文化既有知识性、精神性需求，也有消费性、娱乐性需求。文化强国的目的在于让文化在各个领域都发挥出巨大作用。比如，对经济发展来说，文化既是经济要素，又是经济发展的动力性因素。商品的价值中既有物质因素，也含有文化因素，往往是文化因素强的商品，其市场附加值会高，被需求的可能性大。实际上，市场中交换的商品在传递着文化和文化价值。而经济的创新更是对文化的依赖。文化与人们的生活更是直接相关，比如，从就业方面来说，文化水平高的人就业机会会多一些。

改革开放的中国，把自身发展与世界联系起来，在开放中发展。文化强国战略是面向现代化，面向世界，面向未来的。中国的现代化必须由文化的现代化支撑。因此，文化强国的目的在于加快中国的现代化。而现代化对文化的需求是高水平、优结构、多功能的文化需求。文化强国的目标是建设高水准、高功能文化。而现时的中国，文化在人群间、地区间存在很大差距，文化的先进性与文化的贫困性并存，文化提高和文化普及的需求并存，建设文化强国的任务相当艰巨。文化面向未来，是着眼于中国的未来发展打好文化基础，做好文化储备，因而文化不仅是关系现时的，也是关系到长远发展的。作为国家来说，文化是百年大计，是治国之上策。可以说文化强国的提出是具有长远战略眼光的。而文化要面向国际，是完全必要的。中国在过去的中外文化交流中，既是受益者，也是受害者。吸纳人类与中国有益的文化，是文化强国的必要条件。中国要有大国的文化心态，善待人类文化，善于学习借鉴优质文化。世界文化要在比较中鉴别，要在相互借鉴中发展。

三

文化强国，是中国有史以来最为浩大的文化工程，是现代文化工程，是国际性文化工程，是提升中华民族整体品格的文化工程，是一代人接一代人的历史性文化工程。这一伟大文化工程已经展开实施，并取得初步成效，出现了可喜的开局。

对于文化强国，特别需要执政党的各级领导和全体国民的文化意识。要看透文化，看重文化，把对文化的认同提升到文化强国的层面，形成文化自觉、文化自信、文化自立、文化作为。有些认识还不够的问题值得重视。如从谋求发展的理念来看，重经济，轻文化。从个人的一般追求来看，重物质、轻精神。从教育来看，重知识性，轻道德性。总体来说，需要加强文化意识，增强文化强国意识。从领导层面来说，要确立科学发展观，要从以经济为中心的发展转向经济文化一体化的发展，转向经济、社会、生态、文化的协调发展，转向运用文化要素推进可持续发展，确实促进发展方式的转变。领导干部要切实懂得文化、善用文化、会发展文化，会用文化调动全社会的发展能力和发展潜力。文化强国是全民参与的文化工程，要引导民众确立正确的价值观和发展观。要推动全民谋求全面发展，谋求提升能力和智慧的发展，谋求理性的发展。文化的价值实现在于人们的追求和学习应用。

要把全民教育继续放在优先发展的地位。文化进步，教育是基本举措。要逐步形成现代教育体系。积极调整不适应的教育理念，改革教育体制和教育方式，形成从幼儿、基础教育、职业教育、高等教育、成人教育到全民教育的完整的现代教育体系。教育工作要从在校教育向社会教育扩展，要从素质教育向能力教育和智慧教育转变，要从知识传授为主的教育向德、智、体、美全面发展的教育转变，要从知识教育向知识学习与思维方式学习相结合的方式转变，要从教育的自我满足向社会满足转变。应该看到，面对这一系列转变，教育界还缺乏心理准备和转变的内在动力。必须下大气力推动教育体制改革和教育发展方式转变。否则，文化强国所依赖的教育基础不够有力。

文化发展要不断增强发展动力。同经济一样，文化发展也需要发展动力。文化发展的动力从何而来？从改革开放中来，从人们的文化需求中来，从文化的应用价值中来。在行政管理方式和计划经济体制下长期运行的中国文化，存在从属性思维和依附性生存惯性，缺乏像经济那样的改革创新精神和体制，往往是在不同的体制中徘徊，在人文价值和市场价值中摇摆，在自我需要和大众需求中模糊选择，在与经济社会发展的结合中若即若离，文化发展当中还存在相当的过渡性和不确定性。文化要从深化改革中产生大发展的动力。应该说，人们对文化有着强烈的需求，并且是多样化的多层次的文化需求。在人们的日常生活消费当中，文化消费是上升的趋势。问题是文化资源特别是优质文化资源还不够充分。国家经济、政治、社会发展的文化需求是巨大的，文化的市场是广阔的，但是文化的创新跟不上社会需求。文化的运行体制和机制与经济运行的体制和机制还不够匹配，体制和机制尚未融合，使文化与经济的结合存在体制性和机制性障碍。文化不仅要自我发展，也需要在与经济、社会的结合中发展。文化发展方式的转变，不仅需要自我转变，也需要在与需求的衔接过程中转变。

文化的发展需要科学的指导和必要的组织。文化有文化的属性和功能，有文化的特点和成长方式。必须看重文化的公益性。不论何种国度，当国家需要某种文化的时候，往往会以国家行为强化文化的某种功能，甚至动用政府行为，不计成本和代价运用文化的力量。因为文化在表征价值取向，文化在争取人心向背，文化有着特别的软实力。近现代以来，西方发达国家一直运用文化介入中国。因此，文化行为当中不可缺少国家行为、行政行为。在国家的公共财政投入当中，应加强文化投入。说起文化，人们会觉得与文化专业和教育专业更有相关性，但从发达国家运行的情况看，文化的企业行为不可忽视。现时的中国，正在推动文化产业发展，文化企业正在兴起，其中非文化企业转向投入文化、投入教育、投入文化产业，正在形成文化力量。发展文化如何运用市场机制？如何吸引和运用社会资源和国际资源？这其中大有文章可做。而正在兴起的群众性的文化活动构成了文化大发展的民意基础，群众的广泛参与是文化大发展的希望所在。

中国是一个文化资源大国，如何发挥好、运用好中国的文化资源，是一个值得关注的大问题。面对文化强国的伟大工程，我们对传统的文化经典挖掘的不够，传承的不够，创新的不够。对近现代所积淀下的文化资源，我们系统整理不够，提炼不够，学习不够。对于当代先进文化、优质文化，我们学习的不够，普及的不够。对于我国的文化创新的条件，我们创造的不够、组织的不够。既然把文化上升为国家大战略，就要有大动作，作大工程，作大产业，作大产品。应有必要对重大文化产业、文化工程运筹与组织实施，以带动文化全局的大发展。要进一步研究制定文化改革、文化与各个领域相融合的政策措施，激发文化发展的动力和活力。文化的发展重于应用。要大力激发人们的文化兴趣，增加文化需求和文化消费。当文化走进人们的生活，成为生活的一部分，那就是文化的真实意义。

后记

做一点对文化的表达

中国有许多发展问题需要深入研究，我们选择了文化问题。

文化问题是中国发展中的重大问题，是未来中国发展的核心因素。在中国的发展当中，文化更具有永恒的价值。

现实中国的文化问题，比以往任何历史时期都显得复杂，比以往任何时候都更为重要，需要中华民族的共同关注、共同推动。

文化是覆盖全社会的，我们对文化问题的探讨，既以文化为主题，又将文化与其他方面联系起来。因为文化要在广泛的应用中发展，文化要在与其他方面的融合中提高。

现实中国的文化是一个古今中外的文化复合体。人们对文化的选择、学习和应用面临着挑战，需要在比较鉴别中展开文化的传承与创新，这其中特别需要不断增强中华民族的文化自觉和文化自信。中国需要强化尊重文化、崇尚文化的民族心理，人们对文化的崇拜，对文化的忠诚，有利于形成强大的文化场。

新时代需要对文化有新的觉悟，有新的觉醒。我们对文化试图有所参与，有所思索。文化有些像数学演算，需要逻辑性推理。文化有些像物理变化，需要从事物的变化中辨识。文化有些像化学反应，需要在相互融合的状态中衍生。此书中的一些探索，显然像是文化海洋中的水滴或浪花。

中华人民共和国诞生以来，经历了文化贫困、文化自毁、文化发展的过程，生活在其中的人们，感受到了种种文化。人们在生活中分享文化、觉悟文化、创造文化。文化终归是人民的文化，文化终归是人们的生活。因此，我们从人们生活的角度看待文化、品读文化，从中寻觅文化的本来。

中国文化正在经历前所未有的强力变革，文化构成在优化，文化发展方式在转变，文化形态多元化，文化功能多样化。人们因文化而增长智慧和能力，也因文化而迷茫和变态。文化以自身的魅力在时刻影响着人类，人类在增加对文化的依赖和期待。中国的美好未来在文化，我们不能不格外关注文化、品味文化，为中华文化的伟大复兴尽一点微薄之力。

中国的文化从哪里来？中国的文化向哪里去？中国文化要形成什么样的文化体系？一系列重大文化问题需要深入研究。我们深知力所不及，此书只能算作触摸文化。如果有助于人们增加对文化的兴趣，就是我们的初衷。

我们作为文化的受益者，理应感恩文化、回报文化，我们觉得参与文化问题的讨论，是件令人快乐的事情。

编　者

2018 年 11 月 10 日

参考文献

[1] 毛泽东选集．人民出版社，1991 年 9 月版。

[2] 邓小平选集．人民出版社，1989 年 5 月版。

[3] 习近平．谈治国理政．外文出版社，2014 年 10 月第 1 版。

[4] 习近平在中国共产党第十九次全国代表大会上的报告。

[5] 中国共产党第十九次全国代表大会文件汇编，人民出版社，2017 年 10 月第 1 版；

[6] 中国共产党第十八届中央委员会第三次全体会议文件汇编，人民出版社，2013 年 11 月第 1 版；

[7] 党的十八届六中全会文件学习辅导百问，党建读物出版社、学习出版社，2016 年 11 月第 1 版；

[8] 习近平谈治国理政，外文出版社，2016 年 5 月第 1 版第 14 次印刷；

[9]《中共中央关于全面深化改革若干重大问题的决定》辅导读本，人民出版社，2013 年 11 月第 1 版；

[10] 全国人大常委会法制工作委员会研究室编著，中国特色社会主义法律体系读本，中国法制出版社，2011 年 5 月第 1 版。

[11] 中华国学传世藏书．线装书局，2010 年 4 月版。

[12] 神州文化集成．中华文化书局主编．新华出版社，1991 年 10 月版。

[13] 刘修明等编著．话说中国．上海文艺出版社，2003 年 9 月版。

[14] 袁行霈、陈进玉主编．中国地域文化通鉴．中华书局，2013 年 3 月版。

[15] 史金波、黄润华著．中国历代民族古文字文献探幽．中华书局，2005 年 1 月版。

[16] 中外名人演讲精粹．中华书籍出版社，1999 年 4 月版。

[17] 李伟主编．国务院发展研究中心研究丛书．中国发展出版社，2014 年 5 月版。

[18] 朱竞编著．百名学者论中国文化．华龄出版社，2003 年 1 月版。

[19] 蘭兵著．中华民俗文化丛书．上海古籍出版社，2003 年 8 月出版。

[20] 走向未来丛书．四川人民出版社，1983 年版。

[21] 张宏民、金瑞德编．改变人类命运的八大宣言．中国社会出版社，1996 年 10 月版。

[22] ［澳］约翰－哈特利著．文化研究简史．李广茂译，金城出版社，2001 年 10 月版。

[23] ［法］萨米埃尔－扎尔卡著．当代艺术的概念．晓祥、文婧译，中国社会科学出版社，2015 年 1 月版。

[24] ［法］阿尔法特－施韦泽著．文化哲学．陈泽环译，上海人民出版社，2005 年 1 月版。

[25] 周宪著．审美观现代性批判．商务印书馆，2003 年 1 月出版。

[26] ［美］沃尔特－翁著．口语文化与书面文化．何道宽译，北京大学出版社，2008 年 1 月版。

[27] 钱乘旦、陈晓律著．在传统与变革之间　英国文化模式溯源．浙江人民出版社，1986 年 10 月版。

[28] 张旭东著．全球化时代的文化认同．北京大学出版社，2000 年 2 月第 2 版。

[29] 近现代书论精选．河南出版社，2014 年 1 月版。

[30] 王一川主编．人与审美．北京师范大学出版社，2011 年 1 月版。

[31] ［英］戴维－英格利斯著．文化与日常生活．张秋月、周雷亚译，中央编译出版社．2010 年 6 月版。

[32] ［美］爱德华 C－斯图尔特、密尔顿 J 贝尔特、卫景宜著．美国文化模式．百花文艺出版社，2000 年 4 月版。

[33] 田松著．有限地球时代的怀疑论．科学出版社，2007 年 8 月版。

[34] ［美］葛洛蒂、张国治编著．革命时代．电子工业出版社，1996 年 7 月版。

[35] 范增．国学开讲．中信出版社，2014 年 6 月版。

[36] 金马著．创新智慧论．北京师范大学出版社，1993 年 2 月版。

[37] 价值关怀与民族复兴．黄万盛讲演。

[38] 杜宇华著．实验经济学教程．上海财经大学出版社，2010 年 5 月第 1 版。

[39] 范光陵著．第四波管理．清华大学出版社，2004 年 3 月版。

[40] [美] 约瑟夫 - E 斯蒂格利茨、[印] 阿玛蒂亚 - 森、[法] 让 - 保罗 - 非图西著．对我们生活的误测．阮江平、王海昉译，新华出版社，2011 年 1 月版。

[41] [德] 赫尔曼·西蒙著．隐形冠军．张帆、吴君、刘惠宇、刘银远译．机械工业出版社，2015 年 5 月版。

[42] 柳杨编．哈佛家训．兵器工业出版社，2013 年 1 月版．